마라나타

천상 이야기 세 번째

마라나타 / 천상 이야기 세 번째

1판 1쇄 발행 2022년 7월 1일
지은이 소향

발행인 장진우
편집 김문석 | 디자인 원선우

펴낸곳 호산나출판사
등록 제 2-0000호(2005.9.27)
주소 경기도 안양시 벌말로 123 909호
전화 1644-9154
홈페이지 www.hosanna.co.kr
인쇄 창영프로세스
가격 12,000원

ISBN 979-11-89851-44-6

마라나타

소향

✝ 세 번째
천상이야기

HOSANNA

삶은 영원의 기회요
영원의 표본이다

차례

01 Chapter 보좌에 앉으신 이

1장. 계시의 전환   10

2장. 보좌의 모습   30

3장. 보좌의 주위   48

02 Chapter 하나님의 영

1장. 일곱 영   72

2장. 교회 안에 계신 하나님의 권세   85

3장. 영의 세계   101

03 Chapter 신랑의 친구

1장. 찬송   116

2장. 경배   147

1장. 구원과 심판의 근거   180

2장. 유다 지파의 사자요   216

3장. 다윗의 뿌리   246

4장. 어린 양   262

1장. 책을 취하시니라   284

2장. 모든 만물의 찬송   296

3장. 요약   324

01
Chapter

보좌에 앉으신 이

1장

계시의 전환

내가 천국 열쇠를 네게 주리니
네가 땅에서 무엇이든지 매면
하늘에서도 매일 것이요
네가 땅에서 무엇이든지 풀면
하늘에서도 풀리리라 하시고

마 16:19

뜻이 하늘에서 이룬 것 같이 땅에서도 이뤄지이다

올라오라

요한의 계시는 첫 번째 전환점을 맞이한다. 1장부터 3장까지 예수님이 보여주시는 계시는 밧모섬 즉, 땅에서 보여주신 것이다.

이제 4장에 와서 두 번째 관점인 '하늘'로 그 계시의 위치가 변동된다.

올라오라

이 말은 요한이 보는 환상의 위치가 바뀌었다는 것을 보여준다. 동시에 이 말씀은 계시록에서 요한에게 주신 예수님의 세 번째 명령이다.

사실 이 명령은 참으로 황당하지 않을 수 없다. 왜냐하면 명령을 받았을지라도 요한 스스로의 힘으로는 절대 하늘에 올라갈 수 없기 때문이다. 땅에 있는 자가 날개도 없이 어떻게 하늘로 올라가겠는가. 설사 그에게 최첨단 기술이 허락되어 우주선을 탄다 한들 하나님의 보좌가 있는 그곳에 닿을 수도 없을 것이다. 한 마디로 하나님은 요한이 절대 할 수 없는 일을 명하셨다.

지금 요한에게 일어난 이 일을 통해 우리가 깨달아야 할 복음의 본질적인 개념이 있다. 구원은 마치 우리에게 어떤 도구도 없이 하늘에 올라가는 것과 같은 기적이라는 점이다. 구원은 그만큼 놀라운 사건임을 잠시 생각해 보는 바다.

다시 이 장면으로 돌아와 보자. 어찌 됐건 요한은 하늘로 올라갔다. 여기서 드는 의문이 있다. 왜 주님은 굳이 요한에게 '명령' 하신 걸까. 그냥 요한을 끌고 가신다 한들 요한이 반항을 한다거나 불만을 품을 것도 아니었다. 그러나 주님은 요한에게 '명령'하셨다.

이에 대하여 첫 번째로 드는 추측은 혹 하나님이 요한에게 '동의'를 구한 것이 아닌가 하는 점이었다. 명령한 이는 명령을 받은 이가 그 명을 따를 수도 있고 따르지 않을 수도 있다는 두 가지 선택의 가능성을 전제로 명령한다.

즉, 예수님은 요한에게 그 명을 따를 수도, 따르지 않을 수도 있는 선택권을 준 것이다. 이 선택은 그 사람의 신념에 의해 달라진다.

요한이 이 명령을 들었어도 그가 만약 싫다고 했다면 하나님은 그를 하늘로 이끄시지 않았을 것이다. 혹은 그가 이 명령에 반문하며 그게 가능합니까? 에이, 그게 어떻게 되요? 라고 말하며 믿지 않았다면 하나님은 그를 하늘로 이끄시지 않았을지도 모른다.

요한이라는 사람에게서 발견할 수 있는 가장 큰 영적인 특성은 그가 믿음의 사람이라는 점이다. 예수 그리스도라는 거룩한 이름의 권능에 대한, 하나님이시라면 어떠한 것이든 이루실 수 있다는 확고한 믿음이 그에게는 있었다.

하나님은 각 사람의 믿음의 크기에 따라 요구하시고 또 명령하신다. 또한 사람도 자신의 믿음의 크기에 따라 주님께 구할 수 있다.

어쩌면 주님은 요한의 믿음의 크기를 아시기에 그에게 명령하신 것이 아닌가 생각했다. 동시에 이 명령을 들었던 요한이 그 명령을 수행하기 위해 하나님께 믿음으로 간구했으리라는 생각이 들었다.

요한은 하나님을 믿었다. 이것이 그의 선택이었다. 이러한 동의가 전제된 믿음에 의해 그는 하늘로 올라갈 수 있지 않았을까 추측하는 바다. 하나님은 성경의 모든 이들에게 믿음을 요구하셨다.

이것은 곧 하나님이 그들의 선택에 대하여 존중하셨다는 것을 의미한다. 하나님은 단 한순간도 우리의 선택 없이 그의 뜻을 사람에게 이루시지 않는다. 다른 말로 하나님은 사람의 믿음이 없이는 그의 뜻을 이루시지 않는다.

이 명령에 대한 또다른 하나님의 의도, 그건 '모든 일은 하늘에서 시작해야만 땅에서 이뤄진다'는 중요한 원리를 이 글을 읽는 모든 이들에게 가르쳐 주시기 위함이 아닐까 한다. 예수님은 주기도문에서 우리에게 이렇게 기도하라고 가르치신다. **뜻이 하늘에서 이룬 것 같이 땅에서도 이루어지이다.**

그러나 동시에 예수님은 베드로에게 이렇게 가르치신다. **땅에서 매면 하늘에서도 매이고 땅에서 풀면 하늘에서도 풀린다.** 이것은 땅의 행위와 기도의 자세가 하늘의 뜻에 영향을 미친다는 의미다. 요한이 본 많은 장면들은 하늘과 땅에서 이러한 원리가 적용되고 있다는 것을 증거한다.

이로 볼 때 하늘의 뜻은 땅에 거하는 사람들의 뜻과 상호적으로 작용한다. 하늘의 뜻은 땅을 움직이지만 동시에 땅의 일은 하늘에 계신 하나님의 뜻에 영향을 미친다.

하나님의 보좌가 있는 천상은 땅과 동떨어져 있지만, 천상이야말로 땅의 모든 사건에 가장 민감한 곳이다. 땅에서 일어나는 죄악도, 땅에서 일어나는 한 의인의 행위도 천상과 연결되어 있다. 앞서 말한 하나님의 명령과 사람의 믿음은 조화롭게 어우러져 역사를 써나간다. 이러한 하나님의 마음과 원리를 보여주는 장면이 바로 계시록의 4장과 5장이라고 할 수 있을 것이다.

4장과 5장은 세상에서 일어나는 일들이 하늘에서 먼저 결정된 후 땅에서 일어나는 과정을 세세히 그리고 있다. 세상을 향한 구원이든 심판이든 하나님의 때에 일어난다. 어린 양이 떼시는 인봉의 사건들도 하늘에서 인봉을 먼저 떼어야 그 다음 땅에서 일련의 사건들이 진행된다.

계시록은 한 마디로 앞으로 세상이 어떻게 심판을 받고 그 다음 새로운 세상이 어찌어찌해서 이뤄진다는 것을 보여주는 책이다.

만약 하늘에서 시작한 것이 땅에서 이뤄진다는 원리가 적용되어 이런 일이 일어나는 것이라면 누군가는 이런 질문을 할 수도 있을 것이다.

'그렇다면 세상이 망하게 되는 이유가 하늘에 계신 하나님의 결정 때문이라는 것입니까? 이 책에 나열된 모든 끔찍한 재앙이 자비롭다는 하나님에게서부터 일어나는 일입니까?'하고 말이다.

앞으로 나올 무서운 재앙들, 7인봉이 풀리는 재앙부터 7나팔의 재앙, 7대접의 재앙이나 짐승의 집권 같은 일이 하나님이 의도하신 일이라면 우리가 어떻게 하나님을 믿을 수 있겠냐고 반문할 수도 있을 것이다.

그러나 이 때문에 예수님은 지금 우리가 살핀 또 다른 원리, 땅에서 매면 하늘에서도 매인다는 원리를 가르쳐주셨다. 하늘이 심판을 선포할 수밖에 없었던 이유는 땅에 거한 사람들이 죄로 땅을 매었기 때문이다.

이 논제를 다른 말로 하면 다음과 같다.

세상은 스스로 멸망을 향해 가고 있다

멸망에 대한 이와 같은 정의는 계시록을 보는 데 있어 핵심적인 개념이다. 자칫하면 심판의 모든 원인이 '세상이 가진 죄'가 아닌 '하나님께' 있다고 생각할 수 있기 때문이다. 세상의 모든 파괴와 혼돈의 원인은 분명히 죄악이다.

역사학자 윌 듀란트는 로마의 멸망에 대해 이렇게 말한다.

'위대한 문명은 정복되지 않는다. 스스로 멸망할 뿐이다.'

로마의 멸망은 내부로부터 시작됐다. 음란과 정치적 부패, 인권의 말살, 잔인한 학살과 사치 등 로마라는 거대한 제국은 그 곪아 터진 것을 견디지 못하고 멸망했다.

비단 로마만이 아니다. 소돔과 고모라가 그러했고 마야 문명이 그러했다. 역사를 장식하던 수많은 제국들도 불법의 일들을 행하다 망한 것을 발견할 수 있다.

고려가 조선에 삼켜진 건 조선을 세웠던 이성계의 강함이나 정도전의 명철 때문이 아니었다. 백성들이 도저히 살 수 없는 세상을 만들어버린 왕조와 관리들이 스스로 멸망을 향해 가고 있었을 뿐이다. 백성들의 부르짖음은 고려 멸망의 가장 강력한 징조였다. 그러한 세상이었기에 조선이라는 나라가 탄생했을 때 고려는 역사의 뒤안길로 사라질 수 있었다.

하나님은 땅이 사람의 죄악으로 매이는 것을 기뻐하지 않으신다. 땅이 사람의 죄악에 더러워지는 것을 아파하시고 안타까워하신다. 그럼에도 어떻게 해서든 사람에게 기회를 주시고자 노력하신다. 노력하시는 정도가 아니라 모든 지혜와 힘을 다해 그의 사랑을 나타내시고 그의 구원을 알리고자 하신다.

우리가 여기서 철저히 알아야 할 '나'에 대한 가장 강력한 명제는 나는 심판 받을 수밖에 없는 '죄인'이라는 사실이다. 죄악을 매는 자들은 다름 아닌 나 자신이다. 죄로 땅을 '매는' 행위가 하늘로 하여금 우리들의 영원한 상태를 심판으로 '매이게' 만든다.

땅에서 심은 나의 행위는 반드시 영원한 열매로 나타난다. 죄로 심었다면 그 열매는 심판이 될 것이다. 이는 죄 안에 있는 자가 결코 피할 수 없는 무서운 현실이자 미래다. 세상이 멸한다면 그것은 다름 아닌 인간의 죄때문이다.

4장은 모든 세상을 주관하시는 하나님의 권세와 시스템을 소개하고 있다. 하나님의 '영원'이 이 땅과 어떤 연관이 있는지, 무엇 때문에 하나님의 권세가 움직이는지를 보여준다. 5장은 그러한 하나님 나라의 기초 위에 하나님의 구원이 어떤 과정을 통해 일어나는지 또 하나님의 심판이 어떻게 시작되는지를 보여준다.

하나님은 세상을 심판하실 뿐 아니라 구원하시기 위한 계획을 우리에게 선보이셨다. 이것이 복음이다. 요한의 계시록은 하나님이 하시고자 하는 온 세상에 대한 심판에서부터 교회가 어떻게 구원을 받고 또, 세상 가운데 살면서 어떤 다짐을 가지고 살아야 하는지를 보여준다.

미래에 대한 지식, 하늘에 대한 지식을 교회가 알게 된다면 교회가 지금 혹은 앞으로 만나게 될 겁나고 두려워하는 것들이 모두 하나님의 손 아래 있는 작은 사건들뿐이라는 것을 알게 될 것이기 때문이다. 그 지식으로 인해 우리는 믿음으로 하나님의 승리를 누릴 수 있을 것이다.

결론을 내리자면 세상은 심판을 받지만, 심판을 당하는 건 결국 인간이 땅에서 저지른 불법적인 일 때문이라는 것을 기억했으면 한다.

그리고 지금 이것을 읽는 우리들 모두 세상에 속해 있을 수도 하늘에 속해 있을 수도 있는 '결정권'을 가지고 있음을 간절히 전하는 바다. 무엇을 믿는지는 오로지 우리들의 결정이다.

하늘로 올라오라는 명령은 비단 요한에게만 내려진 명령이 아니리라 믿는다. 우리는 믿음으로 우리의 영이 하늘에 거할 수 있기를 기도해야 한다. 비록 육은 땅에 있으나 우리의 영은 하늘에 속해 있어야 한다.

모든 세상을 보고 계시하는 하나님의 눈으로 보고 하늘의 권세를 실제 본 듯이 살아야 한다. 이것이야말로 요한에게 올라오라고 명령하신 하나님의 또 다른 숨은 뜻이 아닐까 한다.

열린 문

430년의 끔찍한 노예 생활이 종결된 것은 이스라엘 백성들에게 자행되는 애굽인들의 죄악이 하늘에 닿았기 때문이다. 물론 이스라엘 노예들의 부르짖음이 닿기 전에도 주님은 애굽인들의 죄악을 이미 알고 계셨다.

그러나 하나님은 430년을 기다리셨다. 이 숫자는 애굽인들의 노예에 대한 죄악이 극에 달했던 때가 430년이라는 것을 말해준다.

동시에 모세가 이스라엘의 지도자로 부르심을 받고 바로에게 열 가지 재앙을 경고했던 시기라고도 할 수 있을 것이다. 이때가 이스라엘 백성에게든, 애굽인들에게든 '하나님의 날'이요, '그날'이었다. 심판의 날은 오랜 하나님의 인내 끝에 온다.

여기서 우리가 알 수 있는 사실은 하나님의 인내가 교회의 인내로 전가된다는 사실이다. 교회는 세상에서 인내해야 한다. 교회의 존재 목적, 인내의 목적은 결국 세상이 하나님을 알게 하기 위해서다. 하나님의 구원, 심판, 세상의 주권자가 누구인지를 알림으로써 그들에게 선택할 수 있게 만들어야 하는 존재가 바로 교회라고 할 수 있다.

이스라엘을 '제사장 나라'라고 칭하신 것은 그들을 통해 세상에 하나님의 영광을 알리고 세상이 그 영광의 빛으로 들어오게 하기 위해서다.

이스라엘의 하나님의 이름이 애굽에 알려진 것은 10가지 재앙 때문이기도 했지만, 이스라엘이라는 민족이 그 나라에서 430년을 살았기 때문이었다.

오랫동안 그곳에서 살았던 그 민족의 하나님이 어떤 분인지 알았던 것은 먼저 이스라엘을 알았기 때문이요, 모세의 선포 때문이요, 그 선포대로 이뤄진 일들과 사건들 때문이었다. 이 때문에 교회의 인내는 하나님의 인내하심을 나타내는 지표가 된다.

하늘의 문이 열렸다는 것은 교회가 더 이상 견딜 수 없을 만큼 인내했다는 것을 의미한다. 즉, 하나님이 이제 더 이상 세상의 죄를 내버려둘

수 없는 때가 되었다는 것을 의미한다.

요한의 상황은 어쩌면 마지막 때 일어날 극심한 환란의 때를 예언적으로 나타내고 있는 건인지도 모른다. 이 글을 쓰고 있는 그는 지금 도미티아누스 황제의 극한 핍박으로 인해 밧모섬으로 유배되었다.

앞으로 성도들이 직면해야 할 거대한 핍박의 시기와 닮아있었다. 마지막 심판의 때가 열린 것을 상징하는 열린 문의 때와 요한에게 처한 상황의 때가 동일한 메시지를 전해주고 있다.

마지막이 가까이 왔으니 조금만 더 참으라. 하나님의 심판이 곧 있을 것을, 그 핍박이 영원하지 않을 것을, 성령은 하늘의 문이 열린 것을 통해 말해주고 있다.

하늘의 일이 땅에서 이뤄진다는 것은 결국 땅에서 맨 것이 하늘에서 매인 것으로 나타났다는 것을 의미한다. 세상의 죄악에 고통스러워하는 우리들의 기도와 인내가 하나님의 때에 닿았을 때다.

소돔과 고모라에서 고통당하고 있던 이들의 부르짖음이 닿았을 때 하나님이 천사를 보내셨다. 히브리인들의 부르짖음이 하늘에 닿았을 때 열 가지 재앙이 일어났다.

그러나 기억할 것은 그때 우리가 땅에서 풀 때 하늘에서도 풀린다는 원리다. 우리의 죄악이 결코 우리들이 구원을 받는 데 매임이 되어서는 안 된다는 뜻이다. 심판의 때는 사람의 혈통이나 외모로 그 사람에 대한 행로를 결정하지 않는다. 어떠한 사람이든 죄가 머무는 자들에게는 영원한 심판이요, 그 죄가 사하여진 사람에게는 영원한 생명이 임할것이다.

다시 말하자면, 우리가 예수 그리스도의 피로 죄의 묶임에서 풀어져야만 심판의 진영에서 벗어날 수 있다는 뜻이다. 부자도 가난한 자도, 자유로운 자도, 종도, 권력이 있는 자든 없는 자든 상관없다. 사람이 심판을 면할 수 있는 단 하나의 조건은 예수 그리스도의 피로 사함을 얻었느냐. 우리가 매었던 죄에서 풀림을 얻었느냐. 그것을 믿고 그 믿음으로 현재를 지속했느냐. 그 누구도 이러한 똑같은 조건에서 벗어날 수 없다.

심판은 분명 모든 인류에게 일어날 일이었다. 땅에서 우리를 매고 있는 죄는 하늘에서도 매이게 만드는 조건이었다. 그러나 우리가 땅에서 죄의 사함을 받아 죄에서 풀리게 된다면 반드시 영원한 하늘에서도 풀리게 될 것이다.

하늘의 뜻이 땅에서 이뤄지는 일, 구원과 심판의 일은 우리가 무엇을 믿느냐, 우리가 과연 예수 그리스도로 말미암아 풀림을 얻었느냐에 달려 있다. 이 믿음 때문에 인내하고 고통당하던 자들, 죄에 거하지 않고 오히려 세상과 맞서는 고난에 거하던 자들의 기도가 하늘에 상달 될 것이다.

열린 문은 이렇게 믿음을 지키기 위해 고난을 받고 마지막 때를 준비하는 자들에게만 열릴 것이다. 또한 주님의 올라오라는 명령을 믿고 그를 위해 믿음으로 간구하는 자들에게만 들어갈 수 있는 기적의 관문이 될 것이다.

하나님의 때는 이제 가까이 왔다. 죄악에 그대로 거할지 혹은 믿음으로 거룩함에 거할지 결정하는 것은 우리의 몫이다.

어느 것을 믿든 그 열매를 먹게 되리라.

요한은 하늘에 올라오라는 명령을 듣고 곧바로 성령에 감동되어 하늘에 있는 열린 문을 보게 된다.

하늘에서 들린 음성이 말한 말씀에 의해 시작되고 성령은 거기에 반응한다. 성령님은 하나님의 뜻에 따라 요한이 반드시 보아야 할 것을 보이신다.

그 첫 번째 환상이 바로 하늘의 열린 문이다. 열린 문은 사단의 나라와 욕망의 세상이 끝날 시점에 이르렀다는 거대한 상징이다.

이러한 상징에 대해서는 앞서 일곱 교회 이야기 중 빌라델비아교회 서신에서도 다룬 바가 있다. 문 앞에 이르렀다는 주님의 말씀은 마지막 때가 이제 곧 너희에게 이르렀다는 뜻이다.

문은 지금 내가 서 있는 공간에서 다른 종류의 공간으로 넘어가는 경계이자 통로다. 건물의 내부에서 외부로 나가는 통로, 거실에서 안방으로 넘어가는 통로, 화장실과 복도의 경계가 되는 것이 문이다. 따라서 열린 문이 요한의 눈에 보였다는 것은 이제 하늘의 시기가 다른 공간으로 갈 준비가 되었다는 뜻이다.

이것은 하늘의 때가 땅의 때에 영향을 미친다는 것을 의미하기도 한다. 하늘의 일은 땅의 일에 반드시 영향을 미친다. 온 세상에 대한 주권은 하나님의 손안에 있으며 그의 결정은 온 세상을 변화시키는 열쇠이기 때문이다.

하나님의 말씀이 모세에게 먼저 임하고 모세가 그 일을 행하는 순차는 모두 이러한 하늘의 주권이 땅에 영향을 미친다는 것을 보이시기 위함이다. 하나님은 반드시 교회에게 그의 일을 이르신 후 행하신다. 선지자들에게 그의 하실 일들을 이르신 후에 세상에 그분의 뜻을 행하신 것처럼 말이다.

환상의 본격적인 서막이 시작되는 지점에 천상을 제일 처음으로 보여주시는 이유는 세상과 그 권세와 악함이 얼마나 허무한지를 알게 하시기 위해서다. 이 때문에 당시 핍박을 받고 있던 교회의 성도들에게 하늘의 모습을 보여주시는 것은 너무나 필요한 일이었다.

하늘의 하나님 아버지의 영원하고도 무서운 권세를 보는 것, 듣는 것, 읽는 것은 고통을 이기게 해주는 강력한 힘이자 끝까지 인내하게 해주는 능력이었다. 이러한 힘은 지금의 우리들에게도 필요하다.

믿음은 들음에서 나고 우리의 행함은 하나님의 능력으로 말미암아 이뤄진다. 마치 하늘을 보고 명을 받아 하늘을 올라가게 된 요한처럼 말이다.

열린 문은 어느 때보다 더 가까이 이 시대에 서 있다. 우리는 요한과 같이 볼 수 있어야 한다. 하나님이 열어놓으신 그 문을 통해 이제 새로운 땅과 하늘이 낡은 부대와 같은 세상을 대신하게 될 그 시기가 코앞으로 다가오고 있음을 보아야 한다.

새로운 세상이 태어나기 위한 해산의 고통은 시작될 것이다. 아니, 이미 시작되었다.

문은 열려있다.

곧

이곳에서 사용되는 εὐθέως(youtheos)는 계시록에서 단 한 번밖에 사용되지 않은 단어다. '곧바로, 즉시'라는 말로 해석될 수 있는데 이 말을 내가 언급하는 것은 이 단어를 통해 계 4:1~2절에서 볼 수 있는 재밌는 사실 때문이다.

처음에 요한이 성령에 감동된 사건은 나팔소리와 같은 음성을 듣기 전이다. 다른 말로 하면 요한이 나팔소리와 같은 주님의 음성을 들을 수 있었던 것은 성령에 감동되었기 때문이다. 그러나 계 4:1~2절에 와서 상황은 달라진다. 요한은 하늘에서 나는 나팔소리와 같은 주님의 음성을 들은 후에 성령에 감동되고 곧! 하늘로 이동한다.

24

정리해 보면,

계 1장의 사건 : 성령에 감동되어→믿고→나팔소리 같은 음성을 들음

계 4장의 사건 : 나팔소리 같은 주님의 음성을 듣고→믿고→성령에 감

동되어→하늘로 올라감

처음에 요한이 성령에 감동되었을 때는 예수님의 음성을 듣고 그다음 예수님을 보는 믿음까지 갈 수 있었다. 그러나 일곱 교회의 서신을 다 받아 적은 이후 그의 믿음은 이제 예수님의 음성을 언제나 들을 수 있는 확고한 믿음에까지 이를 수 있게 되었다.

예수님은 거기에서 만족하지 않으셨다. 요한은 여전히 들려오는 그 음성이 이제는 하늘에서 온 것임을 감지한다. 그 음성이 명령한다.

올라오라.

그 음성의 주인이신 예수님은 알고 계셨다. 이제 요한의 믿음은 올라오라는 주의 명령이 자신에게 이뤄질 것을 확신하는 믿음으로 '업그레이드' 되었다는 것을 말이다. 그에 따라 성령은 요한의 의지 안에 녹아 들어가 하늘로 올라가는 믿음에 닿게 하신다. 그로 인해 요한은 하늘에 올라갈 수 있었으리라.

여기서 잠깐 요한의 입장이 되어 생각해 보자. 그의 나이는 거의 90세를 넘어서고 있었다. 그와 함께 활동했던 사도들은 다 순교했고 저만 남았다.

무엇보다 걱정이 되는 건 자신을 바라보고 있을 교회다.

　마지막 남은 힘없는 사도가 뭐라고 그들은 자신의 말과 행보를 기대하고 있을 것이다. 하지만 여기서 할 수 있는 것이 아무것도 없다. 그들의 믿음이 흔들릴까 염려되지만, 무엇보다 자신의 믿음이 흔들리는 것이 두려웠을 것이다.

　예수님의 말씀이 떠오른다. '내가 올 때까지 그를 머물게 하고자 할지라도 네게 무슨 상관이냐'(요 21:22). 내가 이렇게 명줄이 긴 것은 혹 주님이 오시는 것을 보기 위함이 아니었을까. 주님은 과연 언제 오시는 것일까. 정말 주님은 오시는 것일까. 그때 주님이 하신 말씀의 의미는 무엇이었을까.

　그의 믿음은 흔들리고 있었는지도 모른다. 요한은 온갖 빠른 것들이 앞으로 세상을 장악하게 될지 까맣게 몰랐을 것이다. 세상의 끝이 자그마치 2000년 뒤에나 올 것이라고 상상이나 했을까. 그는 도미티아누스 황제의 치하에서 일어나는 온갖 잔혹한 일들을 듣고 보았다. 그리스도인들을 어떻게 다루는지 보았다.

　이것이 세상이 끝나고 망할 징조가 아니면 무엇이란 말인가. 주여, 주는 언제 오시나이까. 지난날 주님이 제게 하셨던 말씀은 무엇이란 말입니까. 수없이 되 뇌이고 되 뇌였을 지도 모른다.

　그때 주님은 요한을 방문하신다. 전에 알던 주님의 모습이 아니었다. 알아보지도 못했다. 그를 도우시는 성령이 아니었다면 그는 그분이 예수님이라는 걸 꿈에도 몰랐을 것이다. 성령에 감동되어 그의 귀가 열렸다.

그의 귀에 들려오는 주님의 음성은 놀랍기만 하다. 하나님이시다. 신의 목소리다. 그는 뒤를 돌아본다. 누군가가 서 있었다. 사람의 모습을 한 신이었다. 세상의 모든 권세를 가지고 계신 듯한 신의 모습으로 빛처럼 누군가가 서 있었다.

점점 시간이 가면서 그는 알게 되었다. 그가, 그 빛과 같은 신의 모습을 한 그분이 정녕 자신이 알고 만지고 보았던 예수님이라는 사실을 말이다. 그분은 그리스도였다! 예수님이었다!

그는 더욱더 뜨거운 성령의 기운이 자신의 손과 온몸의 세포를 사로잡고 있음을 느꼈다. 터져나갈 듯 그리스도의 심장이 자신의 심장을 사로잡고 있음을 느끼며 그분의 메시지를 하나하나 기록해 나갔다.

이러한 성령에 사로잡혀 몇 날 며칠을 보냈을지도 모른다. 그는 더이상 두렵지 않았다. 흔들리지 않았다. 예수님은 이제 본격적으로 환상의 서막을 시작하시기 위해 하늘에서 그분의 음성을 발하신다.

"요한아! 올라오너라!"

요한이 고개를 들어 하늘을 본다. 이제 그 모습이 보이지 않아도 그가 예수님이라는 것을 안다. 그가 세상에서 알고 있었던 그분 아니, 그가 알던 그분과는 비교도 할 수 없는 그 친근하고 놀랍고 위대한 예수님을 하늘에 가면 만날 수 있을 것이라는 생각에 그는 더욱 말씀에 의지하여 성령에 감동되고 말았다. 아! 이것이었구나.

그때 주님이 말씀하시는 것이 이것이었어! 내가 죽기 전에 주님의 오심을 본다는 것이!

그는 곧! 하늘로 올라갔다. 망설임도 의심도 없었다. 주님이 말씀하시자마자 그는 믿었고 그 즉시, 곧! 하늘로 올라가는 일을 체험할 수 있었다. 이제 그는 마지막 때의 전말을 볼 수 있는 믿음을 가지게 된 것이다.

나의 상상이다. 물론. 그러나 나는 믿기를 그 순간에도 예수님은 요한의 믿음을 성장하게 하신 것이리라 믿는다. 그의 성장을 통해 믿음으로 믿음에 이르게 하신 것이리라 믿는다.

'곧'이란 헬라어는 요한의 믿음이 얼마나 순식간에 성장했는지를 보여주는 단어다. 그 즉시 예수님의 명령에 반응하여 믿음으로 하늘에 올라갈 수 있었던 과정을 단박에 보여주는 단어인 것이다.

주님은 요한에게뿐 아니라 우리들의 믿음을 날마다 매 순간 '업그레이드' 하기를 원하신다. 현실에서 직면하고 있는 한계치를 믿음으로 성령과 함께 극복하기를 원하신다.

이것이야말로 하늘에 속할 자들이 거쳐야 할 경건에 이르는 연습이 아닐까.

이제 우리들도 요한이 보았던 계시의 위치로 가서 앞으로 나오는 천상의 그림들을 이해하기 위해 힘써야 한다. 요한을 굳이 하늘로 데려가셔서 이 계시를 볼 수 있게 하시는 것은 우리도 요한처럼 하늘의 일들과 그 하늘의 일들이 땅에서 어떻게 적용되는지를 보게 하기 위함이리라 믿는다.

2장

보좌의 모습

모든 것의 토대는 초월적이고 살아 계신 주권자 하나님,
영원하고 영광스러운 자유 가운데
온 교회와 각 개인들의 삶 속에서 행하시며
거기 개입하시고 간섭하시는 하나님께 있습니다.

- 마틴 로이드 존스의 '부흥'에서

요한은 결국 하늘에 올라갔고, 그는 천계를 볼 수 있었다. 그가 처음 본 것을 요한은 이렇게 표현한다.

'보라, 하늘에 보좌를 베풀었고'

여기서 '베풀었다'에 해당하는 헬라어 κεῖμαι(keimai)는 '어느 장소에 건물이 놓였다'고 할 때 사용된다. 이곳 외에 계 22:16절에 '새 예루살렘 성이 놓여있다'고 할 때도 사용된다(원어로 그 성이 놓여있다고 되어있지만, 번역의 맥락상 생략한 듯 하다).

그런데 매우 재밌는 건 이 단어가 '중간 수동태 디포넌트 형'을 띄었다는 점이다. 만약 그 보좌가 그저 하나님에 의해서만 놓였다면 '놓였다'는 오로지 수동태로만 사용되어야만 한다. 하지만 이 동작을 나타내는 헬라어는 중간태 수동태로 완전한 수동적인 동작이 아니라 어느 정도 보좌의 의지가 개입되었다는 것을 말해주고 있다.

이상한 일이다. 보좌라는 물건이 보좌에 앉을 이에게 자신의 의지를 내보인다는 사실이 말이다. 난 이 동사의 형태를 보고 잠시 멍하지 않을 수 없었다.

그러다 나는 보좌라는 말을 성경에서 찾아보기 시작했다. 잠시 벗어나는 말이긴 하지만, 요즘은 인터넷만 몇 번 두드리면 성경 구절을 쉽게 찾아낼 수 있다.

성경 안에서 만약 '보좌'에 해당하는 연관 검색어를 지금 읽고 있는 부분이 아닌 다른 부분에서 찾아본다면 당신은 정말 놀라운 체험을 하게 될 것이다. 성령은 하나님의 말씀 속에 숨겨진 비밀스럽고도 광활한 세계로 여러분을 인도하실 것이다.

어쨌든 나는 성경의 처음부터 끝까지 보좌라는 단어가 나오는 성경구절을 찾아 헤맸다. 그러다 이 동사가 주는 이미지에 적합한 구절을 찾아낼 수 있었다.

그 때에 예루살렘이 그들에게 여호와의 보좌라 일컬음이 되며 모든 백성이 그리로 모이리니 곧 여호와의 이름으로 말미암아 예루살렘에 모이고 다시는 그들의 악한 마음의 완악한 대로 그들이 행하지 아니할 것이며(렘 3:17).

하나님은 예루살렘이 하나님의 보좌라 일컫게 될 것이라고 예레미야를 통해 예언하신다. '예루살렘'이 곧 '하나님의 보좌'라는 것이다. 그렇다면 예루살렘은 무엇인가. 하나님의 큰 성이다(마 5:35). 이 성은 하나님이 세우신 교회 그 자체를 예표하고 표현하는 상징이다. 그렇다면 교회는 무엇인가. 그리스도의 몸이다. 그리스도의 몸은 무엇인가. 바로 우리들, 성도들이 아닌가.

그러면 하나님이 우리 위에 앉으시겠다는 뜻인가. 아니다. 매우 어리석은 해석이다. 보좌가 베풀어진 것이 단순히 하나님의 의지로만 이뤄진 것이 아니라 보좌의 의지도 포함되어 있다는 이 서술로 미뤄볼 때 이는 하나님이 교회를 세우신 것은 사람의 믿음도 개입되어 있다는 것을 상징적으로 보여주고 있다는 것을 알 수 있다. 이것은 분명하다.

요한이 본 '보좌'는 '보좌'와 '보좌에 앉으신 이'가 하나가 된 모습이다. 보좌와 보좌에 앉으신 이가 분리되어 생각될 수 없다는 뜻이다. 하나님과 교회가 하나가 되는 데 있어 단순히 교회의 믿음만 있다고 되는 것이 아니요 하나님의 의지만 가지고도 할 수 없는 일임을 보여주는 그림이다.

보좌가 된 예루살렘 성은 하나님의 능력에 의해 세워지고 만들어지지만 우리는 그 건물을 이어가는 구성원으로 거기에 서 있다. 만일 우리 스스로가 예수 그리스도에게 속하며 하나님께 속하며 하늘에 속함을 믿고 행하면 우리는 예루살렘 성의 근간이 되고 구조물이 될 것이다. 주님과 하나가 되는 예루살렘 곧, 보좌가 될 수 있다는 뜻이다.

거기에 더 재밌는 사실을 볼까. 보좌에 앉으신 이의 '앉다' 또한 '중간수동태 디포넌트'라는 사실이다. 그분도 온전히 자신의 의지로만 그 보좌에 앉으신 것이 아님을 보여준다. 사실 하나님은 어떤 의자에 앉도록 묶여있을 이유가 없으신 '스스로 계신 분'이다.

감히 누가 하나님에게 '여기에 앉으시오'라고 명령할 수 있을까. 그러나 하나님은 자신의 능동적인 의지와 함께 누군가에 의해 그 보좌에 앉게 되었다고 이 동사는 설명하고 있다.

이러한 그분의 '앉으심'이 중간 수동태인 근거는 그 뒤에 나오는 많은 존재들의 경배를 통해 나타난다. 24장로들의 인정과 네 생물의 선포와 천사들의 찬송은 그가 그 자리에 앉으실 유일한 분이시라는 것을 알려준다.

피조물은 그를 필요로 한다. 동시에 그분은 기꺼이 교회와 함께하기를 원하시며 교회 또한 그를 왕으로 추대하고 그분이 나라를 다스려주시길 소망했다. 그것이 하나님으로 하여금 보좌에 앉으시도록 만들었고 하나님 또한 이에 동의하셨다.

이러한 서로의 선택을 나타내는 장면이 바로 보좌와 보좌에 앉으신 이가 하나가 된 모습이라고 할 수 있을 것이다.

돌맹이-λίθος(lithos)

4장의 구절에 있는 단어 하나하나를 살펴며 놀라움을 금할 수가 없었다. 주님이 사용하시는 상징들은 그의 나라의 초석들이다. 그의 의지이자 계획이다. 예수 그리스도라는 거룩한 나라와 건물과 교회의 몸을 적나라하게 그려내고 있다. 그게 요한 계시록이다.

계 4:3절에서 요한은 자신이 본 '보좌'와 '보좌에 앉으신 이의 모양이 어떠어떠하다'라고 설명한다. '~와 같다', '모양'에 해당하는 두 단어는 두 번씩 반복된다. 하나는 '보좌에 앉으신 이의 모양이 ~와 같다'고 표현하고 또 하나는 '보좌에 앉으신 이와 보좌의 모양이 ~와 같다'고 표현한다.

1. 앉으신 이의 모양이 벽옥과 홍보석 같고
2. 또 무지개가 있어 보좌에 둘렸는데 그 모양이 녹보석 같더라

1번은 보좌에 앉으신 이에 대한 묘사고 2번은 앉으신 이가 보좌와 함께 어떻게 어우러졌는지를 묘사하고 있다.

여기서 요한은 보좌와 보좌에 앉으신 이가 마치 '벽옥, 홍보석, 녹보석'과 같다고 말한다. 이에 대해 서술하며 그는 '돌'(stone)이라는 뜻의 λίθος(lithos)이라는 단어를 쓴다. 나는 돌에 해당하는 헬라어가 쓰인 구절들을 찾아보았다.

왜 하필 돌이었을까. 그분의 모습이 아름답고 찬란해서 보석이라고 말하는 건 알겠는데 왜 금도 은도 아닌 보석이었을까. 그 외에 요한이 알고 있는 더 많은 형상과 물질이 있었을 텐데도 말이다.

이 돌에 관하여는 베드로전서 2장에 아주 정확하게 서술되어 있다.

4. 사람에게는 버린 바가 되었으나 하나님께는 택하심을 입은 **보배로운 산 돌이신 예수께** 나아가
5. **너희도 산 돌 같이 신령한 집으로 세워지고** 예수 그리스도로 말미암아 하나님이 기쁘게 받으실 신령한 제사를 지낼 거룩한 제사장이 될지니라
6. 성경에 기록되었으되 **보라 내가 택한 보배로운 모퉁잇돌을 시온에 두노니** 그를 믿는 자는 부끄러움을 당하지 아니하리라 하였으니
7. 그러므로 믿는 너희에게는 보배이나 믿지 아니하는 자에게는 **건축자들이 버린 그 돌이 모퉁이의 머릿돌이 되고**
8. 또한 **부딪치는 돌과 걸려 넘어지게 하는 바위가 되었다** 하였느니라 그들이 말씀을 순종하지 아니하므로 넘어지나니 이는 그들을 이렇게 정하신 것이라

이 모든 구절에서 '돌'을 표현하기 위해 사용된 단어도 λίθος(lithos)다. 예수님은 우리가 영원히 거할 집을 만드시고 설계하시는 건축가이자 건축 자재가 되시는 분이다. 또한 우리도 하나님의 성을 이루는 건축 자재요 구성원이다. 그것이 성경에는 비유적으로 '돌'로 상징화되어 있는 것이다.

성경 구절들을 찾아본 결과 성경에 나오는 '돌'들은 대게 두 가지로 분류된다. 하나는 하나님께 속한 돌로 영원한 나라의 근간을 이루는 돌이고 다른 하나는 세상의 사상과 인본주의에서 나오는 돌이다.

'또 왕이 보신즉 사람의 손으로 하지 아니하고 뜨인 돌이 신상의 철과 진흙의 발을 쳐서 부숴뜨리매'(단 2:34).
'속으로 아브라함이 우리 조상이라고 생각지 말라 내가 너희에게 이르노니 하나님이 능히 이 돌들로도 아브라함의 자손이 되게 하시리라'(마 3:9).

이 구절들은 모두 하나님으로부터 나오는 '돌'이 어떠한 '나라'(nation)를 이룰지 보여준다.
반대의 경우는

'시험하는 자가 예수께 나아와서 가로되 네가 만일 하나님의 아들이어든 명하여 이 돌들이 떡덩이가 되게 하라'(마 4:3).
'대답하여 가라사대 너희가 이 모든 것을 보지 못하느냐 내가 진실로 너희에게 이르노니 돌 하나도 돌 위에 남지 않고 다 무너뜨리우리라'(마 24:2).

위 구절들은 하나님이 없는 세상의 사상과 자랑을 상징하는 돌들을 보여주고 있다.

그렇다면 주님이 앉으신 보좌의 모양이 돌과 같다는 것은 시온에 있는 보배로운 모퉁잇돌, 하나님의 성을 건축하는 재료로서의 돌, 더 나아가 건축자들의 머리가 되시고 모든 재료의 창조자이자 근원으로서 서 계신 예수님의 모습을 비유적으로 나타낸 말이라는 결론이 나온다.

이에 더 놀라운 것은 앞서 말한 보좌와 보좌에 앉으신 자가 서로에 대한 의지가 있었다는 것과 연관된다는 점이다.

이 의지는 보좌에 둘린 무지개의 의미와 연결된다. 무지개는 노아와 하나님과의 언약을 상징한다. 다시는 세상을 홍수로 멸망시키지 않겠다는 하나님의 약속과 의지다.

무지개는 인위적으로 만드는 것을 제외하고는 오로지 하늘에서만 나타난다. 무지개는 하늘의 하나님이 반드시 언약을 지키겠다는 표식이었다.

그 무지개가 보좌를 두르고 있다는 것은 보좌인 예루살렘과 보좌에 앉으신 하나님 사이에 언약이 있고 그 언약 안에서 하나님이 당신의 나라를 건축하겠다는 확증이라고 볼 수 있다. 예루살렘에 속한 사람들뿐 아니라 그들을 위해 만드신 모든 세상에 대한 언약이 보좌를 둘러싸고 있는 것이다.

이러한 진리를 나타내고 있는 단어가 바로 '돌'이고 '무지개'가 둘러싸인 형상이다.

'만일 누구든지 금이나 은이나 보석이나 나무나 풀이나 짚으로 이 터 위에 세우면'(고전 3:12).

여기서 보석에 해당하는 단어에도 λίθος(lithos)가 들어간다. 우리가 믿음의 터이신 예수 그리스도 위에 세워야 하는 공력 즉, 건물도 '돌'로 표현된다. 결국 우리들도, 예수님이 보배로운 돌로 예루살렘 성의 모퉁잇돌이 되는 것과 같이 산 돌로 하나님 앞에 드려져야 함을 의미한다.

하나님의 의지와 사람의 의지가 합하여 나라를 이루는 장면이 성경의 마지막 그림이다. 교회의 믿음이 하나님의 믿음에 닿아 하나가 되어 새로운 세상을 완벽하게 그리게 되는 것이다.

이 믿음은 하나님과 사람 사이의 언약을 성취하는 가장 큰 원동력이자 에너지라고 할 수 있다. 언약 아래 맺어진 서로에 관한 신뢰는 새롭고 완전한 피조물을 창조해내고 그 나라는 영원할 것이다.

보좌와 보좌에 앉으신 이의 전체적인 그림 곧, 무지개에 둘러싸인 보좌의 모습이 녹보석이라는 총체적인 형상으로 비유되는 것도 이러한 이유다. 하나님과 교회가 하나가 된 것은 하나님의 언약 아래 묶여 있기 때문이다. 언약의 영원한 세상이 바로 하나님의 나라요 그 나라가 하나님이시다.

언약의 성취자이신 예수 그리스도 안에서 하나님과 성도가 화평하여 하나가 되는 나라. 그 나라를 상징하는 것들이 바로 보좌와 보좌에 앉으신 이와 돌과 무지개의 어우러지는 그림이 아닐까 한다.

벽옥, 홍보석, 녹보석

이에 더 기가 막힌 상징들은 바로 보석의 종류다. 나중에 21장에 가서 더욱 자세히 다룰 부분이지만 아주 간단하게 이 보석들은 새 예루살렘 성의 재료들이다. 새로운 창조를 상징하고 있는 재료들이 바로 21장에서 등장하는 기초석 곧 보석들이다.

기초석. 성의 근간이 되고 기초가 되는 새로운 창조의 재료. 기초석들의 구성은 하나님이 새롭게 창조하시는 세상의 설계도와 같다. 새 예루살렘은 하나님의 새로운 창조의 결과다. 따라서 나는 이것을 구세상의 창조와 연관지어 봤다.

6일 동안 창조되었던 세상의 구성물들과 계시록 21장에 나오는 보석들의 순서를 나열해서 비교하면 구시대의 창조와 새 시대의 창조가 매우 흡사한 순서로 이뤄진다는 것을 추측할 수 있다. 하나님은 계시록 21장에 그분이 창조하실 새로운 세상의 설계도를 미리 보여주신 것이다.

이에 따라 해석을 해보자면(후에 21장을 다루는 부분에서 더욱 자세히 설명할 것이다),

'벽옥'은 jasper로 붉은 계열의 색을 띤다. 하나님의 영광을 상징하고 있다. 이는 빛이 있으라는 처음의 창조와 달리 '그분'이 새로운 나라의 '빛'이 되심을 상징한다.

'홍보석'은 영어로 carnelian이나 sardonyx로 번역된다. 황색을 띠며 하늘에 속한 존재들만이 새로운 세상의 구성원임을 의미한다. 공중의 새(오직 날개를 가진 새들만이 공중에 속한 피조물들이다)가 창조되었던 순서와 비슷하게 배열되어 있기에 이렇게 해석해 보았다.

이는 새가 하늘에 속한 생물인 것처럼 하나님의 거룩한 백성들은 땅이 아닌 '하늘에 속한 자들'임을 비유적으로 보여주는 것 같다.

'녹보석'은 emerald로 구 세상의 창조 시에 땅과 바다의 창조 순서와 같은 맥락이지만 새 예루살렘 성에서 바다는 없다. 바다의 영적인 의미는 '보이는 세상'을 뜻하는데 녹보석은 앞으로 도래할 실제적 세상이자 영에서 나는 모든 것들을 상징한다. 이것은 매우 복잡한 해석이 있으므로 후에 다루기로 한다.

'벽옥'이 '하나님의 영광'이고 '홍보석'이 '하늘에 속한 모든 이' 곧 '교회'를 상징한다면 벽옥과 홍보석은 '하나님과 교회가 예수 그리스도 안에서 하나가 된 보이는 세상'을 상징하는 것이 아닐까한다. 또한 이것은 곧 하나님의 아들들의 나타남으로 말미암아 자유롭게 되는 피조물들이 그 안에서 하나가 되는 것과 연결된다.

그러므로 자연스럽게 '녹보석'은 '하나님의 언약(무지개) 안에서 이뤄진 하나님과 교회와 교회가 거할 새로운 세상'을 상징하는 것이 아닌가 하는 결론을 내려본다.

정리하면,

보좌는 예루살렘이요 보좌에 앉으신 하나님은 그 안에 거하신다. 이것이 하나님의 새로운 세상이다(녹보석). 또한 이것은 숨겨지거나 감춰진 세상이 아니라 영원히 드러날 세상이다. 그 세상은 언약을 통해 (무지개) 하나님의 영광이(벽옥) 하나님의 교회(홍보석)에 충만하게 된 예수 그리스도의(돌) 영원한 나라다.

물론 이것은 나의 해석일 뿐이다. 그러나 동시에, 나의 해석이 아니기도 하다. 성령의 감동 하에 주어진 것이 분명하기 때문이다. 그러나 나는 이 추측에 대하여 확신적이라고 말하고 싶지는 않다. 성령이 보이신 의미를 다 받아들이기엔 나는 아주 아주 불완전하기 때문이다.

다만 이 해석이 복음의 중요한 구성인 보배로운 돌, 산 돌의 의미, 뜨인 돌이 나라를 이루는 다니엘의 예언, 하나님의 보좌라 일컫는 예루살렘의 의미와 새로운 세상을 반드시 언약 가운데 이루시는 하나님의 의지 등과 맞물려 있다는 점은 부인할 수 없다.

그저 그분을 경배하는 시간을 온종일 가졌다는 것을 말하고 싶다. 이렇게 직접 보지 못하고 글에서 적힌 내용만으로도 놀라운데 눈으로 본

요한은 오죽했을까 싶다.

'보좌'는 '예루살렘'이고 '보좌에 앉으신 이'는 '하나님'이시다. '무지개'는 '언약'을 상징한다. 또한 '벽옥'은 '하나님의 영광'을 의미하고 '홍보석'은 '하늘에 속한 피조물들'을 상징한다. '녹보석'은 '영에서 난 존재들이 거하는 세상'을 의미한다.

나는 이것을 신랑과 신부가 언약 아래 혼인을 하고 새로운 가정을 꾸리는 것에 비유해 생각해 보았다.

도표로 그리면 아래와 같다.

하나님(신랑)	보좌에 앉으신 이	벽옥 : 하나님의 영광
예루살렘(신부)	보좌	홍보석 : 하늘에 속한 피조물
새로운 세상(신랑과 신부가 살아가는 세상)	무지개(언약) 안의 보좌와 보좌에 앉으신 이	녹보석 : 영에서 난 모든 존재들의 세상

보좌와 보좌에 앉으신 이는 무지개에 둘러싸여 있다. 이는 하나님의 언약이 보좌와 보좌에 앉으신 이 모두에게 영향을 미치고 있다는 것을

43

보여준다. 마치 예식에서 선포되는 언약이 신랑과 신부 모두에게 적용되는 것처럼 말이다.

계시록 말미에서 성령은 예루살렘이 단장한 신부라고 말씀하고 계시며 이는 계시록에서만 정의하는 바가 아니다. 성경 전반에서 예루살렘은 하나님의 교회의 성으로서 예수님의 신부이자 아내로 나타난다.

예수님은 그분의 말씀 속에서 자신을 신부와 결혼하는 신랑으로 비유하신다. 이러한 비유는 구약에서도 계속 강조하는 바였다.

계시록 21장에서 하나님의 영광은 예루살렘을 채우는 하나님의 광채로 나타난다. 예루살렘 안에 그의 광채가 항상 비추는 것은 예루살렘이 항상 주님과 함께 있다는 것을 의미한다.

이것은 하나님이 구 세상에서나 새로운 세상에서나 '영의 세계'에서 신부와 언약을 맺은 신랑으로 신부인 교회와 항상 함께하실 것임을 나타내기도 한다. 새로운 세상은, 그가 교회와 함께하시겠다는 임마누엘의 언약이 완전히 성취되어 감추어졌던 것이 완전히 드러나는 세상이 될 것이다.

어쩌면 4장은 하나님의 신랑 되신 모습을 소개하는 장면일지도 모른다. 계시록의 말미 21장이 새 예루살렘 성인 신부를 소개하는 부분이라면 4장은 신랑 되신 하나님의 모습을 보여준다는 생각을 해본다.

마치 결혼식을 올릴 때 신랑이 먼저 입장하고 그 후에 신부가 입장하는 것처럼 말이다.

하나님이 왕좌에 앉으시고 왕위를 가지신 이유는 온 세상의 통치를 위해서기도 하지만 영원한 언약을 맺은 신부를 데려오기 위함이다.

하나님의 통치는 교회와 함께 하기 위한 발판을 마련하기 위한 목적을 가지고 있다. 그가 맺으신 언약도, 그가 건설하신 새로운 세상도, 영원한 언약의 나라인 영원한 가나안도, 진정한 젖과 꿀이 흐르는 영원한 나라도, 그의 신부와 함께 영원히 행복하게 살기 위해서다.

그 계획이 여기, 요한 계시록에 명시되어 있음을 나는 믿는다. 보좌의 모습은 한 마디로 신랑과 신부가 하나 된 세상이다. 여기서 기억해야 할 관점은 세상의 주체는 보좌가 아닌 보좌에 앉으신 신랑 곧 하나님이시라는 점이다.

이는 굉장히 중요한 부분이다. 보좌가 다스리고 통치하고 계획하는 것이 아니라 보좌에 앉으신 이가 다스리시기 때문이다. 따라서 언약의 성취자도 하나님이시요 보좌를 완전하게 하시는 분도 하나님이시다.

이러한 보좌의 모습은 영원한 세상을 반드시 이루시겠다는 하나님의 의지이자 계획의 실체다. 더 쉽게 표현하자면 요한이 미리 본 보좌와 보좌에 앉은 이의 모습은 하나님이 구상하신 영원한 나라의 스케치라고 할 수 있을 것이다.

그러나 이제 그 언약이 성취될 영원이란 공간은 리모델링을 준비하고 있다. 이것은 리모델링 전의 '영원'이 완벽하지 않다는 뜻이 아니다. 구약의 언약이 완전하였던 것과 같이 하나님의 창조는 언제나 그 시기에 완전했다.

예수님으로 인해 완전함 위에 더욱 견고한 완전함이 더해진 것뿐이다. 예수님은 새 언약을 완성하신 분이시지만 그럼에도 그분은 율법의 일점 일획도 사라지지 않게 하시겠다고 말씀하셨다.

새 언약이 구 언약을 이루고 그 언약들이 아브라함의 언약을 성취하며 아담에게 말씀하셨던 언약까지 성취하는 것은 그 언약들이 불완전했다는 것을 의미하지는 않는다. 그 언약들은 언제나 완전했다. 그러나 사람의 범죄가 혼돈을 가져오고 이로 인해 하나님은 더욱 정교하고 완벽한 것을 창조하신 것이리라 믿는다.

요한이 조금 있으면 보게 될 그 장면은 새로운 언약에 관한 것이다. 하나님이 처음부터 스케치한 밑그림을 완전하게 할 사건을 보게 될 것이다. 놀라운 사실은 우리는 그것을 알고 있는 영광을 누리고 있다는 점이다.

왜냐하면 우리는 요한의 시선을 통해 지금 보고 있기 때문이며 이미 알려진 바 된 사실이 되었기 때문이다.

그러나 알고 있기에 하나님은 우리에게 준비하라는 사명을 더 하실 것이다. 새로운 세상에 들어갈 신부는 점도 없고, 흠도 없는, 기름을 가득 채워 신랑을 맞이할 준비를 하고 있는 자들의 모임이다. 지금 우리는 시험대에 올라있다.

누가 예수 그리스도의 마음을 가지고 있느냐. 과연 누가 가라지들의 세상에 휩쓸리지 않고 무겁게 알곡으로 남아있는지를 보는 때에 우리는 살고 있다. 성경은 언젠가 우리에게 말씀하실 것이다.

신랑이로다 맞으러 나오라 하매.

3장

보좌의 주위

이러므로 우리에게 구름 같이 허다한 증인들이 있으니
모든 무거운 것과 얽매이기 쉬운 죄를 벗어 버리고
인내로써 우리 앞에 당한 경주를 경주하며

히 12:1

계시록 4장에서 보좌의 모습에 관한 서술 이후 가장 먼저 나오는 형상들은 24장로들이다.

장로들과 보좌들은 많은 특징이 있지만 가장 큰 특징은 단연 '24'라는 숫자라고 할 수 있을 것이다.

24라는 숫자는 우리에게 매우 친숙한 숫자다. 하루는 24시간이고 일년은 24절기를 지난다. 성경을 익히 아는 우리에게 24는 이스라엘의 12지파 그리고 12사도들의 수를 합한 숫자로도 생각할 수 있다.

민 7장에는 장막 세우기를 끝내고 난 후 이스라엘 각 지파의 우두머리들이 제물을 드린 제사 품목과 그 수가 기록되어 있다.

은 쟁반1, 은 바리1, 금 그릇1, 수송아지1, 숫양1, 일 년 된 어린 숫1, 숫염소1, 소2, 숫양5, 숫염소5, 일 년 된 숫양5으로 다 합하면 품목은 24개가 된다. 또한 은쟁반과 은바리의 무게를 다 합치면 2400세겔이고 12지파가 드린 화목제물로 수소가 24마리가 된다.

이 제사 품목을 내는 자들은 모두 이스라엘의 12지파를 대표하는 사람들이고 그들은 24개의 품목을 하나님 앞에 드렸다. 우리는 이러한 구약의 현상들을 복음에 비추어 해석할 필요가 있다. 왜냐면 구약의 모든 제사와 율법들이 그려내고 있는 그림은 결국 예수 그리스도와 교회라는 실체로 귀결되기 때문이다.

하나님의 상징적 메시지들을 해석할 수 있는 가장 좋은 방법 중 하나는 '무엇을', '어떻게', '왜' 같은 육하원칙에 적용하는 것이라고 생각한다. 어쨌든 하나님은 그분의 의중을 '사람'에게 설명하기를 원하시기 때문이다. 사람은 언어라는 소통체계로 뜻을 전달한다. 그 체계를 통해 하나님도 그의 뜻을 전하시기 때문에 '육하원칙'을 따라 말씀에 담긴 그의 의중을 파악하는 것은 합리적인 해석 방법이라 믿는다. 알아볼 수 있는 언어를 사용하시는 것만큼이나 우리가 알아볼 수 있는 상징을 사용하신 것도 그 때문일 것이다.

그분이 사용하시는 상징들은 '속히 될 일'이나 '지금 있는 일'에 관한 설명이 되기도 하지만 배경이 되기도 한다. 이 배경을 알게 되면 우리는 그 상징이 하는 행동이나 상징에서 나오는 현상들이 어떤 의미가 있는지에 대해 범위를 좁힐 수 있을 것이다.

우선 24라는 상징적인 숫자를 'when' 곧, '언제'라는 프레임에 적용시켜보면 매우 간단한 답이 나온다. 오늘이라는 시간이 다 끝나려면 24시간이라는 시간이 흘러야 한다. 20시간도 30시간도 아니다.

24시간이라는 시간이 흐르면 오늘이라고 생각했던 날은 더 이상 오늘이 될 수가 없다. 내일이라는 새로운 날은 반드시 24시간이라는 기한을 지나야만 한다. 또한 24절기라는 일 년의 기한도 마찬가지다. 올해라는 개념이 끝나려면 반드시 24절기라는 계절들을 지나야 한다.

그러므로 24라는 숫자를 '언제'라는 프레임에 맞추면 '어느 시기의 기한'이라는 의미가 이 숫자 안에 있음을 알 수 있다.

여기서 짚고 넘어갈 것은 우리가 성경에 있는 상징들을 해석할 때 꼭 성경에 있는 것만을 두고 생각해서는 안 된다는 점이다.

왜냐하면 교회는 '세상'이라는 공간, '시간'이라는 시공간에서 살아가고 있기 때문이다.

성경의 배경과 세상의 배경을 만드신 분은 다름 아닌 하나님이시다. 하나님의 메시지는 반드시 이러한 배경을 염두하고 계신다.

그분은 교회만 다스리시는 하나님이 아니라 그분이 창조하신 모든 세상을 다스리시는 분이시다. 따라서 세상에 널리 퍼진 상식적인 현상들 즉, 모든 이들이 공유하고 있는 방향(동서남북), 길이를 재는 도구나 시간과 공간에 대한 개념 같은 것들은 말씀을 해석하는 중요한 도구들 중 하나가 될 수 있다. 물론 이것을 적용하는 범위는 모두가 이해할 수 있는 것들이어야 한다.

이 때문에 24라는 숫자는 우리가 상식적으로 생각하는 하루의 시간이나 일 년의 절기와 연결될 수 있다고 생각한다. 하나님이 써 내려가신 교회의 역사가 오늘과 내일 안에서 진행되어왔고 올해와 내년, 그 후년이라는 시간의 흐름 가운데서 써졌기 때문이다. 시간이라는 역사의 흐름에서 벗어난 교회의 역사란 있을 수 없다. 24는 한시적인 시기 전체를 의미한다고 보는 것이 타당하다.

그렇다면 또 다른 프레임에서 이 숫자를 들여다보자. 이 숫자에 대해 생각할 때 가장 먼저 연관시킬 수 있는 부분은 구약의 이스라엘 12지파와 신약의 12지파들이 있다는 점일 것이다. 이는 '누가'(who) 라는 프레임을 생각하게 한다.

교회는 이스라엘 12지파와 12사도들을 제외하고는 생각할 수가 없다. 구약 교회의 시작이 12지파였으며 신약 교회의 시작은 12사도들이었다. 이들은 하나님의 구원의 역사에서 가장 중요한 부분을 차지하고 있는 교회의 근간으로 전 세대와 후세대를 대표하는 사람들이라고 해도 과언이 아니다.

그러나 나는 여기에 나오는 장로들이 꼭 이스라엘 12지파나 12사도들이라고 확신적으로 말할 수는 없다. 왜냐하면 그들의 차림새나 그들의 보좌나 그들이 쓰고 있는 금 면류관이 상징하는 바는 그들이 세상에서 살았을 때의 행위와 매우 밀접한 연관성을 띠고 있기 때문이다.

12사도들은 예수 그리스도의 은혜와 성령의 이끌리심으로 그에 합당한 행위를 가졌을지 모르나 12지파들의 주인공들이 그와 합당한 삶을 살았다고 보기엔 어렵다. 또한 계시록의 어느 구절도 이 장로들이 12지파라고 하거나 12사도라고 확실하게 말한 바가 없다.

다만 24라는 상징이 예수님 이전과 이후를 아우르는 시간들이라고 보았을 때 구약의 12지파와 신약의 12사도들은 24라는 세상의 시간을 채우는 '교회'로 '상징화' 될 수 있다고 본다. 그들이 가진 숫자들을 합한 값은 '교회'라는 프레임을 그릴 수 있다는 것에 지나지 않는다고 생각한다.

믿음의 사람들은 12지파가 생기기 전에도 있었다. 아벨, 노아, 에녹, 아브라함과 같은 이들은 12지파가 생기기 훨씬 전의 사람들이었다. 그렇다면 그들은 교회의 구성원이 아닌가. 단연코 아니다. 그들이야말로 이스라엘 교회가 존재할 수 있었던 근간이요, 믿음의 사람들이다. 교회의 가장 중요한 구성원 중 하나로 서 있는 사람들이다.

하나님의 약속은 이스라엘 12지파가 시작되었을 때부터 있었던 것이 아니다. 노아 때도 아브라함 때도 있었고 그 약속은 하나님이 세우신 교회 곧, 이스라엘이라는 형상으로 '형태화'된 것뿐이다.

이로 인해 세상의 유일한 교회였던 이스라엘이 이제는 예수 그리스도로 말미암아 세워진 교회로 그 영역을 넓혔다. 그러므로 세상과 시간을 지낸 믿음의 사람들 중 어떤 사람들이 24보좌에 앉을지는 모를 일이다.

또 24가 가진 '언제'의 의미를 두고 볼 때 24보좌는 인류의 역사가 시작된 지점부터 끝난 지점까지를 포함해야만 한다. 따라서 요한이 본 보좌들은 그가 살고 있었던 시대 이전 뿐 아니라 이후까지 포함된 시대의 주인공들까지 앉아 있는 곳이어야 한다.

요한이 영원 속에서 보는 현재는 요한의 시대를 기준으로 한 과거와 현재와 미래를 다 보여주고 있는 그림이기 때문이다. 그들 중에는 이스라엘 지파 이전의 사람들과 요한 이후의 사람도 포함되어 있었을 가능성이 있다고 보는 바다.

하나님의 보좌와 보좌에 앉으신 이가 세상의 언약의 성취와 완성에 대한 의지를 그린 그림이었다면 마땅히 24장로들과 보좌들도 그 시간의 흐름에 따라야 할 것이다. 하나님의 보좌는 24보좌들에 둘러싸여 있다. 이는 인간이 가지고 있는 제한적 시기가 하나님의 구 세상에 관한 통치 영역과도 연관되어 있음을 의미하기도 한다.

분명한 사실은 육하원칙의 '누가'(who)가 하나님의 교회를 대표하는 사람들이라는 점이다. 그러나 그 사람들이 꼭 12지파나 12사도들이 아닐 수도 있음을 추측하는 바다.

12지파 이전에도 하나님의 교회의 구성원이 있었다는 것, 요한이 보는 시점에서는 과거와 미래도 포함하고 있다는 점을 미뤄볼 때 그러하다. 누가 앉아있는지는 알 수 없으나 24장로들이 모든 시대의 교회를 대표할 만한 하나님의 사람들이라는 점만큼은 분명하다.

또, 이 숫자는 '무엇이냐'(what)에 관한 것일 수도 있다. 민수기 7장에서 나오는 제사의 품목들이 가진 숫자와 무게들을 볼 때 이런 가능성을 생각해 볼 수 있다. 무엇보다 복음에서 말하는 바가 이와 깊은 연관성을 띠고 있기 때문이다.

로마서 12장 1절에서 사도 바울은 이렇게 말하고 있다.

그러므로 형제들아 내가 너희를 권하노니 너희 몸은 하나님이 기뻐하시는 거룩한 산 제물로 드리라.

예수님은 그분 자신을 영원한 대속제물로 하나님 앞에 드리셨다. 우리는 그분의 제자들로서 그가 하신 것을 따라 하는 자들이다. 바울이 말하는 것처럼 우리 자신을 산 제물로 드린다는 것은 십자가 앞에 나아가 그와 함께 매일 죽어야 한다는 것을 의미한다. 하늘의 영원한 대제사장이신 예수께서 우리를 하나님 앞에 드리도록 내어 드리는 일이 일어나야만 한다.

이 일은 단지 구원에 관한 일이 아니다. 하나님의 나라를 완성하는 매우 중요한 과정이다. 우리들이 드리는 삶을 통해 세상 가운데 하나님의 나라가 일어나기 때문이다.

그리스도께서 너희를 사랑하신 것 같이 너희도 사랑 가운데서 행하라 그는 우리를 위하여 자신을 버리사 향기로운 제물과 희생 제물로 하나님께 드리셨느니라(엡 5:2).

내게는 모든 것이 있고 또 풍부한지라 에바브로디도 편에 너희가 준 것을 받으므로 내가 풍족하니 이는 받으실 만한 향기로운 제물이요 하나님을 기쁘시게 한 것이라(빌 4:18).

민수기에 나온 12지파들의 우두머리가 드린 제물은 위 구절에서 말하는 것과 같이 예수 그리스도와 교회의 산 제물과 연결된다고 본다.

하나님의 보좌에 둘린 24장로들은 최소한 그들의 삶 전부를 향기로운 산 제물로 드린 교회의 대표적 인물들이다. 그리고 그들이 드린 삶은 대속제물이 되어주신 대제사장 예수 그리스도와 무관하지 않다. 예수님이 세상에 나타나시기 전에도 후에도 교회는 예수 그리스도라는 머리 아래 움직이는 몸이었다.

종합해 보면,
1. 언제 – 인류의 시작과 끝이라는 기한에
2. 누가 – 인류의 시작과 끝이라는 기한에 있었고, 있고, 있을 믿음의 사람들

3. 무엇을 혹은 어떤 - 인류의 시작과 끝이라는 기한에 그들이 드린 삶의 전부

24는 하나님의 교회와 함께 하셨던 시공간을 보여주는 프레임이기도 하다. 그분은 영원 가운데 계시면서도 시간의 흐름 가운데 있는 우리와 함께 해주셨다. 그 안에서 통치하시고 간섭하시고 일하신 것이다.

24장로들은 이러한 하나님의 간섭하심을 가장 잘 믿었고 그가 일하신 것을 본 증인들이었으며 시대를 대표할 만한 진정한 이스라엘 인들이었다. 진정한 그리스도의 사람들이었다. 24라는 숫자는 그들의 이러한 특징을 한꺼번에 보여주는 훌륭한 프레임이라는 생각이 든다.

흰옷과 금 면류관

믿음과 행위. 이 두 가지는 복음에 있어서 빠질 수 없는 진리의 양날이다. 믿음으로 구원받지만 믿음은 행위로 인해 증명된다. 홍해 바다를 건너는 것은 전적인 하나님의 은혜지만 그 바다를 건너는 행위는 내가 해야 한다. 구원은 그렇게 나의 의지와 하나님의 의지가 맞물려 일어나는 놀라운 기적이다.

계 4:4절에 나오는 흰옷과 금 면류관은 이러한 복음의 양날이 성도에게 어떻게 적용되는지를 보여준다. 이 두 가지 명사를 아우르는 동사는 περιβάλλω(periballo)다.

이 동사는 '중간태'로 수동적인 의미와 능동적인 의미가 섞인 형태다. 흰옷이나 금 면류관은 누가 입혀주거나 준것이기도 하지만 스스로 입거나 받기를 원했다는 것을 보여준다. 입혀주는 자와 입는 자의 의지가 맞물려 있다는 뜻이다.

일곱 교회 이야기에서 말한 바와 같이 흰옷은 그 사람의 거룩한 행실을 상징한다. 계 7:14절에서 장로 중 하나가 흰옷 입은 자들에 대해 설명하고 있다.

'…이는 큰 환난에서 나오는 자들인데 어린 양의 피에 그 옷을 씻어 희게 하였느니라'

'피'가 없으면 아무리 옷을 빨아도 옷을 하얗게 보존할 수 없다. 또 피가 있어도 옷을 빠는 '행위'가 없다면 상황은 마찬가지다. 이 구절은 예수님을 믿는 '믿음'을 가지고 거룩한 '행위'로 나아가는 이 두 가지 원리가 구원의 필수 요건임을 강조하고 있다.

홍해 사건이 일어났을 때 모세는 '가만히 서서' 하나님의 구원하심을 보라고 말했다. 그러나 곧이어 하나님은 백성을 '앞으로 나아가게 하라'

고 말씀하셨다. 구원을 위해 선택해야만 하는 타이밍이 있고, 상황이 있고, 길이 있다는 것을 보여주는 사건이다.

구원의 순간에는 어느 시점을 향해 떠밀려 오기가 일쑤다. 본의 아니게 어느 집회에 '참석하게' 된다거나 혹은 텔레비전을 보다가 우연히 접한 간증을 '듣게 되는' 타이밍에 서 있게 된다.

그 사람에 관한 구원은 하나님 쪽에서 준비하신 정확한 때에 연루되어 있고 앞은 바다요 뒤는 바로의 군대가 진을 치고 있는 놀라운 상황이 펼쳐지고 있을 때 구원을 선택할 수밖에 없는 일이 일어난다. 그러나 아무리 그 때가 다가온다 해도 우리의 선택이 없이 구원은 일어나지 않는다. 어떤 집회 장소에 '간다'거나 텔레비전을 '튼다'거나 병에 걸린 후 하나님께 '기도를 하는' 선택은 온전히 그 사람의 몫이다. 마치 홍해 바다 앞으로 간 선택을 한 것은 이스라엘 민족이었듯 말이다. 노예 생활을 했어도 애굽을 나오기 싫었다면 나오지 않아도 되었을 일이었다. 결국 선택은 믿음으로 나타내는 사람의 행위라고 할 수 있다.

하지만 지금 여기서 말하는 '행위'의 문제는 더 높은 차원이다. 홍해를 건너던 때와 광야를 지나던 때가 다른 것과 같다.

구원의 사건이 일어날 때는 대부분 어쩔 수 없이 구원으로 가는 선택을 하게 된다(물론 다 그런건 아니다). 홍해의 사건에서 그 누가 용감하게(?) 애굽의 군대로 뛰어든다거나 바닷길이 열렸음에도 불구하고 그 자리에 가만히 서서 건너지 않을 자가 있겠는가.

그러나 광야에서의 상황은 이와 다르다.

분명한 선택의 여지가 있다. 여기서 진짜 믿음이 증명될 것이다. 다윗이 전쟁을 치를 때 다윗은 하나님의 뜻을 물었고 하나님은 그에게 이기는 방법을 가르쳐 주셨다. 하지만 매번 같은 명령을 내리시지 않았다. 전쟁마다 타이밍이 달랐고 명령이 달랐다. 어떤 때는 물맷돌을 사용해 이겼고 어떤 때는 기습 공격을 해서 이겼다.

크리스천이라고 하는 우리들은 모두 홍해를 건넜다. 그러나 그다음을 지나야 한다. 각자가 지나야 할 진짜 선택의 전쟁을 믿음으로 치러야 한다. 이스라엘 백성들이 광야를 지났던 것처럼 우리가 지나야 할 광야에서 우리들의 믿음이 진짜인지 가짜인지를 증명해야만 한다. 진정한 믿음은 성령의 음성에 따라 '행동'하는 데서 비롯된다. 이것이 우리의 믿음의 진위를 가려줄 것이다. 청함을 받은 자는 많으나 택함을 입은 자가 적다고 하신 예수님의 말씀이 이런 의미라고 믿는다.

이러한 종류의 행위가 장로들이 입고 있는 흰옷의 의미라고 할 수 있다. 그들은 구원을 받은 후 수많은 영적인 전쟁을 치렀다. 광야의 고초를 겪었다. 그 과정을 통해 그들은 예수님의 피로 씻어진 처음 옷을 깨끗하게 보관할 수 있었다.

다시 말하지만 사데 교회에 보내는 서신에서 나왔던 '네 이름을 흐리지 않게 하겠다'는 이와 깊은 연관이 있다. 우리에겐 처음 받은 구원과 명부의 이름을 언제나 흐리게 할 만한 행위를 할 수 있는 의지가 있다.

흐리는 행위보다는 흐리지 않는 행위로 이르는 것은 힘든 일이다. 우리의 본성과 육체의 욕망을 십자가에 못 박아야 가능한 일이기 때문이다. 매일 싸워야 한다. 이는 쉬운 일이 아니다.

중요한 것은 내가 이 일을 할 수 있다는 점이다. 성령이 함께하신다면 할 수 있다. 성령은 나와 함께하셔서 옷을 더럽히지 않을 수 있는 길과 방법을 제공하실 것이다. 성령이 해주실 것임을 믿고 거기에 따라야 하는 행위를 가져야만 한다. 이 점은 아무리 강조해도 지나치지 않다.

따라서 여기에 출현하는 장로들은 영원한 나라에 오기 전 삶 속에서 하나님을 믿었던 사람들이다. 그들은 메시아이신 '예수 그리스도'의 공로를 믿었다. 물론 구약의 사람들은 예수 그리스도의 나타나신 때를 지나지 않았으나 그들은 앞으로 도래하실 메시아를 믿음으로 바라보았다.

그들은 하나님이 주실 그 메시아가 자신들까지 구원하셨음을 온전히 믿었다(히 11:26, 요 8:56). 성령이 그들과 함께하신 이상 성령은 예수 그리스도에 대하여 증거 하지 않을 리가 없었을 것이기 때문이다.

예수 그리스도라는 하나님의 은혜를 믿는 자들만이 온전한 믿음의 행위를 이끌어 낸다. 구약의 장로들이든 신약의 장로들이든 그들은 예수님이 그들을 온전케 했다는 것을 믿었던 사람들이다. 계 4:10절은 장로들이 흰 옷을 입은 의미를 잘 드러내고 있다. 면류관을 보좌 앞에 던지는 행위를 통해 그들의 온전했던 행위가 자신의 것만이 아님을 온몸으로 표현하고 있다. 이는 그들의 행위가 그리스도의 성령과 함께했던 것임을 증언하는 행동이라고 할 수 있다.

'흰 옷을 입었다'에 담긴 복음의 진리는 그들이 쓰고 있는 금 면류관에도 적용된다. 면류관의 재질인 금은 그들의 삶이 얼마나 온전했었는지를 보여준다. 천상에 존재하는 금은 불순물이 0.1%도 없는 순도 100의 금이라고 믿는다. 하늘에 있는 영원한 것에 어떻게 조금의 불순물이라도 섞일 수 있겠는가.

그러나 이것은 그들이 삶을 살았을 때 조금의 흠도 없었다는 의미가 아니다. 오히려 이러한 금이 탄생하기 위해 어떠한 불과 연단을 지나 그들의 흠이 어떻게 소멸됐는지를 보여 준다.

그들은 삶을 사는 동안 불과 같은 연단을 받았다. 말할 수 없는 고난과 유혹이 다가왔을 것이다. 장로들 또한 사람이었기에 육체의 유혹에 흔들렸을지 모른다. 어쩌면 고난에 힘겨워 주님을 원망했을지도 모른다.

그럼에도 하나님은 연단을 통해 그들의 자아와 욕망을 십자가에 못 박게 하시고 믿음으로 삶을 사는 거룩함으로 인도하셨을 것이다.

그들이 혹 하나님을 위해 목숨까지 내어놓는 사람들이었다면 그것마

저도 주님의 도우심과 인도때문이었을 것이다. 그들의 삶은 각 세대를 대표할 만한 숭고한 전쟁에서 일궈낸 금과 같은 것이다.

그들이 보좌에 앉아 하나님과 함께 통치할 때 통치를 받는 백성들이 진정한 통치자로 생각할 만큼의 놀라운 삶을 살았을 것이다. 그만큼의 연단과 아픔과 고난이 그들의 믿음을 고결하게 했고 그것은 보좌가 그들을 받아들일 수 있는 조건이 되었다.

물론 첫 번째 조건은 하나님의 은혜와 예수님의 의로우심을 입는 것이다. 홍해를 진정한 믿음으로 건넜던 사람들만이 광야를 거칠 수 있는 것처럼 그의 은혜가 없는 진짜 믿음의 행위도 없다.

우리는 믿음과 행위의 조화를 믿어야 한다. 우리의 행위만도 아니요 우리가 단순히 하나님의 살아계심과 구원을 믿는다고 말하거나 인정하는 것만도 아니다. '페리발로'라는 동사의 형태가 보여주듯 우리는 믿고, 믿음으로 의를 행하는 이 두 가지가 삶에서 조화롭게 나타나야 한다. 성령이 우리 안에 내주하시는 것은 이 때문이다.

성령은 우리가 어떻게 믿음으로 시작해서 어떻게 행위로 완성되는지를 알려주신다. 율법주의로 치우치거나 혹은 믿음이 주는 자유를 방종으로 치우치면 성령님은 순간순간 우리에게 알려 주신다.

바울은 날마다 죽는다고 고백한다. 날마다 주와 함께 동행하며 그분과 살아가는 것이 얼마나 중요한지 강조한다. 이것은 성령이 아니시면 생각하거나 행할 수 없는 믿음의 행위들이다.

믿음은 상실될 수도 있고 성령 또한 이에 따라 소멸할 수도 있다. 성령이 연약해서가 아니라 우리 안에 성령을 붙드는 의지가 소멸되어 그 자리에 성령이 더 이상 있어야 할 이유가 없게 만들기 때문이다.

우리에게 면류관이 주어졌을지라도 우리는 사단에게 면류관이 빼앗기지 않도록 단단히 붙들어야만 한다(계 3:11).

이 말씀은 우리가 이것을 빼앗길 위험성이 있다는 것을 알려준다. 우리가 가진 은사와 성령을 지키지 않으면 언제든 빼앗길 수도 있다는 것을 경고하시기 위해 이 말씀을 하신 것이리라 믿는다.

마찬가지로 우리가 지금 흰 옷을 입었을지라도 내일 이 옷이 더러워질 수도 있다는 것을 성경은 보여주고 있다.

따라서 믿음의 행위는 성령과 함께 지켜야 하는 소중한 보물과 같다. 그러나 이는 결코 쉬운 것이 아니다. 매일 성령 하나님과 가깝고 친밀해야만 가능한 일이다. 세상이 주는 쾌락과 욕망을 멀리하고 세상에 거하면서도 하나님과 동행한다는 것은 다시 말하지만 쉬운 일이 아니다.

분명 24보좌에 앉은 장로들에게도 쉬운 일이 아니었을 것이다. 그러나 그들은 오직 그리스도만 생각하고 그리스도만을 위해서 살았던 사람들이었음이 분명하다. 그들에게 주어진 흰 옷과 면류관이 거저 주어진 선물이 아니었던 것이다.

번개, 음성, 뇌성

보좌 주위에서 일어나는 세 가지 현상을 영어로 표현하면 번개-lightening, 음성-rumbling, 뇌성-thunder라고 할 수 있다. 번개는 하늘에서 번쩍거리는 빛 자체를 뜻하고, 음성은 번개가 나타날 때 '우르르르' 하늘을 울리는 소리를, 뇌성은 하늘을 깰 듯이 크게 나는 번개소리다. 번개는 눈으로 볼 수 있고 음성과 뇌성은 귀로 들을 수 있는 자연 현상이다.

요한은 이러한 세 가지 자연 현상이 하나님의 보좌로부터 난다고 기록한다. 이 현상들은 요한이 지구에서 보았던 것과 같은 단순한 자연 현상은 아닐 것이다.

왜냐하면 이것들은 지금 천상이라는 특수한 환경 가운데 하나님의 보좌에서부터 흘러나오는 것이기 때문이다. 요한이 보좌를 보고 있는 곳은 초자연적이고 영원한 곳이다. 따라서 그 보좌에서 흘러나오는 것 또한 초자연적 것일 수밖에 없을 것이다.

여기서 그가 쓰는 용어는 필시 성경의 다른 구절에 숨어 있는 의미와 연관되어 있을 것이다. 계시록에 나오는 모든 현상은 하나님의 말씀이다. 따라서 그것은 다른 성경말씀과도 연결될 수 밖에 없다.

요한이 선택한 이 용어 '번개'와 관련된 성경 구절들은 대게 하나님의 임재나 신속한 하나님의 심판에 관한 것들이다(출 19:16, 시 144:6).

출애굽 한 이스라엘 백성들은 아마도 요한이 보았던 것과 비슷한 번개를 보지 않았을까 한다. 그의 거대하고도 거룩한 임재가 하늘을 뚫고 지구의 조그만 땅 광야에 임했을 때 번개가 번쩍였고 뇌성이 땅을 울렸다. 만일 그 주위를 흑암이 둘러싸지 않았다면 그의 임재를 보는 이스라엘 백성은 전멸을 면하지 못했을 것이다. 그의 빛과 거룩하심은 단 하나의 죄도 용납하지 못하기 때문이다.

따라서 그의 임재에는 언제나 심판이 임한다. 죄악이 그분의 임재하심을 견디지 못하고 소멸해버리기 때문이다. 하나님의 임재는 우리의 죄를 소멸하시는 힘과 능력이 있다.

또한 죄악이 소멸되는 일은 하나님의 임재가 임하자마자 곧바로 진행된다. 번개가 하늘에서 매우 빠르게 번쩍이는 것과 같이 하나님의 거룩하심은 죄를 용납하지 못하고 즉시 태운다. 시편에서는 그분의 임재하심이 악한 것들을 얼마나 불태울 수 있는지를 여러 번 노래하고 있다.

번개는 하나님의 임재를 상징한다.

하나님의 임재가 교회에 있다는 것은 참된 교회가 예수 그리스도의 의로 깨끗하게 되었다는 것을 보여주고 있다. 하나님의 거룩하신 임재는 교회가 아닌 자들의 죄를 용납하지 못하실 것이다. 만약 그가 참된 교회의 성도라면 거룩하시고 무서운 하나님의 임재가 번쩍거리는 그곳에서도 평온할 수 있을 것이다. 따라서 구약의 교회든 신약의 교회든, 참된 교회는 오직 예수 그리스도의 의(righteousness) 아래 세워진다는 것을 알 수 있다.

번개와 음성과 뇌성은 하나님의 진리의 빛 곧, 그의 임재가 우리들의 죄를 무섭게 비추고 있음을 보여준다. 그 죄를 십자가에 못 박아 완전히 소멸시키지 않는 한 우리는 결코 하나님의 임재 안에서 평안함을 누리지 못할 것이다.

그래서 이러한 임재는 하나님의 구별하심과 연관된다. 거룩히 구별된 자들은 그 임재를 견딜 수 있지만, 아닌 사람들은 견디지 못할것이다. 이 때문에 계시록을 보는 관점은 구별에서부터 시작된다. 세상과 교회, 알곡과 가라지, 장자와 차자, 유대인과 이방인, 성소에 속한 자와 성전 뜰만 밟는 이들, 짐승의 표를 받는 자들과 받지 않는 자들.

이런 구별을 보여주시는 이유는 간단하다. 세상에 있던 자들이 하나님의 교회를 택하고, 가라지였던 자들이 알곡이 되거나 차자였던 자들이 믿음으로 장자가 되고 이방인이었던 사람들이 장자의 축복을 받는 일을 보여주시기 위해서다.

이 모든 일은 오직 예수 그리스도의 공로로 인해 일어난다. 그의 의로움이 우리로 하여금 그의 불과 같은 거룩함을 이기게 하고 그의 임재 안에 속하게 하는 것이다.

지금 우리는 그리스도의 교회를 실제 체험하고 있다. 오래전 이스라엘 백성은 감히 상상도 할 수 없었던 엄청난 기적의 현장이 겸손히 내려와 우리에게 교회가 되라고 권고하신다.

하나님의 임재의 장소는 함부로 가까이할 수 없는 무서운 장소다. 하나님의 나라에 속하면 그의 임재가 축복이지만, 영적인 예루살렘에 속하지 않고 하나님과 예수 그리스도 안에서 하나가 되지 않는다면 그의 임재는 무서운 심판이 될 것이다.

우리는 교회 안에 소속자로 서 있어야 한다. 하나님의 보좌인 예루살렘 안에 있어야 한다. 그곳은 번개와 뇌성의 무서움을 피할 수 있는 유일한 곳이기 때문이다.

02
Chapter

하나님의 영

1장

일곱 영

누구든지 성령을 훼방하는 자는
사하심을 영원히 얻지 못하고
영원한 죄에 처하느니라 하시니

막 3:29

성령이 직접 오셔서 통제하시고 이끄시고 인도하시고
명령을 내리시고 무슨 일을 해야 할지 지시하신 것입니다.

마틴 로이드 존스의 '부흥' 中

하나님의 영-성령

지금까지의 천상의 요소들을 살펴보면,

보좌는 하나님의 교회인 예루살렘을, 보좌에 앉으신 이는 교회와 함께 하시는 하나님을, 보좌에 두른 무지개는 하나님과 교회와 세상과의 언약을, 보석들의 모습은 그 둘이 이루게 될 세상을 상징한다는 것을 알 수 있었다.

또 보좌에 둘린 24장로들은 믿음의 대표주자들이 어떤 사람들인지를 보여주고, 번개와 음성과 뇌성은 함께 하신 하나님의 임재가 어떤 의미인지를 보여주었다. 이 모든 요소들은 하나님의 나라를 이루는 총체적인 그림이라고 할 수 있다.

이제 하나님의 새 나라를 이루는 데 있어 가장 중요한 존재를 이 장에서 다루려 한다. 그는 이 그림을 이루시고자 하시는 하나님의 모든 생각을 이행하시는 하나님의 능력이자 그 자체로 하나님이시다. 그는 바로 하나님의 보좌 앞에 있는 일곱 등불 곧 성령이시다.

그는 삼위 하나님 중 한 분으로서 나라를 세우시는 능력이 되어 주신다. 성령님은 그분 자체가 나라이자 하나님이시라고 할 수 있다. 이런 관점에서 성령님이라는 등장인물은 24장로들이나 네 생물보다는 훨씬 상위의 위격을 가지고 계신다. 아니 그들과 비교할수조차 없다. 그는 하나님과 동등하신 분이다.

6장에 가서 네 생물이 땅의 존재들에게 명령을 할 수 있는 것은 성령이 그들과 함께하셨기 때문이다. 하나님의 영이 그들과 함께하시지 않으면 그들은 교회의 권세를 행할 수가 없다. 그들은 오직 성령이 원하시는 데로만 행하기 때문이다.

또 성령은 24장로들이 그들의 합당한 자리에 앉을 수 있도록 실질적으로 도우신 분이다. 그들이 땅에 있을 때 연약함을 도우시고 기도하게 하시며 승리하게 하신 분은 다름 아닌 성령이시다. 그는 24장로들 뿐 아니라 교회에 속한 모든 이들을 도우시고 함께 하셔서 그들을 구원으로 인도하시는 보혜사다.

예수 그리스도께서 사역을 온전히 이루신 것도 성령님이 함께 하셨기 때문이다. 하나님의 언약을 이루신 것도, 새로운 나라를 세우신 분도, 그 나라의 구성원들을 질서대로 정렬시키시는 분도 성령이다.

우리는 성령에 대해 자세히 알 필요가 있다. 그는 하나님의 말씀을 사람으로 하여금 대언 하게 하신다. 그는 예언의 영이시고 특별히 예수님의 승천 이후 우리를 이 땅에서 도우시는 실제적인 하나님이 되어 주셨다.

그는 보이는 것과 보이지 않는 모든 것을 보실 수 있으며 사람의 모든 마음을 감찰하신다. 때론 우리 안에 있는 악함과 죄를 책망하시며 그것을 고치라고 말씀하시고 더 나아가 그것을 고칠 수 있도록 도우신다.

그는 죄에 대하여 의에 대하여 심판에 대하여 세상을 책망하시는 분이시다. 세상의 임금들이 그의 말씀으로 인해 심판을 받았다고 성경은 말하고 있다. 구약에서도 이스라엘의 왕들이 하나님의 선지자들이 선포했던 예언대로 심판을 받은 여러 경우를 볼 수 있다.

이는 이스라엘 왕들뿐 아니라 이방 여러 제국의 왕들도 성령의 대언하시는 말씀에 따라 반드시 심판 받았다는 것을 알 수 있다. 이제 앞으로 도래할 세상에서도 많은 왕은 성령이 예언하신 대로 심판 받을 것이다.

성령님이 행하시는 가장 큰 일중 하나는 진리이신 예수 그리스도를 증거 하시는 것이다. 이는 구약이나 신약에서나 나타나는 동일한 성령의 일이었다.

하나님 나라의 구심점이자 구성원이자 모든 설계도가 되시는 예수 그리스도를 나타내시고 그 설계대로 나라를 만드시는 능력이 바로 성령님이다.

이 영에 대하여 알아두는 것은 아주 중요하다. 일곱 교회 이야기에서 말한 바와 같이 '성령이 교회들에게 하시는 말씀을 듣는 것'은 일곱 교회 사자들과 교회에게 주시는 가장 중요한 명령이다. 그리고 이 명령은 계시록 22장이 끝나고 나서 그 후 영원한 하나님의 나라에서도 지속되는 명령이다.

성령이 하시는 말씀을 듣고 행하는 자는 살 것이요, 그분의 말씀을 듣지 않고 행하지 않는 자는 죽을 것이다. **하나님의 임재가 있는 곳에 하나님의 성령이 임하신다.** 반대로 성령이 계시지 않는 곳은 하나님의 교회가 될 수 없다. 성령의 임재하심은 하나님이 임재 하신다는 가장 강력한 증거다. 이분의 역사하심이 없이는 교회가 교회로 서 있을 수 없다.

앞서 번개와 뇌성과 음성의 설명에서 말한 바와 같이 하나님의 임재를 통해 일어나는 죄의 소멸은 성령의 역사하심에 따라 일어난다. 그는 진리를 비추시는 빛일 뿐 아니라 죄를 태우는 불이기도 하시다.

앞으로 나올 5장의 어린 양이 가진 일곱 개의 눈이나, 네 생물의 동력은 모두 하나님 앞의 일곱 등불이신 성령이시다. 진정한 교회는 한 마디로 하나님의 영이 임하는 장소다. 그것이 사람일 수도 있고 어떤 건물이 될 수도 있다. 성령이 그 안에 계시면 그곳이 곧 교회라고 할 수 있다.

두세 명밖에 모이지 않아도 그곳에 성령이 임하시면 교회이지만, 아무리 수천 명이 모여도 그곳에 성령이 계시지 않으면 교회가 아니다. 나 홀로 어딘가를 다닐지라도 성령이 함께하시면 나는 하나님의 성전이 된다.

성령은 교회의 경계이며 세상과 교회를 구분 지어주는 가장 정확한 지계석이다.

이러한 성령의 특징들을 잘 기억하고 마음에 담아 두기를 기도한다. 우리가 하나님의 나라를 구성하는 요소가 되기 위해서는 반드시 우리 안에 하나님의 영이신 성령께서 임하셔야만 한다.

우리가 교회가 되기 위해서는 성령 외에 다른 어떤 영도 그 자리를 대신할 수 없다. 나답과 아비후가 다른 불을 드리다가 죽었던 일은 하나님의 영이신 성령만이 예배의 주체가 될 수 있다는 것을 보여준 사건이었다.

아무리 많은 예물과 거룩해 보이는 의식과 거룩해 보이는 장소가 있을지라도 그곳에 성령이 계시지 않으며 그곳은 곧바로 하나님을 대적하는 장소로 변한다는 것을 알려주신 사건이라고 할 수 있다.

일곱

우리는 여기서 다시 한번 일곱이라는 숫자를 만난다. 일곱은 참으로 성경에서 많이 사용되는 수다. 특히 계시록에서는 여러 부분에서 사용된 것을 볼 수 있다.

여기서 잠깐 용어의 이해에 관하여 짚고 넘어가고자 한다. 이는 매우 중요한 관점을 요한다. 대개 성경에 등장하는 '3이나 7'과 같은 숫자는

'하나님의 수'로, '지혜'는 '하나님의 지혜'로만 생각할 때가 많다.

하지만 이 숫자들은 하나님의 진영에 속한 존재들을 상징할 때도 사용되지만 사단의 진영에 속한 존재들을 상징할 때도 사용된 것을 볼 수 있다. 이는 계시록뿐 아니라 다른 성경에서도 마찬가지다.

뱀처럼 지혜롭고 비둘기처럼 순전하라는 예수님의 말씀을 우리는 어떻게 해석해야 하는가. 뱀은 사실 마귀, 사탄을 상징할 때가 많다. 옛 뱀, 독사와 같은 상징은 주로 마귀의 존재를 나타낼때 사용되기도 한다.

그렇다면 예수님의 비유는 성도가 사단의 성품과 하나님이 가지고 계신 성품을 두루 갖춰야 한다는 것일까? 아니다. 세상을 향해 나아갈 때 우리는 지혜가 필요하지만, 우리의 영혼은 거룩하고 순전해야 함을 의미하고 있다. 따라서 뱀은 지혜로운 동물이라는 점을 알 수 있고 뱀은 지혜로도 상징화될 수 있음을 짐작할 수 있다.

삼겹줄은 끊어지지 않는다는 성경의 말씀도 이런 관점에서 생각해 보자. 삼겹줄은 아주 강력한 연합을 의미한다. 삼위일체가 그 예라고 할 수 있다. 하나님과 예수님과 성령은 한뜻과 심령으로 강력한 연합이 되어 하나를 이루시고 이 연합을 통해 모든 일을 행하신다.

그렇다면 하나님의 진영에 속한 자들만 삼겹줄 즉, 강력한 연합을 할 수 있는 것인가? 물론 아니다. 이러한 연합은 하나님의 사람들만 하는 것이 아니다.

사단 또한 그들의 나라를 이루기 위해 강력한 연합을 이룬다. 계시록에 나오는 용과 멸망의 아들, 땅에서 나오는 짐승이 그 예이며 개구리와 같은 세 영들도 그 예라고 할 수 있다.

그 때문에 전도서에 나오는 삼겹줄에 관한 말씀은 하나님의 영광을 위해 사용하면 선한 힘이 되지만 그것을 자신의 영광과 사단의 나라를 위해 사용하면 멸망의 무기가 된다. 우리가 보아야 할 3이라는 수는 강력한 연합 그 자체를 나타낸다고 볼 수 있다.

일곱도 마찬가지다. 계시록에서 일곱은 교회나 하나님의 영을 상징하는 곳에만 사용된 것이 아니다. 용의 일곱 머리나, 여자가 앉은 일곱 산에도 사용되었다.

두 경우 모두 '모든'이라는 상징으로 7이 사용된 것을 알 수 있다. 따라서 7이 하나님의 진영에서 사용되든 사단의 진영에서 사용되든 '충만의 수', '모두'라는 의미로 사용되었다는 것을 알 수 있다.

지혜라는 말은 또 어떤가. 13장에 나오는 지혜 있는 자들은 단순히 하나님의 지혜를 가진 자들을 뜻할 수도 있지만 그렇지 않을 수도 있다. 이 세대의 아들들이 빛의 아들들보다 훨씬 지혜로울 수 있음을 예수님도 말씀하셨다. 따라서 13장에 나오는 지혜로운 자들이 꼭 하나님의 사람들을 뜻한다는 법은 없다.

'상징'은 선과 악의 개념을 떠난 언어적인 역할을 한다고 보아야 한다.

물이 선하거나 악한 것이 아닌 것처럼 성경에 사용된 상징들도 단순히 언어적인 측면에서 사용되었다는 것을 알았으면 한다.

다음으로 상징과 연관하여 살펴봐야 할 또 다른 관점은 성경 전체에 흐르고 있는 하나님의 목적을 살펴야 한다는 것이다. 왜 그 용어를 쓰셨는지, 왜 하필 그 숫자를 고르셨는지 알기 위해선 성경 전체의 맥락을 짚어야 한다. 그러다보면 그 맥락이 전하고자 하는 하나님의 목적과 부합하는 뜻을 그 용어나 숫자나 상징에서 발견할 수 있을것이다.

또 유의해야 하는 것은 성경에 기록된 상황에 맞게 이해해야 한다는 것이다. 전후 상황이 무엇인가, 이것을 기록하는 목적이 무엇인가, 환상을 보거나 그 일이 일어나는 장소가 어디인가에 따라 용어의 쓰임이 달라진다는 것을 기억해야 한다.

우리는 하나님과 깊은 교제를 나눠야 한다. 성경의 전체적인 그림이 영혼에 박혀 있어야 한다. 성경의 흐름을 이해하는 정도가 스데반이 이스라엘을 향해 선포했던 설교에서 흐르는 것처럼 새겨져있어야 한다(사도행전 7장). 어려운 일일 것 같지만 성령과 교제하고 매일 말씀을 반복해 읽는다면 충분히 누구나 할 수 있는 일이다.

난 이 글을 읽는 모든 이들이 하나님과 깊은 교제 가운데서 말씀이 주시는 놀라운 하나님의 음성을 저마다 듣기를 소원한다. 성경의 전체적인 맥락을 누구나 소유하고 기억하기를 원한다. 언제 어느 때든 꺼내 볼 수 있는 하늘의 지혜와 지식이 있기를 기도한다.

하나님이 상징을 사용하시는 이유는 많은 정보를 압축해 보여주기 위함이다. 22장이라는 짧은 기록을 통해 엄청난 정보를 전달해야 하므로 하나님은 상징이라는 언어를 통해 그분의 뜻을 전하시는 것이다. 마치 컴퓨터의 막대한 양의 정보를 보낼 때 압축 파일로 보내는 것과 같은 이치다.

우리가 그 압축 파일을 열어볼 방법은 오직 성령 안에서, 말씀 안에서 기도 안에서 가능하다. 말씀과 기도만으로는 안 된다. 성령의 인도하심이 없이는 절대 하나님의 계시를 이해할 수 없다.

이는 계시록뿐 아니라 다른 말씀을 볼 때도 마찬가지다. 말씀과 성령은 하나로 움직인다. 우리는 그 하나에 동참해야 한다. 그 앞에 무릎 꿇어 경배하는 마음으로 성령이 계시하시는 말씀을 들어야만 할 것이다.

다시 돌아와서 일곱을 살펴보자.

'일곱'하면 떠오르는 것은 창조의 여섯 날이 지난 마지막 날 곧, 안식일이다. 완전한 쉼이 있는 날이며 세상의 창조가 '완성'된 것을 보여주는 날이다. 일곱 날이 지나면 또 다른 일곱 날을 맞이한다. 일곱 개의 날(day)은 일주일이 완성되는 날 수이며 이날들이 넘어가면 또 다른 일주일이 다가온다. 즉, 일곱은 24처럼 하나님이 정하신 어떠한 기간을 채우는 숫자라고 할 수 있다.

계시록에 와서 일곱은 악한 이미지를 상징화할 때도 사용된다. 용의 일곱 머리와 일곱 면류관은 용의 권세를 나타낸다. 이는 후에 가서 더 설명하겠지만 간단하게 말하면 이와 같다.

용이 권세를 떨칠 수 있었던 때는 인류가 탄생하고 죄를 범하면서부터다. 그 전의 용이라는 존재는 그저 하나님의 나라에서 쫓겨나 초라하게 추락한 세력에 불과했다. 그러나 인간이 죄를 범한 후 인간이 만든 제국과 바벨론의 문화에 기생하여 그 세를 넓히고 인류를 장악했다. 용이 처음 권세를 얻었던 때부터 그가 멸명하기까지의 모습이 계시록에 나타나고 있다.

만일, 용의 일곱 머리와 일곱 면류관이 용의 권세를 나타내고 있는 것이라면, '일곱'은 세상이 존재하는 날들 동안에 있을 사단의 '모든' 세력을 상징화하는 것이라고 봐야 한다.

따라서 일곱은 인류가 숨 쉬고 살아가는 시공간을 채우는 충만의 수라고 할 수 있다. '일곱 교회'가 '예수님의 모든 교회'고, '일곱 머리의 용'이 '모든 세상에 있을 악한 세력들'이고, '일곱 날'이 '모든 날'이라면 '일곱 영'은 '모든 세상에 존재한 교회에 임하신 하나님의 영'이라고 해석할수 있을 것이다.

계시록은 성령을 상징하는 그림에 대하여 확실한 해석을 덧붙인다. 일곱 등불을 하나님의 일곱 영이라고 곧바로 해석해 보여준다. 어린 양의 일곱 개의 눈도 온 땅에 보내심을 받은 하나님의 일곱 영이라고 확실하게 해석하여 기록하게 하신다.

이는 하나님과 하나님의 나라와 그 성도들과 그 가운데 계신 예수 그리스도의 중심에 성령이라는 놀라운 분이 계셔서 모든 것을 이끌고 계심을 보여주기 위함이라고 믿는다.

또한 계시록은 교회가 이기는 방법에 대해 예수님의 음성을 들으라고 하거나 하나님의 음성을 들어야 한다고 표현하지 않는다. '귀 있는 자는 성령이 교회들에게 하시는 말씀을 들으라'고 표현한다.

마틴 로이드 존스 목사님은 성도들이 일반적으로 범하고 있는 오류에 대하여 지적하신 바가 있다. 성령을 하나님의 능력으로 인정하지만 마치 우리가 마음대로 쓸 수 있는 요술봉처럼 '그것'으로 여길 때가 많다는 것이다.

우리의 소원을 들어주는 지니의 램프의 요정과 같은 능력 정도로, 하나님이 그 뜻을 이루시기 위해 휘두르는 거대한 바람과 같은 존재 정도로 인식하는 심각한 오류를 범하고 있다는 것이다.

이 말씀은 우리가 복음 안에 거하고 믿음을 지키며 완전한 데로 나아가는 데 있어 매우 중요한 사안을 다룬 것이다. 이는 전적으로 옳은 지적이라고 할 수 있다.

성령은 신앙생활의 중심에 계신 하나님이시다. '그것'이 아니라 '그'로 인식되어야 한다. 그저 우리와 말이나 섞는 어떤 존재가 아니라 우리 안에 겸손히 오신 하나님이며 복종해야 할 대상이라는 것을 잊지 말아야 할 것이다.

이 점을 분명히 인지하지 않는다면 앞으로 이 책에서 다루어질 모든 해석은 다 무용지물이 될 것이다. 성령은 모든 것의 중심에 계시며 복음의 창시자이자 하나님과 예수 그리스도와 함께 일하시는 전능하신 하나님이시다. 반드시 기억하자.

2장

교회 안에 계신
하나님의 권세

서로 불러 이르되
거룩하다 거룩하다 거룩하다
만군의 여호와여 그의 영광이
온 땅에 충만하도다 하더라

사 6:3

또 만물을 그의 발 아래에
복종하게 하시고
그를 만물 위에 교회의 머리로
삼으셨느니라

엡 1:22

요한이 보았던 네 생물과 비슷한 존재들은 이사야서와 에스겔서에서도 찾아볼 수 있다. 이사야가 보았던 것은 세라핌, 스랍이라고 표현하고 에스겔서에 등장하는 존재들은 이곳과 마찬가지로 네 생물이라고 지칭한다.

이들이 가지고 있는 특징들의 의미가 무엇인지를 알아본다면 우리는 요한이 보는 네 생물이 어떤 존재인지를 더 정확하게 파악할 수 있을 것이다.

우선 에스겔서에 나오는 네 생물을 자세히 들여다보자. 에스겔은 이 생물을 creature, 생물(chay)이라고 기록한다. chay는 '살아있는', '생생한'이라는 뜻이다. 이 생물이 활동하는 영역은 궁창 밑, 유리 바다 밑, 보좌 밑이며 하늘에 속한 존재지만 천상이 아닌 '땅'에서 활동한다. 이 부분이 요한이 본 네 생물과 가장 다른 점이다.

요한의 네 생물은 날개가 여섯 개인 반면 에스겔서의 스랍은 네 개의 날개를 가지고 있다. 전체적인 형상이 사람의 형상이라는 것은 비슷하다. 요한이 본 네 생물은 한 생물 당 넷 중 하나(사람, 송아지, 독수리, 사자)의 얼굴을 가졌지만, 에스겔이 본 네 생물은 한 생물 당 사람, 소, 독수리, 사자의 네 얼굴을 가지고 있다.

이 네 생물은 한데 뭉쳐서 다닌다. 그들이 뭉친 모습은 마치 숯불과 같다고 에스겔은 기록하고 있다. 또한 그들에게는 각 생물당 한 개의 바퀴(wheel)가 붙어 있다. 사면에 바퀴가 하나씩 붙어 이동하는 것이 에스겔서에 나오는 네 생물의 가장 큰 특징 중 하나다.

그들의 다리는 곧고 하나님의 영이 그 안에 있으며 날개 밑으로 사람의 손이 나와 있다. 요한의 네 생물이 명령을 하거나 '거룩하다'라고 외치는 반면 에스겔서의 네 생물은 아무 말도 하지 않는다. 오직 하나님의 영이 움직일 때 그 영을 따라 움직일 뿐이다.

요한이 본 생물과 가장 닮은 점은 그들의 온몸과 날개와 바퀴에 눈(eye)들이 가득하다는 것이다.

정리해 보면,

활동 영역 : 땅

위치 : 보좌 밑, 궁창 밑, 성전의 오른쪽, 북방에서부터 오고, 폭풍과 구름에서부터 온다.

날개 : 네 개

몸의 특징 : 각 생물이 네 종류의 얼굴을 가짐(소, 사람, 독수리, 사자)

온몸과 바퀴에 눈들이 가득함

각 생물마다 손들이 있음

각 생물 옆에 바퀴들이 둘려 있음

곧은 다리를 가짐

부수적 특징 : 말하지 않고 하나님의 영이 움직이는 데로만 움직임, 함
께 뭉쳐서 다님

전체적 형상 : 각각은 사람의 형상을 지녔고 뭉치면 숯불 형상이 된다.

이 특징들이 상징하는 바를 들여다보자. 우선 이들은 지구(earth)라
는 '땅'에서 활동하지만, 하나님의 보좌 밑 즉, 보좌 앞에 나아갈 수 있는
권한을 가지고 있다.

네 개의 날개는 세상(사방)을 다닐 수 있는 능력을 상징하고 바퀴는 매
우 빠른 기동력을 의미하는 듯하다. 물론 날개들도 빠른 기동력을 의미
하기는 하지만 바퀴는 땅과 붙어서 사용되는 이동 도구다. 따라서 네 생
물은 하늘(지구의 하늘)을 날기도 하지만 땅에 대한 어떤 목적을 가진 것
같다.

그들의 온몸에 가득한 눈들은 사방을 두루 살필 수 있는 엄청난 시력
을 의미한다. 동시에 그들이 다니는 모든 곳을 꿰뚫어 볼 수 있음을 보여
준다. 거기에 더해 그들이 가지고 있는 시야의 영역은 보이는 세상만이
아닌 보이지 않는 세상까지 포함하고 있음을 추측해본다. 에스겔은 일상

사물을 본 것처럼 네 생물을 볼 수 있었던 것이 아니라 성령에 감동되었을 때 영의 눈으로 그들을 볼 수 있었다. 따라서 그들은 영적인 동물이고 그렇기에 보이는 것들뿐 아니라 영적인 것들도 볼 수 있으리라 추측된다.

그들은 성전의 오른쪽에 위치하고 시온이 있다는 북방에서 오는 존재들이다. 폭풍과 구름은 하나님이 거하시는 곳들과 그 장소가 겹치므로 이들은 분명 하나님께로부터 온 존재들이라고 할 수 있다.

사람의 손을 가졌다는 것은 그들이 사람의 손을 통해 일하고 사람의 손을 통해 권세를 나타낸다는 것을 의미하는 듯하다. 또 사람의 형상을 가졌다는 것은 사람의 모습으로 그들의 권세를 나타낸다는 것을 알 수 있다.

네 생물이 가지고 있는 네 개의 얼굴들은 각각 사람, 소, 독수리, 사자인데 이 형상들은 예수님이 이 땅에서 행하셨던 일의 방식이나 권세와 매우 밀접한 연관을 지닌다.

'사람'은 예수님이 사람으로서 이 세상에 오셨음을 의미하고, '소'는 예수님이 대속 제물이 되신 것을 보여주고 있는 것 같다. '독수리'는 양육과 심판을 행하실 수 있는 권세를 가진 자로서 이 세상에 오셨음을 상징하고 '사자'는 그분이 교회의 왕이시며 세상의 왕이심을 의미한다고 본다.

그리고 이 네 존재는 하나의 몸에 있고, 연합하여 행하며 아무 말을 하지 않고 오로지 하나님의 영이 움직이는 데로만 움직인다. 요한이 보았던 네 생물과 같이 말하거나 명령할 수 있는 권한이 없는 것이다.

이로 볼 때 에스겔이 본 네 생물은 **예수 그리스도의 교회가 이 세상에서 가진 권세의 형상**이라고 보아야 한다. 교회는 땅 곧, 세상에서 일한다.

교회는 머리이신 예수 그리스도를 따라 사는 '사람들'이 모인 곳이고 (사람의 형상, 사람의 손) 하나님의 영이 임하여 하나님의 영이 이끄시는 데로 행동한다(성령의 이끄심). 교회는 예수 그리스도로 말미암아 언제나 하나님의 은혜의 보좌 앞에 나아갈 수 있지만 땅에 있는 한 땅에서만 보좌에 앉으신 이를 알현할 수 있다(궁창 밑, 유리 바다 밑에서 활동).

또한 교회는 사람이 모인 곳이다. 하나님은 사람의 손으로 사람을 통하여 그분의 일을 행하시며 교회는 이에 따라 행하게 된다(사람의 형상, 사람의 손).

숯불 모양을 한 것은 죄를 소멸하시는 하나님의 능력이 교회 안에 있음을 나타내고 그 능력은 세상의 죄를 만나면 매우 빠르게 적용된다. 죄를 즉시, 빠르게 소멸하는 권세가 그들에게 있는 것이다. 그들에게 바퀴가 달린 이유다.

이 바퀴가 땅에 붙어서 활동하는 것과 같이 교회를 통한 하나님의 사역이 땅의 흐름과 연관되어 일어나고 있음을 상징하는 듯하다.

이 네 존재는 연합하여 행한다. 하나님의 교회는 어느 시대에 있든 어느 곳에 있든 하나님의 영 안에서 하나로 연합하여 행하는 존재다. 우리는 볼 수 없지만, 성령께서는 각 시대의 교회와 세상의 모든 교회를 한 목적 안에서 이끄신다.

온몸과 바퀴에 달린 눈들은 교회에 계신 하나님의 영이야말로 모든 것을 보실 수 있는 능력이 있다는 것을 보여준다. 교회는 궁창 밑에 있으나 세상 위에 있고 교회는 완전히 드러나지는 않지만, 하나님의 영의 눈으로 모든 것을 볼 수 있다.

이사야나 에스겔, 다니엘을 통해 하나님이 예언하시고 말씀하신 세계에 관한 일들은 모두 하나님의 눈이 모든 것을 통찰하고 있다는 것을 보여준다.

요한 계시록이라는 책도 마찬가지다. 요한이 받아 적었던 세계에 관한 일은 모두 하나님의 눈으로 볼 수 있기에 기록이 가능했다. 하나님의 영은 세상의 과거와 현재와 미래에 일어나는 모든 일을 보실 수 있다.

네 생물의 다리가 곧은 것은, 진정한 교회는 오직 하나님의 영이 가는 곳으로만 따르는 완전한 순종을 하고 있음을 의미한다.

에스겔이 보았던 땅 위의 네 생물은 머리가 되신 예수 그리스도와 그 몸 된 교회의 연합이 어떠한 권세를 나타내는지를 형상화하여 보여주는 것 같다. 에스겔서가 기록될 당시 예수 그리스도가 나타나신 이후의 교회는 존재하지 않았으나 그때도 이스라엘이라는 교회를 통치하고 계시고 앞으로도 통치하실 교회의 머리는 오직 예수 그리스도 한 분뿐이셨다. 그의 사역은 과거에도 현재에도 미래에도 영향을 미치신다.

예수님은 인류의 역사속에서 항상 교회와 함께 하셨다. 에스겔이 보았던 네 생물은 이 땅에 존재하는 예수님의 교회가 어떤 권세로 어떻게 역사했는지 보여주는 형상이라고 할 수 있을 것 같다.

이사야서의 스랍과 계시록 네 생물의 의미

이사야가 본 스랍은 '불타는', '들끓는', 'fiery'라는 뜻의 'saraph'라는 단어를 사용한다. 출애굽 후 이스라엘이 불뱀을 만났을 때 사용된 단어 '불뱀'의 '불'과 같은 단어다.

이 스랍은 요한이 보았던 네 생물과 더 닮은 구석이 있는 것 같다. 그들이 활동하는 위치는 요한이 보았던 네 생물의 위치 즉, 천상이나 보좌위와 동일하다.

그들이 말을 한다는 특징도 그들이 하는 말도 요한계시록의 네 생물과 비슷하다. '거룩하다'를 세 번 외치는 점, 누군가에게 명령하는 권세를 가지고 있는 점도 흡사하다.

또한 날개가 여섯으로 그 수도 같다.

에스겔서의 네 생물이 네 개의 날개를 가진 것에 대한 의미는 앞서 설명한 바와 같이 세상(사방)에 다니는 존재로 그들이 활동할 수 있는 영역을 보여준다고 보면 될 것이다. 넷은 사방 곧, 세상을 의미하기 때문이다.

그렇다면 스랍이나 요한이 본 네 생물이 가지고 있는 여섯 날개의 의미는 무엇일까.

여섯은 일곱처럼 성경에 상당히 많이 등장하는 숫자다. 이 숫자에 관한 의미들을 우리는 몇 가지로 추려볼 수 있는데, 그 첫 번째로 안식일 전에 세상이 완성된 날짜를 들 수가 있다. 창조의 작업은 6일 안에 끝났지만 세상이 아직 완전해진 것은 아니었다. 일곱째 날에서야 비로소 하나님은 쉬실 수 있었고 세상은 완전해졌다.

안식일 있어야 비로소 세상은 완벽해진다. 따라서 6은 완전하기 전의 숫자를 의미한다고 볼 수 있다.

안식일은 곧잘 하나님의 약속의 땅 가나안 땅이나 영원한 안식, 예수 안에 속한 자들의 날들의 예표로 해석될 때가 있다. 즉, 6은 안식일에 들어가기 전의 세상, 하나님께 완전히 속하지 않은 세상으로 상징화 될 수 있음을 추측할 수 있다. 물론 지금 이 세상도 하나님께 속하여 있으나 우리가 언젠가 속하게 될 완전한 예수 그리스도의 나라는 아직 이르지 않았다.

6은 완전한 세상이 나타나기 전의 불완전한 세상, 시공간이 흐르는 경계 안의 세상이라고 볼 수 있다.

출 21:2절은 이와 비슷한 양상을 띤 말씀을 전한다. 하나님은 히브리 종을 사면 그를 육 년 동안 종살이를 하게 하되 7년째에는 값없이 나가 자유하게 할 것을 법으로 정해 놓으셨다. 이것은 사람이 하나님의 안식의 약속에 들어가기 전에는 누구든 죄의 종일 수 밖에 없음을 알려준다.

이 말씀은 예수 그리스도라는 완전한 안식의 영역에 들어가면 우리가 죄에서 해방될 것을 예표 한다. 또한 시기적으로 보자면 하나님의 때가 와서 영원한 안식에 들어가면 인간은 비로소 죄의 시름에서 완전히 놓여 영원한 안식에 들어가게 될 것을 의미하기도 한다.

6은 이와 같이 하나님의 안식에 들어가기 전 인간이 겪는 죄와 세상의 시간을 의미한다고 추측할 수 있다.

6은 계시록 13장에 가서 두드러진다. 계 13:16절은 세상에 사는 모든 자들을 총 여섯 종류로 구분한다. 큰 자, 작은 자, 부자, 가난한 자, 자유 자, 종들로 구분하고 있는 것을 볼 수 있다.

물론 짐승의 수, 사람의 수인 666 또한 이와 무관하지 않다. 결국, 짐승의 수는 사단이 '모든 종류의 인간'에게 찍길 원하는 저주의 숫자이기 때문이다. 저주의 수라는 말보다 더 중요한 것은 '모든 사람'에게 이 저주가 임하길 원하는 사단의 의도다.

큰 자든, 작은 자든, 부자든 가난한 자든 사단이 원하는 것은 인간의 영혼들이다. 그들이 가진 물질이나, 명예 혹은 그들의 사상 같은 것에는 관심 없다. 오로지 인간의 영혼이다. 그 영혼을 파멸시키기를 원하는 존재가 사단이다.

사단은 모든 영혼을 탐한다. 안식에 들어가지 못한 영혼들, 세상에서 사단의 탐심의 대상이 되는 모든 이들을 성경은 6이라는 숫자로 함축하여 나타내고 있다.

따라서 이사야서나 요한 계시록에 나오는 네 생물의 여섯 날개는 영원한 안식 전 세상의 모든 '인간'에 대한 하나님의 통치와 그에 대한 활동을 상징한다고 보아야 한다. 계시록에 담긴 메시지는 사람이 어떻게 하나님의 뜻에 반응하고 인지하며 살아야 할지를 알려주기 위해 기록되었다. 하늘의 권세가 땅에 어떻게 적용되는지를 구체적으로 보여주고 어떤 길이 하나님이 원하시는 길인지를 보여주는 책이 계시록이다.

계시록의 네 생물이 땅의 권세를 향해 '오라'라고 명령을 하는 것을 보면 네 생물에게는 땅에 관한 권세가 있음이 분명하다. 또 6개의 날개는 그들의 권세가 인간이 사는 세상과 모든 종류의 '인간의 영역'에 적용되는 것을 보여 준다.

따라서 이사야서에 나오는 스랍이든 요한이 본 네 생물이든 그들의 여섯 날개는 인간에 대한 하나님의 권세와 경계 혹은 영역을 나타낸다고 할 수 있을 것이다.

또한 6은 다음과 같은 측면에서도 살펴볼 수 있다. 아론이 입는 대제 사장의 에봇에 들어가는 두 개의 호마노에는 각각 6개의 지파 이름들이 들어간다. 성경은 계속 나누고 구별해 나가다가 결국 예수 그리스도라는 메시아 안에서 하나가 되는 것을 보여준다.

장자와 차자, 북이스라엘과 남 유다, 유대인과 이방인. 이렇게 나뉘지 만 결국 에스겔의 손에서 두 막대가 하나가 되고 주님의 십자가에서 모 든 이들이 교회 안에서 하나가 된다.

이는 두 개의 호마노 위에 적힌 여섯 개의 이름들이 세상에 거하는 모 든 이들을 나타내는 상징적인 숫자라는 것을 보여준다. 즉, 두 개의 호마 노에 있는 6지파들의 이름은 불완전한 세상에서 나뉘는 두 족속(이방인 과 유대인)을 상징한다고도 볼 수 있다. 이는 동시에 6의 세상이 지나면 완전한 날이 올 것이며 그날에 가서는 예수 안에서 더이상 이러한 분열 이 없는 나라가 될 것을 보여주기도 한다.

이사야가 본 스랍이나 요한이 본 네 생물은 실제로 존재하는 영적인 생물이다. 이는 하나님의 권세가 이 땅에서 실제로 나타난 것이라고 할 수 있다.

그러나 그들의 형태나 그들이 정말 실제로 존재하는지 안 하는지에 대해 우리가 큰 관심을 둘 필요는 없다고 생각한다. 정말 중요한 것은 그들을 통해 보여주시려는 하나님의 통치 영역과 그의 실제적인 권세가 얼마나 엄청난 것이고 그 권세의 구체적인 의미가 무엇인지를 알고 있어야 한다는 점이다.

안다는 것은 큰 힘이다. 여호수아와 갈렙이 가나안 땅을 정탐한 후에 아낙 자손 즉, 거인의 자손들이 있었던 땅의 상황을 보고도 '저들은 우리의 밥이라'고 외칠 수 있었던 것은 홍해를 건너왔기 때문이다. 그들이 만약 출애굽 때에 홍해를 가르시는 하나님의 능력을 보지 않았다면 여호수아나 갈렙은 믿음으로 외치지 못했을 것이다.

정말 중요한 것은 믿음을 가지고 행동하기 전에 반드시 우리가 먼저 알아야 한다는 것이다. 하나님을 알지 못하는 자는 하나님을 믿지 못한다. 전파하는 자가 있기에 복음을 알고 그 복음을 믿게 된다. 그러나 그것을 알고 난 후에도 믿지 못하면 망할 것이요, 믿으면 약속을 얻을 후사가 될 것이다.

땅에서 일어날 끔찍한 권력들이 하나님을 대적하여 일어날 것이다. 우리 눈에 커 보이는 권력들이 압박하여 올때 도저히 견딜 수 없을 것 같다고 여겨지는 상황에서 하나님은 계시록을 통해 그분의 위력이 하늘뿐 아니라 세상에도 어떠한지를 보여주고 계신다.

그는 하늘을 통치하시고 땅을 통치하시며 역사를 주관하시고 사람의 일들을 관장하신다. 일의 원인과 결과를 아시며 과정을 아시고 그분의 뜻이 그의 사랑 안에서 이뤄지기까지 쉬지 않으시는 하나님이시다.

네 생물은 그러한 하나님의 사랑과 열심과 권세와 그 힘과 지혜를 상징하고 있다. 하나님은 네 생물을 통해 당신의 놀라운 권세를 알리신다. 그 권세를 알 때 우리는 믿을 수 있고, 그 믿음으로 어려움을 이겨낼 수 있기 때문이다.

이사야가 보았던 스랍의 모습은 완전히 드러나지 않은 채였다. 두 날개는 얼굴을 가리고 두 날개로는 날았고 두 날개로는 두 발을 가렸다. 이는 세상에 아직 온전히 드러나지 않은 하나님의 교회를 의미하는 것 같다.

당시 전 세계에 하나밖에 없었던 교회 이스라엘은 오실 메시아를 준비하는 과정에 있었다.

이사야라는 사람이야말로 예수 그리스도를 가장 많이 예언한 선지자로서 예수님의 형상을 어렴풋이 보기는 했으나 그조차도 이해할 수 없었던 말들뿐이었다. 그가 하나님께 들었던 말을 적기는 적었으나 예수 그리스도라는 존재는 아주 아주 먼 얘기였고 따라서 그것은 하나님이 숨기셨던 깊은 비밀이었다.

이스라엘에 국한될 줄 알았던 그리스도께서 온 세상을 대상으로 자신의 나라를 만드시고 자신의 교회를 그의 반석 위에 건설하게 될 줄 그는 상상하지 못했을 것이다.

이 때문에 교회 안에 있는 하나님의 권세를 상징하는 스랍이 네 날개로 몸을 가린 것은 모든 인류에 대한 하나님의 계획을 가린 것이리라 추측된다.

예수님의 교회는 예수님의 성육신과 그의 공생애와 죽으심과 부활과 승천을 통해 그 비밀이 완전히 드러나게 되었다. 신약의 교회는 그 혜택을 누리고 있고 지금의 성도들은 더더욱 그러하다.

이 때문에 요한이 보았던 네 생물들은 이사야가 보았던 스랍과 에스겔이 보았던 네 생물의 모습이 가지고 있는 의미들로 퍼즐을 맞출 수 있을 것 같다. 그들은 감추어졌던 교회의 모습을 형상화했던 생물들이었기 때문이다.

따라서 계시록의 네 생물은,

예수님의 사역에서 나타난 네 가지의 사역들(사람- 인자, 송아지- 대속제물이 되심, 사자- 교회와 세상의 왕, 독수리- 교회의 양육과 세상의 심판을 나타내는 네 개의 얼굴들), 인간의 역사와 모든 일들에 관여하는 하나님의 권세와 영역(여섯 날개), 온 세상을 판단하시고 보실 수 있는 시력(눈들)을 통해 하나님께 찬송하며 땅의 권세에게 명령하시는 하나님의 영을 가진 존재라는 것을 알 수 있다.

또한 그들의 위치는 권세가 얼마나 높은지를 보여준다. 그들은 하나님의 보좌 주위를 어떠한 제재도 받지 않고 다닐 수 있다. 이것만 보아도 그들은 매우 거룩하며 하나님과 밀접하고 친밀한 관계에 있음을 알 수 있다.

이로 볼 때 그들은 교회 안에 있는 예수 그리스도의 권세를 상징한다고 추측된다. 교회의 머리로서 일하시는 예수님의 사역이 형상화된 존재들이자 교회의 머리로서 세상과 교회를 통치하시는 하나님의 권세를 보여주는 상징적, 실제적 피조물이라 여겨지는 바다.

3장

영의 세계

여호와께서 그 터를 바다 위에 세우심이여
강들 위에 건설하셨도다

시 24:2

이 닦아 둔 것 외에
능히 다른 터를 닦아 둘 자가 없으니
이 터는 곧 예수 그리스도라

고전 3:11

유리 바다

'유리 같은'(glassy)을 뜻하는 헬라어 'ναλινος'(whialinos)는 계시록에 두 번 등장하고 있다. 한 곳은 여기 계 4:6절이고 다른 곳은 계 15:2절이다. 다만 다른 점이 있다면 이곳의 유리 바다는 수정과 같은 유리 바다고 15:2절은 불이 섞인 유리 바다라는 것이다.

지금 우리가 살펴볼 유리바다는 계 4장의 유리바다다. 요한은 유리바다를 수정과 같이 맑은 바다라고 설명한다.

그러나 이것은 물이 채워져 있는 바다가 아닌 보좌와 보좌에 앉으신 이, 24장로들을 떠받들고 있는 단단한 바닥을 의미한다. 요한으로 하여금 '바다'라는 말을 사용하도록 하신 것은 그 단어가 가지고 있는 중요한 상징성 때문인 것 같다.

수정같이 맑은 그 바다는 네 생물의 거룩하고도 무서운 모습뿐 아니라 하나님의 보좌에서 나오는 번개의 빛 또한 바닥을 통해 반사시키고 있었다. 그로 인해 그들의 위엄과 권세가 더욱 무섭게 느껴졌을 것이다.

하나님의 모습도, 네 생물의 모습도, 24장로들의 모습도 그대로 비치는 거울과 같은 기초, 지반. 하나님과 예루살렘인 보좌가 놓인 지반, 하나님의 거룩한 권세가 활동하는 지반, 하나님의 영이 운행하시는 지반.

하나님의 나라와 그 건물이 세워지는 이 지반을 성경은 **예수 그리스도라는 진리의 터**라고 바꿔 말하기도 한다(고전 3:11).

사도들은 구약 때부터 내려왔던 선지자들의 말씀을 부지런히 연구하고 살펴 교회의 터를 닦아왔다(엡 2:20, 벧전 1:10). 성도들은 그 터 위에 믿음의 건물을 세워나가고 있다. 그것이 하나님의 교회고 종국에 나타날 영원한 하나님 나라의 모습이다.

예루살렘을 뜻하는 보좌와 보좌에 앉으신 이가 하나가 된 세상이 세워지고, 하나님의 영이 운행하며, 하나님의 영이 움직이시는 네 생물이 활보하는 세상의 기초는 마땅히 예수님이라는 진리의 터 위에 세워질 수밖에 없다.

앞서 본 바와 같이 요한은 하나님의 보좌의 형상이 기초석의 색깔들과 일치함을 보여주고 있다. 기초석들의 색과 종류에 따라 의미하는 바가 다르지만 모든 기초석은 새롭게 창조된 세상을 완성하는 근간이 된다.

그러나 이 모든 기초석들 보다 더 중요한 건 그 세계가 세워지는 반석이다. 그 반석이요 터가 되신 분은 오직 하나, 예수 그리스도 외엔 없다.

또한 '바다'라는 표현이 보여주는 상징도 눈여겨 볼만하다. 앞으로 이 상징은 앞으로 자주 다루게 될 것이다. 그래서 이 글을 읽는 모든 이들이 바다가 상징하는 바를 기억해 놓기 바란다. 세상은 바다와 땅이라는 두 세상으로 나뉜다. 이러한 구분은 성도가 세상을 보는 시점을 좀 더 정확하게 볼 수 있게 하는 중요한 상징이다. 이 상징을 기억하면 앞으로 나올 계시록의 많은 부분을 이해할 수 있을 것이다.

성경에서 바다는 세상을 의미한다. 특별히 '보이는 세상'을 의미하고 있다. 새로운 세상, 하나님의 임재가 실제로 보이는 세상은 보이지 않았고 희미했던 모든 것이 실제로 보이는 세상이다(고전 13:12).

이에 대한 근거로 다음과 같은 구절이 있다.

이는 물이 바다를 덮음 같이 여호와의 영광을 인정하는 것이 세상에 가득 함이니라(합 2:14).

'물'을 '여호와의 영광'으로 '바다'를 '세상'에 대입하면 그 답이 나온다. 이 구절은 하나님의 영광이 언젠가 바다와 같은 세상을 뒤덮게 될 것이라는 예언이다. 하나님의 영광이 바다를 덮게 된다는 말은, 비로소 세상이 하나님의 영광을 눈으로 볼 수 있게 된다는 말과 같다. 여기서 바다는 우리의 눈으로 볼 수 있는 세상을, 하나님의 영광이 바다를 덮는다는 것은 보이는 세상에서 그의 영광을 눈으로 실제 보게 된다는 뜻으로 대입할 수 있을 것이다.

또 바다는 계 13장의 멸망의 짐승이 나오는 장소다. 이와 대조적으로 짐승의 우상화를 계획하는 거짓 선지자는 땅에서 출현한다. 바다의 짐승은 모든 이들이 경배해야 할 우상으로서 반드시 모든 이들에게 나타나야 할 존재다.

반대로 땅의 짐승은 보이는 짐승의 뒤에 숨어서 보이지 않는 세계, 악한 영계를 지배하고 조종함으로써 보이는 세계에서 활약해야 할 멸망의 짐승을 돕는 자로 서 있게 된다. 멸망의 짐승의 우상화를 위해 사단의 악한 영들을 부리며 사람들의 마음과 생각에 침투하는 거짓 선지자 노릇을 하는 존재인 것이다. 따라서 땅은 바다와는 반대로 보이지 않는 세상을 의미하고 땅의 짐승은 영의 세계, 보이지 않는 세계에서 활동하는 영적 존재와 긴밀한 관계를 가진 사람이라고 할 수 있다.

그는 멸망의 짐승을 위해 영적인 지도자의 자리에 앉아있으면서 귀신의 영들을 주관할 수 있는 사람이다. 그는 보이는 멸망의 짐승의 뒤에 서서 보이지 않게 사람들의 마음으로 들어가 은밀히 조종하는 역할을 한다.

그가 귀신과 소통하며 악한 영들과 소통하는 일들은 세상에 드러나는 일들이 아니다. 따라서 '바다'는 '보이는 세상의 영역'을 '땅'은 '보이지 않는 영역'을 의미한다.

여호와의 영광을 인정하는 일들은 반드시 드러나게 되어 있다. 예수 그리스도께서 다시 오시면 세상 모든 이들은 예수님이 비추시는 하나님의 영광을 눈으로 보게 될 것이고 인정할 수밖에 없을 것이다. 이 일은 보이지 않는 세상에서 일어날 일이 아니고 반드시 보이는 세상에서 나타날 예언적인 일이다.

성경에서 말하는 '진리의 터'는 실제 우리 눈에 보이는 건물의 구조나 기초가 아니다. 그 터는 예수 그리스도를 통한 말씀이고 가르침이고 진리 그 자체다. 예수 그리스도를 통해 진리는 마침내 드러났고 하나님은 그의 사도들을 통해 그 터를 닦아놓게 하셨다. 교회가 그 위에 세워지게 하기 위해서였다.

그 일은 예수님이 나시기 전부터 진행되고 있었다. 구약의 선지자들을 통해 하나님은 예수 그리스도를 예비하셨고 그의 그림을 그리게 하셨다.

신약 시대로 와서 마침내 예수님이 나타나셨다. 하나님은 그의 사도들을 통해 다시 말씀으로 진리를 나타내시고 그 위에 그분의 교회를 탄탄하게 세우셨다.

이 터 위에 세워진 세상은 반드시 새로운 세상에서 눈앞에 확연히 드러나게 될 것이다. 계시록의 마지막 장이 화려하게 서술하고 있는 것처럼 말이다.

구약이든 신약이든 말씀이 증거하고 있는 모든 것은 예수 그리스도에 초점을 맞추고 있다. 예수 그리스도에 의한, 예수 그리스도에 관한, 예수 그리스도를 얘기하고 있는 것은 단지 요한 계시록뿐만이 아니다.

창세기부터 요한 계시록까지 말씀의 실상은 모두 예수 그리스도에 관하여 이야기하고 있다고 해도 과언이 아니다.

지금 우리가 보고 있는 창조된 세계는 예수 그리스도라는 기초 위에 세워진 세상이며, 교회도 그 위에 세워지고 있고, 앞으로 나타날 새로운 세상 또한 예수 그리스도가 그 기초라고 할 수 있다.

우리가 살고 있는 이곳은 보이는 것과 보이지 않는 것들이 존재하고 있다. 그러나 새로운 세상은 우리가 보지 못했던 모든 것을 볼 수 있는 세상일 것이다. 앞으로 우리가 살 새로운 세상은 보이지 않는 세계와 보는 세계가 따로 있지 않고 보이지 않았던 모든 것을 실제 볼 수 있는 영의 세계가 될 것이다.

바다가 상징하고 있는 의미와 성경에서 말하는 진리의 터에 대한 개념을 합쳐 추론해 보면 유리 바다는 영의 세계가 실제로 보이는 세상이라고 할 수 있다.

유리 바다는 이처럼 우리와 하나님이 함께 살아갈 새로운 세계, 모든 영의 세계를 볼 수 있는 세계를 의미한다. 그리고 그 세계의 기초는 모든 진리를 투명하게 비추시는 진리의 주인이신 예수 그리스도에 의해 세워진다는 것을 보여주고 있다.

일곱 개의 등불, 일곱 개의 영, 어린 양에게 있는 일곱 개의 눈.

이들은 모두 성령, 하나님의 영을 의미한다.

예수님은 인간의 눈을 들어 몸의 등불이라고 말씀하신 바 있다. 만일 실제적인 눈이 몸의 등불이라면 하나님의 영 곧 하나님 앞에 있는 등불은 영혼의 눈이라고 할 수 있을 것이다.

하나님의 세상에 있어 가장 중요한 핵심 세력이며 권능이자, 하나님 그 자체가 되는 분이시기도 하다. 에스겔이 보았던 네 생물이 가는 모든 향방은 하나님의 영이 임하셔서 그분이 가고자 하시는 데로 결정된다. 네 생물로 하여금 거룩하다고 외치게 하는 이도 하나님의 영이시고 모든 영의 세계를 보게 하시는 이도 하나님의 영이시다.

모든 교회의 멤버들이 들어야 할 음성은 성령의 음성이다. 그 영은 새로운 세상을 이루시고 모든 창조물을 하나님과 연결시켜주시는 생명의 흐름이 된다. 무엇보다도 이 영은 예수 그리스도의 이름으로 오시고 그의 이름을 통하여 일하신다.

하나님과 예수님과 성령. 이 세분은 하나로서 하나님과 예수님이 하나가 되어, 예수님과 성령님이 하나가 되어, 하나님과 성령이 하나가 되어 일하신다.

그 누구도 이러한 연합이 어떻게 이뤄지는지 정확하게 알지 못한다.

삼위일체라는 개념도 인간이 이해하기 위해 만들어 낸 표현일 뿐이다. 그분들의 연합을 나타내기엔 삼위일체란 말은 부족한 표현이 아닌가 한다. 세 분의 연합이야말로 아무도 예측하거나 정확하게 들여다볼 수 없는 놀라운 비밀이라고 할 수 있을 것이다.

계시록에서는 이 성령님의 존재를 일곱 개의 등불이나 일곱 개의 눈으로 표현하고 있다. 물론 대언의 영, 예언의 영으로도 계시록 상에서 나타나고 있지만, 구체적인 형상으로 나타날 때 그 분은 일곱이라는 숫자 안에서 나타나고 있다는 것을 발견할 수 있다.

앞서 말한 대로 일곱은 인류의 역사가 시작된 기점부터 끝나는 기점까지의 '모든 것'을 의미한다고 이야기한 바 있다. 따라서 여기서 나타나신 성령 또한 역사(history)라는 인류의 시간 안에서 활동하시는 하나님의 영을 나타낸 것이라고도 볼 수 있을 것이다.

그렇다고 그분이 인간의 시간에 구애를 받으시는 존재라는 것을 의미하는 것은 아니다. 다만 인류가 살아가는 시공간의 영역에 오셔서 교회를 도우시는 모습을 보여주는 상징이 7이라는 뜻이다. 성령께서 겸손히 '땅'이라는 한정적인 영역에 오셔서 사람과 함께 머무셨음을 보여주는 숫자다.

성령은 이 세상에서 영적인 전쟁을 하는 사람을 도우시기 위해 오신 분이다. 하나님의 뜻을 행하고자 하는 자들을 도우시며 그들이 하나님의 교회 건물 하나하나가 될 수 있도록 움직이신다.

하나님의 영의 세계를 건축하시는 건축자 예수님과 함께 직접적인 능력이 되셔서 성도들을 매 순간 하나님 나라에 합당한 자로 다듬으시고 거룩하게 하시고 세우시는 것이다.

하나님의 나라는 오직 역사가 흐르는 인류의 시공간 안에서만 결정된다. 하나님이 직접 이 세상을 완성하시지만 아이러니하게도 이 나라는 오직 사람에 의해서만 이뤄질 수 있다. 사람의 호흡이 있는 동안에 영원한 하나님 나라의 모습이 결정되는 것이다.

이는 사람이 아니면 할 수 없어서가 아니라, 사람이 아니면 안 되기 때문이다. 오직 사람을 사랑하시기에 보좌에 앉으시고, 사람을 사랑하시기에 사람과 함께 일하고자 하시는 것이다.

하나님의 나라를 채우는 이념은 사랑이다. 사람과 함께 바라봤던 소망이었고 그 안에서 일궈낸 믿음이었다. 사람이기 때문에 허락하셨고 사람에게만 허락하신 창조였다. 우리는 모두 새로운 나라의 창조에 동참하는 자로서 이 세상을 살아가고 있음을 보여주고 있다.

그 일을 이루는 데 있어 성령의 간섭하심은 필수적이다. 그분만이 하나님의 설계도를 완전하게 숙지하고 있기 때문이다.

다시 말하지만 예수님이 오시기 전에도 오신 후에도 성령님은 하나님과 예수님과 함께 일하신다.

예수님을 알지 못했던 노아도, 에녹도, 모세도 모두 예수 그리스도의 종이었고 성령과 함께 일했다. 다만 그들은 예수라는 구체적인 이름을 알지 못한 상태에서 앞으로 나타나실 그분을 믿었을 뿐이다.

성령님은 예수님의 역사하심 없이는 그들 위에 역사하지 않으셨을 것이다. 성령은 예수 그리스도를 증거하고 예수님은 성령을 증거 하시기 때문이다.

성령님은 인류가 시작했던 시점부터 끝까지 자신의 무한한 능력을 인간의 시공간에 스스로 낮추시어 사람 안에서 역사해 주셨다. 예수님이 처음부터 끝까지 역사하시고 하나님이 알파와 오메가로서 인류의 역사에 함께하신 것과 마찬가지로 말이다.

5장에 어린 양의 일곱 개의 눈이 있는 것도 이 때문이라고 본다. 어린 양이신 예수님은 구약과 신약의 모든 이들을 위해 죽으셨다. 자연히 성령님도 예수 그리스도 이전부터 역사하셔서 선지자들과 많은 믿음의 사람들 위에 역사해 주셨다. 앞으로 나타날 거대한 구원을 사람들에게 가르치시기 위해 믿음의 증인들을 성령께서 도우신 것이다.

지금 요한이 보고 있는 하늘은 이러한 하나님의 위대한 설계를 보여주고 있다. 하나님이 왜 보좌에 앉으셨는지, 그 보좌가 무엇을 의미하는지, 하나님의 나라가 어떠한 나라인지, 성령이 어떠한 겸손함으로 일하셨는지를 보여주고 있다. 또한 5장에 가서는 예수님이 실제로 성령과 함께 어떠한 일을 처리하셨고, 어떠한 자격을 갖추고 계시는지를 보여주고 있다.

그 안에서도 성령님은 묵묵히 하나님의 뜻을 수행하셨다.

에스겔이 보았던 네 생물은 오로지 영이 가고자 하는 데로 움직였다고 기록되어 있다. 이는 교회가 존재했던 모든 시간에 성령님이 하나님의 권능이 되어주셔서 교회와 함께 일하셨다는 의미일 것이다.

교회는 하나님의 영이 임하는 곳이다. 두 명이 있든 세 명이 있든 하나님의 영이 그곳에 임하시면 그곳이 교회가 된다. 예수님의 말씀대로 이 산에서도 말고 저 산에서도 말고 진정과 신령으로 예배를 드릴 때 교회가 생기는 것이다.

우리가 하나님의 사람이자, 예수님의 사람이라는 것을 증거 할 수 있는 유일한 분은 성령이시다. 다른 영은 없다. 다른 불은 없다. 예배를 드릴 때 우리가 하나님께 예배하고 있다는 가장 강력하고도 유일한 증거는 예수 그리스도의 이름으로 오신 성령님뿐이시다.

다시 말하지만 나답과 아비후가 다른 불을 드리다가 죽었던 것은 성령이라는 하나님의 불이 예배의 모든 중심에 있다는 것을 보여주기 위함이다.

이에 대한 명확한 메시지를 후세에 남기기 위해 하나님은 이 사건을 기록하신 것이리라 믿는다. 우리가 예배를 드리는 데 있어서 다른 영이 역사하고 있다는 것은 이미 예배가 아니라는 증거다. 오히려 하나님을 대적할 뿐이다.

성령님은 오직 예수 그리스도의 이름으로 오신다. 이분이 없이는 우리가 천국에 들어갈 자격에 대해 증명할 길이 없을 것이다. 이분이 없이는 우리가 하나님 나라의 구성원이자 건축물이라는 자격을 증명할 수 없을 것이다.

성령은 영원히 교회 안에 머무신다. 하나님 나라의 힘이자 원동력이자 하나님 자체가 되시는 분으로 언제까지나 성도 안에서 역동적으로 활동하실 것이다.

성령님은 귀 있는 모든 이들에게 임하셔서 그들을 영원히 거룩하게 하시고 하나님의 뜻과 이념을 가르치실 것이다. 그로 말미암아 하나님의 나라는 영원히 흔들리지 않고 행복한 빛 가운데 거하게 될 것이다.

이 중요한 분이신 성령님을 읽는 모든 이들이 계시록을 보는 끝까지 잊지 않기를 기도한다. 성령님만이 이 책을 읽을 때 깨닫게 하실 것임을 믿기 때문이다. 또한 이 글을 읽는 모든 이들이 이 책을 읽을 때뿐 아니라 모든 생활 가운데서 성령님의 임재를 현실적으로 느끼길 간절히 기도한다.

03
Chapter

신랑의 친구

1장

찬송

그러므로 우리는 예수로 말미암아
항상 찬송의 제사를 하나님께 드리자
이는 그 이름을 증언하는 입술의 열매니라

히 13:15

앞서 살펴본 바와 같이 네 생물은 교회의 권세가 누구에게서부터 비롯되었는지, 교회가 세상 가운데 어떤 일을 하는지 보여주는 상징적이고도 실제적인 존재다.

이러한 그들이 밤낮 쉬지 않고 하는 '일'은 한 마디로 '찬송'이다. 네 생물의 찬송은 그들이 가지고 있는 권세가 누구에게서 비롯되었는지를 알 수 있게 한다. 이 행위야말로 그들의 믿음의 지경을 나타내는 일이기 때문이다.

성경에서 찬송은 매우 방대한 개념이다.

히 13:15절에서 '찬송의 제사'는 '하나님의 이름을 증언하는 입술의 열매'라고 정의한다. 이것이 찬송이라는 제사가 가지고 있는 '내용'이다. 네 생물은 하나님이 거룩하신 분임을 그들의 입술로 끊임없이 외치며 증거한다. 히브리서 기자가 정의한 것처럼 그들은 하나님의 이름을 증언하는 입술의 선포를 하고 있고 이는 분명히 찬송으로 정의될 수 있는 행위다.

여기서 우리가 주목할 중요한 사실은 찬송은 '입술'에서 흘러나온다는 점이다. 찬송은 오직 입을 가진 존재만이 할 수 있는 일이다. 물론 성경에서는 궁극적으로 모든 만물이 하나님을 찬송한다고 말한다(계 5:13). 그럼에도 불구하고 하나님을 높이는 실제적인 말은 오직 입술을 가진 존재만이 할 수 있다.

시를 만들 수 있는 존재도 그 시를 만들어 곡조를 짓고 그것을 노래하는 존재도 오직 입술이 있는 천사나 사람뿐이다. 특별히 사람이라는 존재는 찬송에 특화된 하나님의 피조물이다. '특화되었다'는 것은 마치 기계에서 소리가 나오는 것처럼 인간으로 하여금 곡조를 뽑아내게 하기 위해 만들어졌다는 의미가 아니다.

이는 오히려 하나님을 높이는 노래와 고백을 그들의 온전한 의지만으로 드릴 수 있는 피조물이라는 것을 의미한다.

사람에게는 자유의지가 존재하기 때문이다. 잘은 알 수 없으나 천사들이나 동물들도 그들에게 주어진 자유의지가 존재하는 것 같다. 그러나 천사들이나 동물들의 의지라는 것은 사람이 가진 자유의지의 개념과는 비교할 수 없을 것 같다는 추측을 해본다.

사람이 가진 자유의지는 범우주적이다. 이 자유의지는 하나님이 가지신 자유의지의 경계와 동일하리라고 본다. 그렇게 추측할 수밖에 없는 이유는 하나님이 사람을 사랑하셨기 때문이고 그 사람에게 사랑 받고 싶었기 때문일 것이다. 하나님은 사람에게 생기를 불어넣으실 만큼 사람에게 대한 마음이 특별하셨다. 사람은 사람의 형상대로 창조된 것이 아니라 하나님의 형상대로 만들어졌다(창 1:27). 이 사실은 그가 사람을 얼마나 사랑하고 싶었는지를 보여 준다.

그가 자신의 생기를 불어넣으신 것은 분명 서로 사랑하기 위해서다. '서로' 사랑하기 위해선 서로를 받아들이고 이해하는 경계가 비슷해야만 한다.

사람이 강아지를 사랑할 수 있지만, 사람과 사람 사이에서 이뤄지는 사랑의 개념에 도달할 수 없는 것처럼 하나님과 사람 사이에도 분명 격차가 있을지라도 서로를 이해할 수 있는 경계를 제공하기 위해 생기를 불어넣으신 것이 아닐까 추측하는 바다.

물론 모든 면에서 하나님은 사람보다 훨씬 뛰어나시다. 천사도 사람보다 뛰어난 능력을 가지고 있다. 그러나 능력의 정도를 떠나 분명한 것은 사람을 향한 하나님의 사랑의 크기는 그 어떤 피조물에게 쏟아부은 것과도 비교할 수 없다는 점이다.

하나님이 사람의 몸을 입고 십자가를 지신 사실은 그의 사랑이 어느 정도인지를 보여준다. 이는 또한 사람만이, 하나님이 느끼시는 사랑의 고난과 아픔, 여러 복합적인 감정과 개념 등을 이해할 수 있다는 것을 보여주는 것 같다.

사실 그 어떤 말로도 사람을 향한 하나님의 사랑이 어느 정도인지 정확하게 설명할 수 없다. 또 하나님이 인간을 창조하신 경위와 원인을 선명하게 설명할 수도 없다. 다만 하나님은 사람을 사랑하셨고 사랑받기를 원하신다는 이 근거가 사람에게 주어진 자유의지의 경이로움이 하나님의 그것과 근접하고 있다는 것을 말할 수 있을 뿐이다.

어쨌든 사람은 사랑의 하나님이 받으실 수 있는 최고의 찬송을 올릴 수 있는 특권을 가지고 있다.

반대로 만약 사람의 마음에 하나님을 사랑하는 마음이 없다면 그 어떤 높이는 말로 하나님을 찬송한다고 할지라도 그것은 찬송이 될 수 없다. 사람에게 보이기 위해, 자신의 영광을 위해 부르는 찬송은 아무리 거룩해 보여도 찬송이 될 수 없다는 것은 인간의 자유의지가 얼마나 세밀한 수준인지를 보여준다.

그럼에도 어느 한 인간이 입술을 열어 하나님을 찬송했다면 그것은 그들이 속한 진영이 어디인지를 나타낼 수 있다. 사람의 입술은 마음이 원하는 바를 나타내는 기능을 담당하고 있고 그 마음을 증언하는 도구이기 때문이다. 입술이 고백하는 '말'이야 말로 그들이 택한 마음의 주인이 누구인지를 알려준다.

야고보서에서 야고보는 입술의 중요성에 대해 강조한다. 그는 한 입에서 찬송과 저주가 나오는 것이 마땅하지 않다고 말한다.

여기서 야고보가 강조하려는 입술의 제어와 비유에 관한 말씀은 단순히 선하게 보이는 말을 내뱉는 행위에 관한 것이 아니라고 믿는다. 그 말을 내뱉으려는 자의 마음이 하나님 앞에서 어떠해야 하는지를 이야기하기 위해 입술의 제어를 강조했다고 본다.

성령 안에서 정직한 영으로 하나님 앞에 서 있기를, 거룩한 하나님의 영에 사로잡혀 입술을 사용할 수 있기를 원하는 야고보의 간절함이 입술의 제어에 관한 부분을 서신으로 써 보낸 것이리라 믿는다.

이것은 아무리 거룩한 가사로 찬송한다고 해도 진정과 신령으로 드려지지 않으면 찬송이 되지 않는 것과 같은 이치다.

성경에서 말하는 '진정한' 찬송은 거짓이 없는 마음으로 드려지는 노래다. 이러한 찬송에 대한 개념은 구약에서도 계속 강조하는 바다. 구약의 찬송과 감사의 제사들도 한결같이 진실하게 하나님을 증거하고 있는 말들이며 그의 영광을 선포하는 입술의 열매들임을 보여준다.

다시 말하지만, 야고보 사도의 말은 단순히 우리 입술이 좋은 말을 내뱉는 것만을 두고 한 말이 아니다. 입술의 말이 하나님 앞에서 심판을 받기 이전에 우리는 마음에 있는 것을 심판받을 것이다.

따라서 히브리서에서 말하는 입술의 열매, 하나님을 증언하는 말들은 진실한 마음에서부터 비롯된다. 그 마음이 입술을 통해 흘러나와 하나님을 높이는 일이 바로 찬송이라는 것을 알 수 있다.

진실한 찬송, 하나님을 높이는 진실한 마음을 입술로 증거 하는 것. 이것이야말로 진짜 증인들이 행해야 할 일이다. 그리고 그들의 입술은 그리스도의 도를 전하는 가장 훌륭한 도구가 될 것이다.

하지만 이렇게 우리들의 입술을 제어하고 순수하게 하나님만을 바라보고 찬송하는 행위는 매우 어려운 일이다. 매번 말을 할 때마다 우리의 마음과 입술의 고백이 맞는지 안 맞는지를 생각하기란 불가능하리만큼 어려운 일이다. 그럼에도 하나님은 우리가 완전하기를 원하신다.

하나님을 증언하는 말을 하고 그로 인해 하나님을 찬송한다는 것은 그가 하나님을 믿고 있다는 증거다. 또한 그 증거를 그가 가지고 있다는 것은 하나님이 그에게 계시하셨다는 것을 의미한다. 증거를 받지 않는다면 믿을 수도 없다. 즉, 모든 찬송은 하나님이 주시기에 가능하다. 이것이 우리가 완전한 찬송을 드릴 수 있게 만드는 원동력이다.

입술의 열매가 우리 안에 있는 진실한 마음을 바탕으로 맺어지기 위해선 모든 그리스도인의 행위가 그렇듯 성령이 도우셔야만 가능하다. 네 생물의 입술도 성령의 감동 하에 증거하며 찬송하고 있는 게 분명하다.

우리는 네 생물의 찬송을 단지 그들만의 찬송으로 보아서는 안 된다. 앞서 언급한 바와 같이 그들은 교회의 권세를 나타내는 생물이기 때문이다. 자연히 네 생물의 찬송은 교회 안에 있는 사람의 마음을 반영할 수밖에 없다. 그들이 찬송하는 것이 곧 교회가 찬송하는 것과 마찬가지라는 뜻이다.

중요한 것은 그들의 찬송이 그 어떤 불순한 마음도 없는 완전하고 순수한 찬송의 엑기스라는 점이다. 하나님의 보좌 주위를 돌며 드리는 찬송은 그들의 마음 그대로 반사되어 드러나는 믿음의 고백이어야 한다. 그들은 교회의 머리 되신 예수 그리스도의 권세를 상징하는 만큼 그들의 입술을 통해 터져 나온 외침은 모든 인류 가운데 있었던 교회가 하나님 앞에 드릴 수 있는 완전한 마음과 성령의 감동에 의해 드릴 수 있는 찬송이라고 할 수 있을 것이다.

그들이 한마음으로 한목소리로 외치고 있는 진리는 아래와 같다.

거룩하다/ 거룩하다/ 거룩하다
주/ 하나님/ 곧 전능하신 이여
전에도 계셨고/ 이제도 계시고/ 장차 오실 이시라

이 구절은 정확히 3, 3, 3으로 나뉘고 있다. 세 번의 '거룩하다'는 말로, 하나님을 표현한 세 번의 호칭으로, 그의 시공간적 위치에 대하여 세 번으로 나눌 수 있다.

이것은 아마도 주(LORD)가 되시는 분, 하나님이 되신 분, 전능하신 분이신 그분은 모두 하나같이 거룩함이라는 성품을 지니고 계심을 나타내려는 의도인 것 같다.

또 주가 되시고 하나님이 되시고 전능하신 그분은 과거와 현재와 미래 즉, 시간을 붙드시며 그 시간을 초월하시는 분이심을 나타내려 하는 것 같다. 그러한 존재가 하나님이시고 우리가 믿는 영원한 주님이시라는 것을 네 생물은 쉬지 않고 말하는 것이다.

이는 마치 하나님을 소개하는 소개문과 같다. 네 생물은 하나님의 성품과 그의 전 우주적인 의미에서 보는 그의 모습과 시공간에서의 위치를 소개하고 있다. 이는 흡사 신랑의 친구가 신랑을 소개하는 모습과 비슷하다.

앞서 설명한 바와 같이 하나님의 보좌와 보좌의 그림은 신부 되는 교회와 신랑 되신 하나님이 함께 살아가는 세상에 관한 미리보기와 같다. 나는 4장을 결혼식이 진행되는 데 있어 신랑이 입장하는 장면으로 이해하려고 한다.

복음은 그리스도와 교회의 영원한 연합으로 끝을 맺고 있다. 이 일을 위해 복음이 존재한다. 계시록의 전체적인 그림 또한 영원한 연합을 상징하는 결혼식으로 연결될 수밖에 없기에 이런 큰 그림을 떠올리게 되었다.

이러한 이해를 바탕으로 바라보면 네 생물이 하나님의 거룩하심과 그가 누구인 것을 선포하는 것은 '신랑 입장!'이라고 외치는 사회자의 소개 멘트와 비슷하다고도 볼 수 있을 것이다.

네 생물은 분명 하나님과 매우 가까운 존재다. 하나님의 보좌 주위를 쉼 없이 돌고 있다는 것은 하나님의 완전한 신뢰가 아니면 할 수 없는 일이다. 보좌의 주위로 번개와 뇌성과 음성이 항시 흘러나오고 있는 상황에서 보좌의 주위를 돈다는 것은 하나님의 허락하심과 믿음이 아니고서는 있을 수 없는 일이다.

여기에 더해 네 생물의 찬송은 하나님과 매우 특별하고 진실한 관계를 맺고 있음을 보여주고 있다. 만일 그들이 서로 진실한 관계를 맺고 있지 않다면 그들 스스로의 의지로 하나님에 대하여 그렇게 외칠 수는 없을 것이다.

다시 말하지만 찬송은, 그것도 하나님 앞에서 직접 울려 퍼지는 찬송은 완벽하게 진실한 마음에서 비롯되어야만 한다. 천상의 존재들이 유리 바닥에 그대로 반사되어 비치는 것처럼 그들의 찬송도 완전무결한 거짓없는 고백이어야 한다.

그래야만 하나님 앞에서 살아남을 수 있기 때문이다. 따라서 네 생물과 하나님과의 관계는 단 하나의 거짓도 없는 완전한 사랑과 믿음으로 묶인 관계일 수 밖에 없을 것이다.

   더더욱 그래야만 하는 것은 네 생물이 곧 교회의 권세를 나타내고 있기 때문이다. 교회와 하나님 사이의 완전한 신뢰와 사랑, 이것이야말로 하나님의 나라를 이루는 근간이 될 것이기 때문이다.

   이 관계는 하나님과 24장로들과의 관계들과 더불어 훗날 하나님의 나라를 구성하게 될 우리들과의 관계를 정의하고 있는 듯하다. 나라의 근간에 합당한 자들 즉, 예수 그리스도 안에서 완전하게 합한 사람들만이 온전한 찬송을 드릴 수 있을 것이다. 네 생물의 찬송이 보여주는 그림은 아마도 이런 그림이 아닐까 한다.

밤낮 쉬지 않고 이르기를

   요한은 네 생물이 '밤낮' 쉬지 않고 외친다고 기록하고 있다. 앞서 여러 번 설명했듯 밤과 낮은 하나님이 창조하신 시공간에서만 일어나는 현상이다. 정확하게 말하면 시공간은 태양과 달과 별이 뜨고 지는 우주의 쇼가 지구에 미치는 현상이라고 할 수 있다.

   따라서 밤과 낮은 어디까지나 하나님이 창조하신, 우주적인 시간의 흐름을 정의하는 단어들이다. 오직 지구에 있는 피조물들만이 시간의 흐름을 인지할 수 있고 그에 따라 움직이기 때문이다.

그러나 그렇다고 해서 여기 천상에 등장하는 존재들이 지구의 시간과 전혀 상관없다고는 말할 수 없다. 네 생물 자체는 지구라는 '땅'에서 하나님을 섬기는 교회의 중심 세력을 보여주는 실제적인 존재들이다. 그들의 여섯 날개나 네 명이라는 숫자적인 개념 모두가 시간의 공간에 위치한 '땅' 곧 '지구'라는 영역 안에서 나타나는 경계이기 때문이다.

또한 24장로들의 24라는 숫자도 그 수가 상징하는 바와 같이 전 인류의 역사를 한눈에 보게 해주는 장치다. 장로들은 그들이 그 보좌에 앉기전 그들의 삶을 통해 시간이라는 '제한적인 공간'에서 싸워왔던 '사람들'이었다.

이 책에서 계속 언급하고 있는 진리, 땅에서 맨 것은 하늘에서도 매이고 땅에서 푼 것은 하늘에서도 풀린다는 이 진리는 영원한 공간에 위치한 천상이라고 할지라도 그곳은 언제나 시간적 제한을 가지고 있는 땅과 연결되어 움직이고 있다는 것을 말해준다. **이 진리는 영원하신 하나님은 언제나 인간이 머무는 제한적 공간에 가장 큰 관심을 두고 계시다는 걸 보여 준다.**

하나님이 이제도 계시고 전에도 계시고 장차 오신다는 것은 사람의 과거와 현재와 미래라는 모든 시공간 속에서 그가 함께하시고자 함이다. 네 생물이 외치는 하나님의 임재의 공간 곧, 땅은 복음이 전해져야 할 최종 목적지다. 복음은 어디까지나 땅과 시간의 국한된 곳에서만 적용되기 때문이다. 네 생물의 외침은 하나님의 마음이 항상 교회를 통하여 땅에 전해지기를 원하시는 소망의 표현이라고 할 수 있다.

그렇다면 그들은 왜 밤낮으로 '쉬지 않고' 이 말을 외치는 것일까. 그 이유는 간단하다. 그들은 하나님의 권세가 머무는 교회의 세력이다. 교회는 복음을 전하는 공동체로 땅에서 살아가야하고 교회가 복음을 전하는 데 있어 가장 중요한 것은 바로 복음의 주체가 누구인지를 인지하고 그 주체를 전하는 데 목적을 두어야 한다는 점이다.

우리는 그들이 외치고 있는 말에서 복음의 주체가 누구인지 확연히 알 수 있다. 복음의 주체는 주님이자 하나님이자 전능하신 그분, 삼위일체 하나님이시다. 예수님과 하나님과 성령님은 교회의 주가 되시고, 하나님이 되시며 전능한 능력의 근원이 되시는 분들이다. 그분들은 거룩함의 성품을 가지고서 교회 안에 거하시고 일하시며 거룩한 길로만 나아가시는 분들이다. 땅에서 복음을 전해야 할 교회가 '누구'를 전해야 하는지 그가 '어떤 분'인지 아는 것은 복음을 전하는데 앞서 알아야 할 핵심적 요소다. 이 때문에 네 생물들은 세번의 거룩함과 세 가지 하나님의 특성을 쉼없이 강조하고 있는 것이다.

결혼식장에서 친구가 소개하는 신랑에 대한 정보는 아주 다양할 것이다. 그러나 그중에서도 가장 중요하게 다루어야 할 부분은 신랑의 성품에 관한 것이다. 그가 착하다든지 혹은 성실하다든지 인내가 있다든지 하는 신랑의 성격과 성품에 대해 늘어놓게 될 것이다.

또 친구는 그의 능력에 대해 자랑할 것이다. 사람들을 재밌게 할 수 있는 재주가 있다고 말하거나 사업적으로 큰 능력과 수완을 갖춘 사람이라고 하거나 운동을 아주 잘하는 사람이라고도 말할 수 있을 것이다.

그러나 이 모든 자랑과 칭찬이 신부와 아무런 상관이 없는 것이라면 이 말들은 무용지물이다. 신부와 상관없이 그의 장점들만 끊임없이 늘어놓기만 한다면 결혼식에 온 하객들은 어리둥절할 것이다. 신부와 아무 상관도 없는 그의 장점들이 무슨 소용이란 말인가.

신부를 위한 신랑의 좋은 면모들이야말로 결혼식을 빛나게 해주는 가장 아름다운 말이 될 것이다. 신랑의 착한 성격이 신부를 행복하게 해줬다거나 그의 성실함에 신부가 반했다거나 하는 말들은 마치 그의 모든 장점들이 오직 신부를 행복하게 하기 위한 도구처럼 보이게 만들 것이다. 그런 성품이 그에게 존재하는 많은 이유가 있음에도 불구하고 말이다.

보좌에 앉으신 하나님, 우리를 구원하신 예수님, 보좌 앞에 등불이자 우리 영혼의 등불이신 이 삼위 하나님은 모두 거룩하시다. 우리들의 주와 하나님이 되시고 전능하신 분이시며 인류의 과거와 현재와 미래에 존재하시는 무소불위하신 분들이다.

이러한 네 생물의 자랑은 신부인 교회를 위하시는 하나님의 모습이다. 그분은 교회의 주님이 되기를 원하시며 교회의 하나님이 되기를 원하시며 교회를 위하여 전능하신 이로 나타나길 원하신다. 그분이 이런 특성을 가지신 이유는 오로지 교회가 하나님과 합하여 영원한 나라를 행복하게 이루기 위함이다.

네 생물이 외치는 때인 밤과 낮은 이러한 목적을 이루기 위해 세상에서 하나님이 어떠한 정성을 기울이시는지를 보여준다. 그는 쉬지 않고 일하신다.

그는 천상에 계시지만 밤과 낮이 흐르는 한정적인 시간대에 항상 관심을 기울이시고 실제적으로 간섭해주신다. 이것이 네 생물이 '밤과 낮으로' 하나님의 거룩하심과 전능하심을 외치는 이유가 아닐까 한다.

돌릴 때에

요한은 이 구절에서 네 생물이 찬송을 하는 동시에 영광과 존귀와 감사를 보좌에 앉으신 이에게 '드린다, 돌린다'고 기록하고 있다. 여기에서 사용된 동사 δίδωμι(didomi)는 '주다, 헌사하다, give'의 뜻을 가지고 있다.

계시록에서 이 동사는 매우 빈번하게 사용된다. δίδωμι가 사용된 계시록의 구절들을 보면, 주로 권세를 가진 이가 그 권세를 사용할 수 있도록 다른 이에게 '이양해 주는'(yield) 상황을 설명할 때 사용된다는 것을 알 수 있다.

계시의 권한을 가지신 하나님이 예수님에게 그 권세를 주셨을 때, 생명나무의 실과에 대한 권한을 가지신 예수님이 이기는 자에게 상으로 이것을 주실 때 이 단어를 사용하고 있다.

축복의 흐름이 높은 데서 낮은 데로 흐르는 것과 같이 권세의 이양도 더 높은 위치에서 그 아래로 흐른다. δίδωμι도 이와 같은 흐름을 따르고 있다는 것을 알 수 있다.

물론 대부분의 사용이 그러하다는 것이다.

하지만 이곳 계 4:9절의 δίδωμι는 그 흐름의 원칙을 거스르고 있다. 분명 네 생물은 하나님의 권세 아래 있는 피조물이다. 아무리 그 능력이 놀랍다고 해도 어디까지나 네 생물은 하나님의 다스림 아래에 있는 존재다.

그런데 그들은 당돌하게도 하나님에게 자신의 영광과 존귀와 감사를 '준다'고 표현하고 있다. 이렇게 '준다'의 흐름을 역행하는 동사의 쓰임은 계시록의 다른 구절들에도 있다.

계 11:13절의 '그 시에 큰 지진이 나서 성 십 분의 일이 무너지고 지진에 죽은 사람이 칠천이라 그 남은 자들이 두려워하여 영광을 하늘의 하나님께 돌리더라'의 '돌리다', 계 14:7절의 '그가 큰 음성으로 가로되 하나님을 두려워하며 그에게 영광을 돌리라…', 계 16:9절의 '사람들이…회개하여 영광을 주께로 돌리지 아니하더라', 계 19:7절의 '우리가 즐거워하고 크게 기뻐하여 그에게 영광을 돌리세…' 등에서 동사 δίδωμι가 사용된다.

이 구절들 모두 사람이 하나님께 영광을 돌리거나 혹은 돌려야 한다는 동작을 나타낸다. 이러한 쓰임은 계시록 안에서 δίδωμι가 가지고 있는 '주다'의 흐름과 역행하는 모습을 보이고 있다. 이러한 역행이 어째서 허용되는 걸까.

이것이 가능했던 이유는 그들이 먼저 하나님께로부터 영광을 받았기 때문이 아닐까 라는 추측을 해본다.

사람은 원래 하나님의 영광의 형상을 따라 창조된 존재들이다(고전 11:7). 사람 자체가 하나님의 영광이 새겨져 있는 매우 독특한 피조물인 것이다.

계시록의 δίδωμι는 사람이 하나님께로부터 영광을 받은 존재들이기에 하나님께 다시 영광을 올려드릴 수 있음을 보여주고 있는 듯하다. 즉, 네 생물도 하나님께 영광을 받았기에 줄 수 있다는 것을 이 동사가 보여주고 있는 것이다.

다시 전반적인 그림을 살펴보자. 우리가 더 자세히 볼 수 있는 네 생물의 특징은 그들의 위치가 24장로들보다는 '상위'에 있으며 지구의 피조물들보다도 더 '상위'에 있다는 점이다.

그들은 하나님의 보좌 옆과 위를 종횡무진으로 움직이고 있다. 그만큼 하나님의 보좌에 누구보다도 가깝게 접근할 수 있는 권한을 가진 존재다.

또한 그들은 땅에 있는 존재들에게 명령할 수 있는 권한도 가지고 있다. 그들에게 주어진 권세는 24장로들이나 여느 천사들에게 주어진 것보다 훨씬 상위라는 것을 6장에서도 증명하고 있다.

이 때문에 네 생물이 지금 하나님께 드리고 있는 것들은 매우 특별한 선물이다.

그도 그럴것이 네 생물이 가진 권세는 교회를 이끌어 가시는 하나님의 권세를 상징하고 있다. 따라서 그 권세는 하나님이 만드신 다른 피조물들 보다 더욱 상위일 수밖에 없을 것이다. 이로 볼 때 네 생물이 하나님께 '드리는(주는)' 영광과 존귀와 감사는 매우 특별한 것임이 분명하다. 그들이 애초에 받았던 영광과 존귀와 감사가 특별한 것이기 때문이다.

이 특별함을 살펴보기에 앞서 기본적으로 사람에게 부여된 영광이 어떤 의미인지 알아보는 것은 매우 중요하다. 하나님이 사람을 지으신 목적은 사람으로 하여금 온전한 마음으로 하나님께 영광을 돌리게 하기 위해서다.

바울은 사람이 하나님을 영화롭게 해야 함에도 불구하고 하나님의 영광을 썩어질 영광으로 바꿨다고 말한다(롬 1:21~23).

바울은 하나님께 영광을 돌려야 할 사람이 정욕대로 행하고 우상을 세워 섬김으로 죄의 역사가 시작되었음을 설명하고 있다.

하나님은 사람으로 하여금 하나님께 주권적으로 영광을 줄 수 있는 권세를 허락하셨지만, 사람은 그 영광을 자기에게 혹은 우상에게 돌리는 우를 범한다. 그 일은 선악과 때부터 시작되었고 인류의 역사 속에서 반복적으로 일어나고 있다.

그러나 교회가 예수 그리스도에 의해 세워지기 시작하여 믿음의 사람들이 양산되고 그 믿음으로 사람들이 하나님께 영광을 드릴 수 있게 된 때부터 영광의 흐름은 한 줄기 길을 만들어 내고 있었다.

땅으로 내려오기만 하던 영광의 흐름이 역행하여 하늘로 올라가기 시작한 것이다. 그 일은 아벨에서부터 시작하여 지금까지 예수 그리스도라는 통로를 통해 이어져 오고 있다.

하나님을 믿어 의에 이른 사람들이 하나님께 온전한 마음으로 드릴 수 있게 된 그때부터 하나님께 드려지는 영광과 존귀와 감사는 찬란한 모양을 만들어나가고 있었다. 네 생물이 드리는 영광과 존귀와 감사는 지금까지 존재해 왔던 교회가 드린 모든 영광과 존귀와 감사의 결정체라고 할 수 있을 것이다. 따라서 교회 안의 하나님의 권세를 상징하는 네 생물이 드리는 영광과 존귀와 감사는 지극히 거룩하고 순수한 것일 수밖에 없다.

이것이 바로 네 생물이 드리고 있는 세 가지 선물의 특별함이다.

다윗은 왕이 될 수 있는 권한을 하나님께 받아 그의 영광을 나타내고 모든 사람에게 존귀함을 받지만, 그는 그 영광과 존귀를 자신에게 돌리지 않고 하나님께 돌려 드린다. 요셉도 꿈의 해석으로 말미암아 영광과 존귀를 얻지만 그는 모든 것을 알게 하신 이는 하나님이라는 것을 선언함으로써 영광을 돌린다.

다니엘, 사무엘, 12사도들이나 바울이나 모든 믿음의 사람들은 하나님께 영광과 존귀를 받았으나 감사로서 그들의 영광과 존귀를 하나님께 드렸다.

이와 같은 믿음의 사람들을 성경에서 드러내신 이유는 하나님이 인간을 만드신 목적이 하나님과 사람 사이의 사귐 즉, 영광의 '주고받음'에 있기 때문이다. 영광을 받고 또 주는 일들이야말로 진정한 사랑의 증거라는 것을 성경은 반복해서 보여준다.

네 생물은 모든 인류 가운데 존재하는 교회 안의 하나님의 권세를 상징하는 동시에 교회를 상징하기도 한다. 머리이신 그리스도와 몸인 교회는 하나다. 이러한 하나 됨을 보여주는 상징적이고도 실제적인 존재가 네 생물인 것이다.

따라서 그들이 하나님께 '주는' 영광과 존귀와 감사는 그 어떠한 것보다 값비싼 보석과 같다고 할 수 있다.

그들은 하나님 앞에 선 증인들로서 하나님을 소개하는 존재이기도 하지만 인류 안에 있는 교회의 진정한 증인들을 상징하는 존재이기도 하다. 그들이 드렸던 영광과 하나님께 받은 존귀와 거기에서 오는 진정한 감사들이 모이고 쌓여서 세상에 하나밖에 없는 보석을 만들어 낸 것이다.

그것은 마치 신랑과 신부를 위해 신랑의 친구가 잠시 맡아둔 반지와 같다. 하나님은 교회에게, 교회는 하나님에게 영광과 존귀와 감사를 교환하기 위해 결혼식장으로 들어가고 친구와 들러리는 신랑과 신부의 예물을 들고 있다. 계 4장은 이와 같은 그림을 그려내고 있는 것이다.

영광과 존귀와 감사는 하나님과 교회의 영원한 언약을 증명하고 맺어주는 반지다. 하나님과 교회가 하나가 되었음을 선포하는 가장 아름다운 증거이며 예물이라고 할 수 있다.

여기서 기억해야 할 것은 '주다'라는 단어가 주는 의미다. 교회는 자신의 의지와 마음으로 하나님께 영광을 돌리지만 교회 안에 역사하시는 예수 그리스도의 사역이 이를 가능하게 한다. 하나님이 예수 그리스도를 통해 교회에게 주셨기 때문이다. 이렇게 하나님께 '주는' 행위는 예수 그리스도의 성령의 도우심이 없이는 불가능하다. 결국 성도의 '드림'도 모든 순간을 하나님과 함께 함으로 가능하다는 것을 보여준다. 결국 하나님의 사랑은 교회와 함께하시는 모든 '시간'에 있다는 것을 알 수 있다.

이것이 바로 영광의 주고, 받음이 보여주는 아름다운 그림이다.

교회가 하나님께 드리는 가장 아름다운 반지는 지금 네 생물이 노래하며 드리고 있는 영광과 존귀와 감사라고 할 수 있다. 이는 하나님이 인간에게 허락하신 가장 존귀한 권세이자 권한임을 믿어 의심치 않는다.

영광 존귀 감사

환난 날에 나를 부르라 내가 너를 건지리니 네가 나를 영화롭게 하리라(시 50:15).

감사로 제사를 드리는 자가 나를 영화롭게 하나니 그의 행위를 옳게 하는 자에게 내가 하나님의 구원을 보이리라(시 50:23).

위 두 구절은 시편 50편에 나오는 찬송시다. 이 시에서 시편 기자인 아삽은 성도들에 대하여 다음과 같이 정의하고 있다.

이르시되 나의 성도들을 내 앞에 모으라 그들은 제사로 나와 언약한 이들이니라 하시도다(시 50:5).

하나님의 영광이 임재하는 곳엔 반드시 언약이 있었다. 아브라함과 하나님이 언약을 정하시는 때에도, 이스라엘 백성이 훈련받던 광야에도, 모세의 성막에도, 성전에도, 오순절날 하나님이 약속하신 성령이 임하시는 그 장소와 그때에도 하나님의 영광이 나타났다. 동시에 그곳은 하나님의 '언약'이 있었다.

하나님은 시 50:15편에서 성도들을 향해 이렇게 말씀하신다. 환난 날이 닥치면 하나님을 부르라고 명하신다. 성도들이 하나님을 부르면 하나님은 성도들을 구원하실 뿐 아니라 그들로 하여금 하나님의 영광을 나타내며 하나님을 영화롭게 할 수 있도록 하겠다고 약속하신다.

이스라엘 백성들이 환난 당할 때 그 부르짖음이 상달 되고 하나님은 모세를 통해 그들을 구원하실 뿐만 아니라 하나님의 영광을 나타내셨다. 출애굽 사건의 10가지 재앙이나 홍해의 사건이 이와 같은 과정을 거친다.

또한 사사 시대 때에도 환난을 당하면 이스라엘은 부르짖고 그의 사사를 통해 하나님의 승리와 영광을 나타내는 일이 반복적으로 일어나는 것을 볼 수 있다.

하나님의 영광은 하나님에게 있다. 하나님은 그 영광을 사람에게 주시고 또다시 그 영광은 사람을 행위를 통해 하나님께로 올라간다. 이것은 언약이 이뤄지고 성취되는 중요한 과정 중 하나다. 이 영광의 주고, 받음이 중요한 이유는 하나님의 관심이 언약을 통한 하나님과 사람 사이의 사귐이기 때문이다.

예수 그리스도가 우리에게 오시는 이유도 그저 같이 밥을 먹기 위함이었다. 하나님과의 진정한 합함은 서로가 서로에게 영광을 주고, 받는 데서 오는 것이다.

감사의 개념도 이와 같다. 시편 기자는 23절에서 더욱 구체화하고 있다. 감사는 주로 감사할 만한 일이 생겼을 때 하는 행위다. 그러나 성경에서 말하는 감사는 감사할 만한 일이 생겼을 때도 할 수 있으나 환난 때에도 믿음을 가지고 감사하는 찬송의 행위로 더욱 그 영역을 넓히고 있다.

성경은 감사할 만한 상황이 아님에도 찬송을 할 수 있는 믿음을 가지라고 격려한다. 이것을 시편 기자는 제사라고 표현하고 있다. 제사는 제단 위에서 동물을 죽여 피를 흘려 죄를 씻는 과정을 표현한 말이다. 그냥 '감사하라'고 말할 수도 있었지만, 시편 기자는 우리가 '감사의 제사를 드리라'고 구체화 시킨다. 하나님은 이 일을 통해 사람이 하나님을 영화롭게 할 수 있다고 말씀하신다.

또한 이 일을 '옳은 일'이라고 정의하면서 이런 사람에게는 하나님의 구원을 보이신다고 말한다.

이것은 앞의 시 50:15편이 보여주는 영화로움보다 훨씬 더 큰 믿음으로 하나님께 드려지는 영광이다. 바울은 실라와 함께 감옥에 갇혔으나 하나님께 찬송을 올려드린다. 그 상황에 대하여 불평하는 것보다 감사하는 행위를 택한 것이다.

하나님은 이러한 행위를 믿음으로 여기셨다. 그 행위가 믿음으로 말미암아 의로움을 얻게 된 것이다.

그로 인해 갑자기 지진이 난다. 감옥문이 열리고 그들이 구원을 얻을 뿐 아니라 간수까지 영혼의 구원을 얻는 놀라운 사건이 발생한다. 이것이 진정한 영광과 감사를 하나님께 돌릴 때 일어나는 현상을 보여주는 구체적 사례라고 할 수 있다.

성경은 사람이 하나님께 영광을 돌리는 방법을 여러 가지로 나타내고 있다.

너희 빛이 사람 앞에 비치게 하여(마 5:16), 너희가 열매를 많이 맺으면 내 아버지께서 영광을 받으실 것이요(요 15:8), 참고 선을 행하여 영광과 존귀와 썩지 아니함을 구하는 자에게는(롬 2:7), 선을 행하는 각 사람에게는 영광과 존귀와…(롬 2:10), 우리가 아멘하여 하나님께 영광을 돌리게 되었느니라(고후 1:20), 의의 열매가 가득하여 하나님의 영광과 찬송이 되기를…(빌 1:11), 모든 입으로 예수 그리스도를 주라 시인하여 하나님 아버지께 영광을 돌리게…(빌 2:11), 너희가 이방인 중에서 행실을 선하게 가져…하나님께 영광을 돌리게 하려 함이라(벧전 2:12), 만일 누가 말하려면 하나님의 말씀을 하는 것 같이 하고 누가 봉사하려면 하나님이 공급하시는 힘으로 하는 것 같이 하라 이는 범사에 예수 그리스도로 말미암아 하나님이 영광을 받으시게 하여 함(벧전 4:11), 그리스도의 이름으로 치욕을 당하면…영광의 영 곧 하나님의 영이 너희 위에 계심…(벧전 4:14), 만일 그리스도인으로 고난을 받으면…하나님께 영광을 돌리라(벧전 4:16).

위의 구절들에서 나온 영광을 돌리는 방법을 좀 정리하자면 이와 같다.

우리 안에 있는 빛을 비치게 하라.

열매를 많이 맺으라.

선한 행실을 나타내라.

아멘으로 하나님의 뜻에 순종하라.

의의 열매를 맺으라.

그리스도를 위해 고난을 받으라.

이러한 모든 방법은 결코 마음과 생각에서 머무르는 법이 없다. 실제 우리 안에 있는 그리스도의 빛이 드러나게 '행해야' 하고 열매를 맺는 행위로 드러나야 하며 선한 행실로 나타내야 하고 아멘으로 순종하는 행위까지 가야 한다. 그리스도를 위해 고난을 받는 것은 마음의 고통과 육체적인 고통이 삶의 순간들에서 도출되어야만 하는 행위와 연관되어 있음을 보여준다.

계시록은 흰 옷을 입은 성도들의 흰옷이 상징하는 바가 옳은 행위와 연관이 있음을 확실하게 말하고 있다. 이와 같이 하나님께 영광을 드리는 자들의 영광도 성도들의 옳은 행위, 선한 행위, 빛을 비추는 행위, 고난을 받는 삶의 순간들을 그 증거로 삼고 있다.

그러나 이것이 성도들에게 있어 또 다른 율법이 될 수는 없다. 베드로는 이 행위의 근본에 대해 이와 같이 정의한다.

만일 누가 말하려면 하나님의 말씀을 하는 것 같이 하고 누가 봉사하려면 하나님이 공급하시는 힘으로 하는 것 같이 하라 이는 범사에 예수 그리스도로 말미암아 하나님이 영광을 받으시게 하여…(벧전 4:11).

모든 행위를 하기는 하되 하나님의 마음으로 하라는 것이다. 이 일을 가능하게 하시는 이가 누구이신지를 정확히 인지하라는 뜻이다. 이는 하나님이 사람에게 영광을 허락하시고 그 영광을 드릴 수 있는 권위를 그에게 허락하신 경로와 동일하다.

하나님께 권위를 가지고 하나님의 것을 드릴 수 있는 권한은 오직 하나님 자신밖에는 없을 것이다.

그럼에도 이것을 사람이 할 수 있는 이유는 오직 사람 안에서 예수 그

리스도로 말미암아 역사하신 성령이 그 안에 내주하고 계시기 때문이라는 것을 알 수 있다.

 따라서 여기서 네 생물이 하나님께 드리는 영광과 존귀와 감사는 하나님과의 '관계'에서 오는 친밀함의 표식이다. 계 11:13절과 같이 큰 지진이 난 후에 일어난 놀라운 일을 보고 두려움으로 영광을 돌리는 행위처럼 하나님을 향한 진실한 믿음이 아닌 하나님을 인정할 수밖에 없는 상황에서 사람이 돌리는 영광을 의미하는 것이 아니다. 이러한 종류의 영광을 돌리는 행위는 그저 하나님이 누구이신지를 아는 것에 불과하다. 하나님과는 아무런 상관이 없는 행위인 것이다.

 하나님이 원하시는 행위는 믿음을 가지게 된 한 영혼이 예수 그리스도로 말미암아 영광과 존귀를 얻고 그것을 하나님의 성령의 힘으로 옳은 일을 행하여 다시 하나님께 진정한 교제와 감사를 드리는 것이다. 이것은 하나님이 사람에게 받으시고자 하시는 최상의 제사이며 최고의 결혼 예물이 될 것이다.

 우리는 하나님께 영광을 드리고 영광이 될 수 있는 자격을 부여받았다. 이 자격은 예수 안에 거하는 모든 자에게 임한다. 이것이 복음이다. 동시에 하나님은 예수 그리스도 안에 있는 우리를 높이셨다. 이것이 네 생물이 하나님께 드리고 있는 존귀라고 여겨진다.

여기서 말하고 있는 존귀에 대해 부연 설명을 하자면, 이곳에 사용된 존귀에 해당하는 단어 τιμή(timea)는 명예, honor라는 뜻뿐 아니라 price, 값이라는 뜻도 가지고 있다.

마 27:6절에서 대제사장들은 가룟 유다가 던져 버린 은 삼십을 '피값'이라고 표현한다. 이때 사용된 단어가 τιμή다. 행 4:34절에서 그리스도인들이 자신들의 집과 밭을 팔아 드린 헌물의 값을 지칭할 때도, 고전 6:20절의 '값으로 산 것이 되었으니 그런즉 너희 몸으로 하나님께 영광을 돌리라'의 값도 τιμή를 사용한다. 또 그 다음 장인 7:23절에서도 바울은 우리가 예수 그리스도께서 지불하신 값(τιμή)으로 산 영혼들이라는 것을 말하고 있다.

즉, 우리에게 주어진 하나님의 존귀는 그저 주어진 것이 아니라 예수 그리스도의 피 값으로 지불된 명예요 높임이라는 뜻이다. 이러한 은혜를 얻는 방법은 오직 피 흘리셔서 우리를 대신해 저주를 받으시고 십자가에 달려 돌아가신 예수 그리스도를 믿음으로만 얻을 수 있는 것이다.

이것을 믿는 자들만이 하나님께 드릴 수 있는 진정한 존귀를 가진 자들이다. 이러한 τιμή야 말로 거룩하신 하나님의 마음에 합한 존귀요 가장 겸손한 존귀의 모습이라 말할 수 있다.

영광과 존귀 뒤에 드려지는 세 번째 선물 '감사' 또한 특별할 수밖에 없다. 그 어떠한 고난과 역경에도 오히려 감사할 수 있는 능력, 세상이 감당치 못하는 능력이 감사다. 이것은 오직 믿음으로 말미암아 이뤄진다.

이로 인해 하나님은 우리의 삶에서 의로운 열매를 맺게 하시고 많은 사람들의 영혼을 주님 앞으로 돌아오게 하셔서 그 입으로 하나님을 높이게 하신다. 감사의 제사를 드릴 수 있는 힘을 주신 것이다.

하나님께 영광과 존귀와 감사를 드리는 자들이 하나님과의 언약 안에 머물러 있는 자들의 진정한 모습이다. 이러한 사람들이 예수 그리스도의 성도들이며 믿음으로 의롭게 되어 교회로 예수님의 신부로 설 수 있는 영혼들이다.

영광과 존귀와 감사는 우리가 후에 하나님 앞에 드릴 수 있는 진정한 예물임을 기억해야만 할 것이다. 하나님의 주권적인 능력이 우리를 사로잡으시고 이 일을 가능하게 하셨던 것임을 인정해야만 할 것이다. 믿음으로 믿음에 이르는 일은 믿음의 삶을 이루는 데 있어서 반드시 필요한 과정이다.

머리 되신 그리스도의 뜻이 몸된 교회 안에서 이뤄졌다. 그러나 그 일은 우리의 힘이나 능으로 된 것이 아니다. 성경은 이 모든일이 오직 성령의 역사하심으로 일어났다는 것을 계시한다. 이러한 진리의 실체가 네 생물이다.

우리는 하나님의 언약 안에서 이뤄지는 성도와 하나님의 놀라운 교제의 결정체를 지금 목도하고 있다. 언젠가 24장로들이 그 눈으로 이 장면을 보게된 것처럼 우리도 영광과 존귀와 감사의 실체를 보며 기뻐할 수 있는 날을 살 수 있으리라 믿는다.

2장

경배

나는 자연 속에 있을 때마다, 사방으로 하나님 아버지의 멋진 솜씨와 마주하고 있다는 것을 깨닫는다. 마치 모든 나무와 바위, 강과 산, 꽃과 새, 혹은 한 포기 풀에 하나님 제작이라는 라벨이 영구히 새겨져 있는 것 같다. 그리스도께서 모든 생명이 드러내는 장엄한 경외감과 존경으로 온 땅에서 아버지의 이름이 거룩히 여김을 받으시기를 간절히 바라신 것은 결코 이상한 일이 아니다.

– 필립 켈러

9. 그 생물들이 보좌에 앉으사 <u>세세토록 살아계시는</u> 이에게 영광과 존귀와 감사를 **돌릴 때에**

10. 이십사 장로들이 보좌에 앉으신 이 앞에 **엎드려** <u>세세토록 살아 계시는</u> 이에게 **경배하고** 자기의 관을 보좌 앞에 드리며 이르되

계4:9절과 10절의 동사들의 형태를 보면 고개를 갸우뚱할 수밖에 없을 것이다. '돌릴 때에'(δίδωμι), '엎드려'(πίπτω), '경배하고'(προσκυνέω), '드리며' 혹은 '던지며'(βάλλω)에 시용된 동사들은 모두 **미래형**으로 적혀 있기 때문이다.

이를 다시 정확하게 해석하면 '네 생물이 영광과 존귀와 감사를 돌릴 것이다.', '보좌에 앉으신 이 앞에 엎드릴 것이다.', '세세토록 살아계시는 이에게 경배할 것이다.', '보좌 앞에 드릴 것이다.'라고 서술해야 한다.

다시 말해 지금 요한은 그들의 현재 모습을 서술하고 있는 것이 아니라 그들이 언젠가 하게 될 행동을 미리 보고 서술하고 있다.

현재와 미래를 한꺼번에 보는 것이 우리에게 이해할 수 없는 개념일 테

지만 이는 영원이라는 시공간 곧, 천상에선 가능하리라 여겨진다. 앞에서도 말한 바와 같이 하나님이 계시는 공간은 미래와 현재와 과거를 한꺼번에 볼 수 있는 곳이다. 요한은 성령에 감동되어 하늘에 올라가 하나님이 보이시는 일들을 보는 중이다. 그분이 현재와 미래를 한꺼번에 볼 수 있도록 인도하신다면 얼마든지 가능하다.

 이러한 해석이 가능하다고 여겨지는 또 다른 이유는 그들의 드리고 있는 것들 -영광, 존귀, 감사- 때문이다.

 이 문장에서 네 생물이 하나님께 드리고 있는 영광과 존귀와 감사는 모든 인류의 역사 가운데 존재하는 교회가 하나님께 드리는 결혼 예물과 같은 것이다.

 결혼 예물의 교환은 식이 거행되고 있는 가운데 이뤄진다. 그러나 요한이 '현재' 보고 있는 천상은 아직 결혼식을 올리기 전의 영원의 상태라고 할 수 있다. 왜냐하면 5장의 어린 양이 아직 나타나지 않은 시기의 천상을 보여주고 있기 때문이다.

 물론 천상은 그 자체로 하나님의 영원한 나라에 관한 약속과 그 미래의 모습이 생생하게 예시되는 영원한 공간이다. 하지만 천상이라는 공간도 예수 그리스도에 의해 엄청난 변화를 맞이하는 공간임에 분명하다. 이것이 4장과 5장이 나뉜 이유다.

4장과 5장은 어린 양이 나타나시기 전의 천상과 그 이후의 천상의 변화를 보여주기 위해 나뉜 것이 분명하다. 어린 양의 나타남으로 인해 천상도 놀라운 변혁을 맞이한 것이다.

어쨌든 우리가 알다시피 완전한 결혼식은 어린 양이신 예수 그리스도가 다시 오신 후에야 거행될 것이다. 그 장면이 이 책의 가장 마지막인 22장에 나타나고 있다. 4장과 5장은 그 일의 서막을 보여주는 동시에 기본적인 배경을 보여주는 장이라고 할 수 있다.

이러한 이해를 배경으로 놓고 생각하면, 네 생물이 하나님께 드려야 할 영광과 존귀와 감사라는 예물은 앞으로 일어날 결혼식 때 드려져야 한다. 그러나 지금 4장의 천상은 어린 양이 아직 나타나지 않은 상태다. 또한, 교회의 수가 완전히 채워지지도 않은 상태다. 이 일-영광과 존귀와 감사를 드리는 것-이 천상의 현 상황일 수는 없는 것이다. 자연히 그들의 '드림'(giving)은 미래에 일어날 일이어야 한다. 요한은 이 미래를 미리 본것이고 그것을 서술하고 있다.

24장로들이 하나님 앞에 면류관을 던지는 행위도 미래에 일어날 일이라는 것을 예측할 수 있다. 모든 시대의 교회를 대표하는 24장로들의 출현이 다 이뤄진 상태가 아니기에, 그들이 맞이할 결혼식의 미래가 아직 다가오지 않았기에 그들의 행위가 아마도 미래형으로 그려진 것이 아닐까 한다.

위에서 언급한 동사들이 미래형으로 그려질 수밖에 없다고 생각되는 전제가 또 하나 있다. 그것은 9, 10절에 묘사된 하나님의 모습이 '세세토록 살아계시는 이'라는 점이다.

9절에서 네 생물이 영광과 존귀와 감사를 드리는 존재도 이십 사 장로들이 엎드리며 경배하며 면류관을 드리게 되는 존재도 모두 <u>세세토록 살아계시는</u> 이다.

여기에 사용된 헬라어를 보자면,

τω ζωντι   εις   τους αιωνας των αιωνων
항상 사신다 ~안으로   영원 의 영원

이것을 연결하면 '영원의 영원 안으로 진입하셔서 항상 사시는 분'으로 해석할 수 있다. 즉, 네 생물과 24장로 모두 과거와 현재와 미래가 다 지나간 영원의 영원이라는 시공간 속에서 사시는 하나님께 경배를 드리고 있다는 뜻이다.

이와 대조적으로 계 4:8절에서 네 생물이 세 번의 거룩하다와 함께 외친 하나님의 모습은 다르게 그려진다. 계 4:8절에서는 '전에도 계셨고 이제도 계시고 장차 오실 이'로 나타나고 있다. 네 생물이 4:8절에서 외치는 하나님은 '과거와 현재와 미래에 계신 하나님', '인류의 시공간 속에서 역사하신 하나님'이다. 즉, 시간의 제한 속에서 역사하시는 하나님에 대해 외치고 있는 것이다.

게다가 요한은 네 생물이 외치고 있는 시간적 공간을 정확하게 '밤낮'이라는 말로 표현하고 있다. 밤과 낮은 제한적 시간이 있는 공간으로 교회가 땅에서 머무는 시간을 표현한 말이다. 따라서 하나님 또한 땅의 시공간에 관여하시고 함께 하시는 하나님이라는 것을 보여주고 있다. 이는 하나님이 요한으로 하여금 9,10절에 나오는 세세토록이라는 말과 구분하기 위해 쓰게 하신 말이 아닐까 생각한다.

여기에 더해 네 생물의 모습이 상징하고 있는 바를 보면 그들의 감사와 경배가 왜 미래형인지를 더욱 짐작할 수 있다. 그들의 모습이 상징하고 있는 교회 안의 하나님의 권세, 예수님의 권세는 사실 '교회가 안식에 들어가기 전에' 필요한 하나님의 능력이다.

예수님은 교회를 양육하시고(독수리), 사람으로서 오시며(사람), 교회의 속죄제물이 되어 주시고(소), 교회의 왕이 되어주시고 통치하시는(사자) 모습으로 교회 안에 오셨다. 이는 우리가 완전한 안식에 들어가기 전까지 도우시는 예수님의 모습이라고 할 수 있다.

물론 안식의 나라, 영원한 나라에서도 하나님은 우리의 왕이 되어주시며, 완전한 사람이시며, 교회와 세상을 양육하실 것이다. 그는 또 우리의 영원한 대제사장으로서 우리의 모든 죄를 영원히 사하시는 모습으로 우리와 함께하실 것이다.

그러나 이러한 영원한 일이 이뤄지기 위해서는 반드시 한시적인 세상에서 도우시는 하나님의 전능하심이 필요하다. 또한, 영원한 세계로 들어가는 모든 자들은 반드시 한시적인 땅에서의 삶을 예수님과 함께 믿음으로 살아가야 한다. 마치 육체의 생을 지나 죽음을 통과하여 영원한 세계로 들어가는 것처럼 교회도 한시적인 삶을 살고 죽어 영원한 나라의 생명의 세계로 거듭나게 되는 것이다.

교회가 육체에서 살아가는 동안 교회는 성령이 조명하시는 정확한 진실을 볼 수 있어야 한다. 영혼과 세상의 실체를 꿰뚫어 보시는 하나님의 눈을 가져야 한다. 네 생물이 온몸에 눈이 가득한 이유는 교회가 모든 것을 통찰하시는 하나님의 시각을 가졌다는 것을 상징한다. 이것이야말로 교회가 세상에서의 싸움을 이기는 가장 유용한 도구이자 능력이다.

네 생물이 현재도 하나님의 보좌 주위에서 밤낮으로 거룩함을 외치고 있는 이유는 땅에 거하여 호흡하고 살아가는 모든 교회가(네 생물), 모든 종류의 사람들(여섯 날개) 위에 역사하시는 하나님의 거룩하심이 우리에게 밤과 낮으로 쉴 새 없이 필요하기 때문이다. 우리는 밤과 낮, 영적인 전쟁이 있는 땅 곧, 세상을 안전하게 지나야만 영원한 안식으로 진입할 수 있다. 오직 성령의 능력 곧, 그의 전능하심만이 땅이라는 광야를 지나 영원한 약속의 땅으로 우리를 인도하실 것이다.

인류와 세상이 아직 죄 가운데 있기 때문에 예수 그리스도를 통한 속죄(소)가 필요하고 통치(왕)가 필요하며 특별히 교회의 양육(독수리)이 필요하다. 또한 이것을 위해 약속의 모습인 사람(사람)으로 오신 것도 온전히 교회가 약속된 완전한 안식으로 넘어가게 하기 위한 하나님의 계획이라고 할 수 있을 것이다.

따라서 네 생물이 외치는 세 번의 거룩하다는 이 땅의 시간적 제한선 안에서 반드시 필요한 하나님의 모습이다. 여기서 알아야 할 중요한 사실은 인류의 역사적인 기한에서 영원의 하나님은 항상 현재에 역사해주신다는 점이다.

우리에겐 이미 과거가 되어버린 요한의 당시에도 하나님은 요한의 현재에 역사하셨다. '지금' 우리에겐 '지금' 역사해주시는 하나님이 필요한 것처럼 말이다. 이러한 현재가 쌓여 과거가 되고 현재를 지나며 앞으로 다가올 현재들이 쌓여 미래가 될 것이다.

그러므로 하나님은 우리의 현재의 전에도 현재에도 현재의 후에도 거룩하심으로 통치하시며 주와 하나님과 전능하신 이로 교회와 세상 위에 임해주실 것이다.

그 목적은 자명하다. 사람을 구원하시기 위함이다. 그 구원이라는 문을 통과하여 우리는 영원한 나라로 들어가게 될 것이다.

구원이라는 사건을 통해 하나님의 영원한 나라의 미래로 들어가는 문이 바로 결혼식이다. 그 문의 모습을 보여주고 있는 장면이 9, 10절이라고 할 수 있다. 이제 영원한 안식으로 넘어가기 위한 가장 중요한 절차인 결혼의 완성을 9, 10절에서 미리 보여주고 있는 것이다.

결국, 보좌에 앉으시고 영원이라는 공간 안에서 하나님의 언약의 세계를 통치하실 그분 즉, 세세토록 살아계신 이는 전에도 계셨고 이제도 계시고 앞으로도 오실 이의 모습을 보고 경험하고 나서야 볼 수 있는 모습이라는 것을 알 수 있다.

이 때문인지는 몰라도 요한은 동사의 미래형과 함께 '세세토록 살아계시는 이'라는 하나님의 모습을 9, 10절에 두 번이나 기록한다. 그분은 인류 안의 교회와 함께 과거와 현재와 미래를 지나 영원으로 들어가실 분이시며 우리 또한 시간을 지나 그분을 영원히 섬기게 된다는 것을 보여주고 있는 것 같다는 생각이 든다.

9, 10절은 세상 속에서 예수 그리스도의 능력으로 구원을 얻은 교회가 머지않아 영원한 예물인 영광과 존귀와 감사를 하나님께 드리게 될 것을 보여준다.

교회가 얻은 승리의 면류관이 모두 하나님의 전능하심으로 말미암아 얻어진 것임을 보여주고 있다. 교회는 마침내 진정한 예물로 하나님께 드릴 뿐 아니라 함께 그 영광을 누리게 될 것을 믿음으로 확신하는 바다.

24장로들이 미래에 하게 될 행동을 다시 한번 주의 깊게 들여다보자. 그들은 하나님이 세상을 창조하신 이래 그분의 능력으로 이루신 일들을 삶으로 본 사람들이다. 그들은 자신들의 삶으로 역사의 스토리를 이어 나가는 징검다리와 같다. 하나님이 시대마다 역사하신 일들을 증거 하는 증인들로서 바통 터치를 한 사람들인 것이다.

그들은 지금 하나님의 모든 구원의 사역이 끝나고 영원한 나라가 시작되는 그 시점에서 하나님께 드릴 수 있는 최고의 선물을 드리고 있다.

계 4:10절에서 나타나는 동사들을 통해 우리는 24장로들의 행동이 어떠한 순서로 일어나는지를 볼 수 있다.

그들은 먼저
<u>엎드렸다</u>. 그 후에
<u>경배했으며</u> 그다음 그들의 면류관을 하나님 앞에
<u>던졌다</u>.

이곳의 헬라어 πιπτω(pipto)는 사람이 몸을 바닥에 완전히 엎드리는 동작을 나타낼 때 사용한다. 예전엔 노예가 발 앞에 엎드려 주인의 발에 입을 맞출 때 이 단어를 썼다고 한다. 즉, 이 행위는 행위를 하는 자의 주

인이 누구인지를 알게 하는 행동이다. 이 행위는 동시에 그들이 경배하는 대상이 누구인지를 보여주는 행동이라고 할 수 있다. 이로 볼 때 24 장로들의 엎드림은 곧 마음의 주인이자 인생의 주인이신 하나님을 향한 경배의 의미를 가진다는 것을 알 수 있다.

그다음 그들은 자신의 머리에 쓰고 있는 면류관을 하나님의 보좌 앞에 던지게 된다. 이는 네 생물이 하나님 앞에 '주는'의 διδωμι나 계 4:11절에 나오는 '드리는' λαμβανω(lambano)와 다른 동작이다. 이는 가지고 있는 물건을 던지는 행위를 나타내는 동사다.

그들의 이와 같은 행위는 그들이 경배하고 있는 이 경배가 어떤 의미인지를 보여주고 있다. 이러한 행위는 시편115편의 기자가 첫 구절에서 외치는 말과 연관 지을 수 있다.

여호와여 영광을 우리에게 돌리지 마옵소서 오직 주의 인자하심과 진실하심을 인하여 주의 이름에 돌리소서.

그들의 경배는 단순히 그들의 주인이 누구인지를 인지하고 그에게 경배하는 것뿐 아니라 그들의 삶에서 나타났던 모든 영광스러웠던 일들의 결과가(면류관) 자신의 의로움이나 행위에서 나온 것이 아님을 보여주고 있다. 시편 기자가 이야기했던 것처럼 오직 하나님의 인자하심과 진실함 때문에 그들이 믿음을 지키고 면류관을 얻을 수 있었음을 온몸으로 선포하고 있는 것이다.

면류관은 그들이 하나님 앞에서 증인으로서 살아갔던 삶의 증거다. 그러나 그들은 이것이 오직 하나님이 동행하심으로 자신들을 지켜주셨기 때문에 얻어진 것임을 알고 있었다. 기쁜 마음으로 보좌에 앉아 있지만, 그들이 앉아 있는 이유는 하나님의 능력이 자신의 삶에서 역사하셨기 때문임을 알았기에 그 자리에 앉아 있다는 것을 깨닫는 자들이었다.

πιπτω로 잠깐 돌아가자면 이 단어는 성경에서 사람이 가장 겸손한 모습을 나타낼 때 사용하고 있다는 것을 알 수 있다. 누구에게 그 마음을 두고 있느냐, 누구를 주인으로 섬기고 있느냐를 보여주는 가장 정확한 증거가 바로 엎드리는 행위다.

이 단어는 '엎드리다'라는 뜻뿐만 아니라 '무너지다, 떨어지다'라는 의미도 있다. 즉, 사람이 엎드리는 모양새가 마치 모든 것이 무너져 내린 사람처럼 자신의 모든 것을 포기한 채 얼굴을 바닥에 대는 모습을 표현한 말이다.

24장로들은 자신들의 삶을 회상하며 생각했을 것이다. 자신들이 무너졌던 시기, 연약했던 그때, 범죄함으로 인해 스스로 고통스러웠던 때, 하나님 앞에 불의하고 죄인이었던 그 시절을 떠올리며 부끄러웠을 것이다.

물론 예수 그리스도의 은혜로 말미암아 그 부끄러움과 수치를 다 씻어 하나님의 증인으로서의 삶을 살았지만 그렇게 살 수 있었던 것은 모두 하나님께로부터 온 것이었음을 그들은 삶을 통해 증명했다.

그 면류관은 결코 자신들의 능력으로 얻어진 것이 아니었음을 그들은 뼈저리도록 느꼈을 것이다. 그에 대한 경이로움과 감사는 이루말할 수 없는 기쁨이었다. 이러한 감격이 그들로 하여금 면류관을 던질 수밖에 없게 했으리라 믿는다.

승리의 면류관을 받고 하나님 주위의 보좌에 앉을 수 있는 영광을 누리지만, 그들은 그 보좌가 자신들의 지혜나 힘이나 능력으로 된 것이 아님을 모든 영혼의 세포 하나하나로 느끼고 있는 사람들이다. 24장로들의 위대함은 여기에서 나온다 해도 과언이 아니다.

그들의 삶에서 하나님은 그들의 주인이셨고 하나님이셨고 전능하신 분이셨다. 그분의 거룩하심이 그들로 하여금 거룩할 수 있도록 지키셨다. 그들은 양육하시고 돌보시고 자신들의 영혼을 세심히 통치하시고 무너질 때 일으키시고 도우셨던 예수님이 그들의 삶 순간순간 스며들어 간섭하셨음을 인정할 수밖에 없었다. 그런 그들이 어떻게 엎드리지 않을 수 있으며 경배하지 않을 수 있으며 자신들의 면류관을 하나님 앞에 던지지 않을 수 있겠는가.

그래서 어쩌면 이 때문에 네 생물과는 다르게 영광과 존귀와 '능력'을 하나님께 드리는 건지도 모른다. 그들이 쟁취했던 면류관의 승리는 다름 아닌 하나님의 능력으로 된 것이었음을 그들 스스로가 모든 교회를 대신해 증거하고 있는 것이 아닐까 한다.

여기서 우리는 중요한 존재를 한 번 더 확인하게 된다. 성령님이라는 매우 겸손하시고 놀라우신 분을 바라보게 된다. 예수 그리스도의 이름으로 오신 분, 하나님의 능력이 되신 분, 보좌 앞의 일곱 등불로 사람의 영혼을 비추셔서 세상의 어둠을 지나가게 하시는 분을 우리는 볼 수 있다.

이곳에서 24장로들이 외치는 권능이자 능력은 δυναμις(dunamis) 바로 이분을 두고 한 외침일 거라 확신한다. 그는 우리들이 예수 그리스도 안에서 똑바로 가고 있는지 매일 매 순간 점검해주신다.

피할 길을 알려주시며 하나님의 뜻을 분별하게 하신다. 그뿐 아니라 그 자체로 능력이 되셔서 우리에게 모든 영적 전쟁에서 이길 힘을 제공하시는 하나님이 되시는 분이시다.

보좌에 앉으신 분 그리고 어린 양이신 예수 그리스도, 하나님의 보좌 앞의 일곱 등불이자 어린 양의 이마에 박힌 일곱 개의 눈들이신 이 성령은 24장로들의 삶 속에서 능력으로 역사하셨을 뿐 아니라 지금 우리들의 삶 속에서도 강력한 권능으로 임하길 원하신다.

이 능력은 권투 선수가 상대를 때려눕히는 따위의 싸움에서 이기는 능력을 의미하지 않는다. 세상에서 성공하거나 공부를 아주 잘하게 만든다거나 사업을 잘 이끌어가는 등의 능력을 말하지 않는다. 병을 고치실 수도 있고 귀신을 쫓아낼 수도 있지만, 그 무엇보다도 성령님은 우리가 예수 그리스도를 닮은 자들로 살아갈 수 있는 능력을 제공하신다.

사도들은 이 능력을 체험했다. 바울은 이렇게 이야기한다.

오직 모든 일에 하나님의 일군으로 자천하여 많이 견디는 것과 환난과 궁핍과 곤란과 매 맞음과 갇힘과 요란한 것과 수고로움과 자지 못함과 먹지 못함과 깨끗함과 지식과 오래 참음과 자비함과 성령의 감화와 거짓이 없는 사랑과 진리의 말씀과 하나님의 능력 안에 있어 의의 병기로 좌우하고 영광과 욕됨으로 말미암으며 악한 이름과 아름다운 이름으로 말미암으며 속이는 자 같으나 참되고 무명한 자 같으나 유명한 자요, 죽은 자 같으나 보라 우리가 살고 징계를 받는 자 같으나 죽임을 당하지 아니하고 근심하는 자 같으나 항상 기뻐하고 가난한 자 같으나 많은 사람을 부요하게 하고 아무것도 없는 자 같으나 모든 것을 가진 자로다(고후 6:4~10).

하나님의 능력이신 성령은 이와 같은 일을 우리로 하여금 할 수 있게 만드신다. 히브리서 기자는 이와 같은 성령의 사람들을 이렇게 표현한다.

이런 사람은 세상이 감당치 못하도다(히 11:38).

성령의 능력은 그 사람을 세상이 감당할 수 없는 자로 만드신다. 예수 그리스도께서 세상을 이기신 것과 같이 그들도 세상을 이길 수 있도록 만드셔서 하나님의 나라를 세우게 하시고 그의 나라를 전파하게 하신다.

예수님의 지상명령인 땅끝까지 복음을 전하게 하라, 하나님의 일을 행하는 것은 이것이니 곧 나를 믿는 것이라는 그분의 말씀을 실제로 이행하게 만드신 분은 다름 아닌 24장로들 안에서 역사하셨던 성령이요 하나님의 능력임을 그들은 온몸으로 말하고 있음을 알 수 있다.

주께서 만물을 지으신지라

24장로들은 하나님께 영광과 존귀와 능력을 드리며 이렇게 선포한다.

주께서 만물을 지으신지라 만물이 주의 뜻대로 있었고 또 지으심을 받았나이다 하더라.

24장로들이 예수 그리스도로 말미암아 구원을 얻은 후 하늘에 당도했을 때 그들은 놀라워했을 것이다. 땅에서 살았을 때 알지 못했던 진실을 거울로 보는 것과 같이 희미하게 보지 않고 확연하게 볼 수 있는 지식과 지혜가 생겼기 때문일 것이다.

그저 이야기로만 듣고 믿음으로만 확신했던 것을 눈으로 보고 귀로 들을 수 있었을 것이다. 하나님의 창조가 어떻게 이뤄졌는지, 그리고 그분의 뜻이 무엇이었는지 그분의 창조가 앞으로 또 어떻게 펼쳐지게 될지를 그들은 보았을 것이라 믿는다.

그들의 말을 살펴보자. 24장로들의 말 즉, 그들이 선포하는 경배의 이유는 총 두 부분으로 나뉜다.

1. 하나님이 모든 것을 창조하셨다.
2. 그 모든 것의 특징은-첫째, 하나님의 목적이 그들에게 있었다. 둘째, 그 목적대로 지으심을 받았다(수동태).

24장로들은 하나님이 모든 것 πας(pas)을 창조하셨음을 선포한다.

앞서 말한 바와 같이 그들이 엎드리고 경배하며 면류관을 주님 앞에 던지는 이유는 그들의 주인이 하나님이심을 나타내기 위해서다. 그들이 하나님을 하나님으로, 주인으로 섬기며 그들의 모든 능력을 하나님께 돌리는 구체적인 이유 중 하나는 모든 것을 하나님이 창조하셨기 때문이다.

사람 아니라 하나님 외에 어떤 존재도 할 수 없는 것은 무에서 유를 만들어 내는 것이다. 세상의 모든 발명품은 탄생하기 전에는 반드시 지구상의 어떠한 물질이었고 물건이었다. 그 어떤 것도 지구상 있지 않았던 것이 없었다.

핸드폰이나 컴퓨터, 자동차, 비행기나 핵무기와 같은 물건을 이루는 물질도 지구상에 있었기 때문에 가능한 것이다. 이 모든 것을 발명하는 데 있어 이것들의 원료가 되는 석유라든가 우라늄, 철, 금은 모두 지구에 있는 원료들이다. 핵이 쪼개지는 원리도 핵이라는 물질 자체가 가지고 있는 특성이 아니었다면 핵발전소나 핵무기가 뿜어내는 에너지를 얻을 수 없었을 것이다.

그뿐인가. 지구 자체가 가지고 있는 중력이나 원심력, 시간의 흐름이나 공기의 흐름, 강과 바다가 가진 특징이 아니라면 이러한 물질이나 발명품을 만들어 낸다는 것은 꿈도 꾸지 못할 것이다.

하나님이 창조하신 지구라는 곳은 하나님의 말씀 하나로 아무것도 없었던 무에서 땅과 하늘과 물과 공기로 채워지고 시간으로 채워졌다. 지구 안에 무궁무진하게 잠겨 있는 자원들과 수많은 금속이나 원료들은 사람이 공부하고 탐구할 수 있는 놀이터라고 할 수 있다.

우리가 으스대고 있는 그 많은 발명품과 지혜와 발견들은 우습게도 하나님이 만들어 주신 만물이라는 거대한 지반이 없으면 이룰 수 없었던 자그만 탑에 불과했다.

장로들이 천상에 도착하여 보았던 것들은 아마도 이러한 진실이 아니었을까 한다. 솔직히 필자는 1장에 나왔던 예수님의 형상만을 보고도 나의 어리석음과 무지함과 교만함에 부끄러웠다. 잠시 마음속으로 혹은 내 입술로 으스댔던 나의 능력을 믿고 감히 예수 그리스도라는 거대한 실체 앞에 나섰다는 것이 얼마나 어리석은 행위였고 중심이었는지를 깨달았다.

말씀으로 희미하게 본 예수 그리스도의 실체를 느꼈어도 이러한 깨달음이 오건만 하나님의 실체와 진실을 눈으로 직접 본 24장로들의 감격과 그 경외심과 두려움은 과연 어떤 것이었을까. 상상이 가지 않는다.

이러한 깨달음에 대하여 말하자면 욥의 경우를 잠시 들여다봐야 할 것 같다.

하나님은 욥의 불평 끝에 나타나셔서 그에게 말씀하신다. 어찌 보면 그의 말씀은 우리가 기대하던 답변이 아니었다. 그분은 욥의 질문에 대하여 동문서답을 하시는 것 같았다. 하나님은 욥에게 있었던 상황적 설명은 하나도 하지 않았다.

'실은 사단이 이래서 내가 이러라고 했어'와 같은 변명 따윈 하지 않으신다. 그분이 욥에게 말씀하시는 것은 모두 그분이 창조하신 만물이 어떠한지를 설계도를 보여주시는 것처럼 설명하신 것뿐이었다.

누가 도량을 정하였었는지 누가 그 중승을 그 위에 띄웠었는지 네가 아느냐…구름으로 의복을 만들고…새벽으로 그 처소를 알게 하여 그것으로 땅끝에 비치게 하고…만물이 옷 같이 나타나되…

이와 같이 하나님은 욥이 겪은 상황에 대한 설명보다는 그분이 만드신 것들에 대해 차근차근 설명하신다. 왜 그랬을까.

악어가 그 이빨로 짐승을 물어뜯을 수 있는 능력을 갖춘 건 하나님이 창조하셨기 때문이라고 말씀하신다. 독수리가 태풍을 뚫고 날아오를 수 있는 건 하나님이 독수리의 용맹을 창조하시고 그 날개를 만드셨기 때문이라고 설명하신다.

우리도 알다시피 이에 대해 과학적으로 분석하면 그 놀라움을 금치 못할 것이다.

아주 작은 벌레나 심지어 모기가 가지고 있는 놀라운 특성들을 나열하자면 끝도 없을 것이다. 하다못해 이성도 분별도 없는 동물들의 창조도 놀랍거늘 사람은 오죽하겠는가.

사람의 육적인 기관도 놀랍지만, 더욱 놀라운 것은 사람의 생각하는 바요, 마음이요, 지혜를 받아들이는 지각이라는 공간이다. 더욱 놀라운 것은 그 안에 영혼이 있다는 사실이다.

하나님의 생기를 받을 만한 그릇을 창조하시는 데 있어 하나님의 최고의 지혜가 들어갔을 것이고, 따라서 욥이 의를 행할 수 있었던 가장 근본적인 능력과 분별과 행위는 모두 하나님께로부터 온 것이라고 해야 할 것이다.

자, 여기서 그분이 이러한 창조를 설명하신 이유가 욥의 의로움이 모두 하나님께로부터 왔음을 설명하신다는 것은 알겠다. 하지만 왜 그에게 이러한 일을 행해야 했을까. 굳이 이럴 이유가 있었을까 하고 우리는 질문하게 된다.

나의 묵상에서 나온 결론이지만 이러한 진리를 욥에게 계시하신 이유는 모든 인류가 창조의 근본을 알게 하기 위함이었다고 믿는다. 이 때문에 욥은 메시지를 전달할 선지자로 하나님이 택하신 것이리라 믿는다. 그를 통해 하나님의 이야기를 전달하고자 하신 것이다. 그렇다면 욥의 상황과 창조의 근본을 아는 것이 이 일과 무슨 상관이란 말인가.

사람은 누구나 고통을 당한다. 엄밀히 말하자면 그 고통은 몽땅 우리들의 불의함과 죄에서 비롯되는 것이었다. 우주와 지구는 인류의 죄 때문에 혼돈 속으로 들어가게 되었다. 여기서부터 세상은 고통이라는 단어를 알기 시작했다. 선악과를 먹게 된 이후로 인류는 단 한 번도 고통에서 벗어난 적이 없다.

욥과 친구들의 논쟁에서 그들에게 깔린 가장 기본적인 전제는 죄가 있으면 고통이 따른다는 점이다. 그러나 그들은 하나같이 자신들의 죄에 대하여 생각하기를 거부한다.

이는 하나님이 보여주시고자 하시는 사람의 완악함이다. 사람들은 누구나 죄를 짓지만, 자신의 죄에 대하여 생각하기보다는 탓할 수 있는 누군가의 죄를 생각하고 묵상하기를 원한다.

이는 예수님을 믿든 안 믿든 공통적으로 나타나는 현상이다. 세상에서 가장 의롭다고 믿었던 욥조차도 자신의 의로움을 피력하는 대는 최선을 다하지만, 자신의 죄가 무엇인지에 대한 묵상을 거부하고 두려워한다.

이처럼 사람은 고통을 당할 때 자신의 죄가 무엇인지에 대해 생각하고 싶어 하지 않는다. 대게 우리에게 고통을 주고 있다고 여겨지는 누군가를 비난하고 싶어 한다. 더 나아가 그 비난의 대상이 보이건 보이지 않건 이런 일을 일어나게 했다고 생각하는 거대한 신의 존재를 비난하고 맹렬한 분노를 쏟아붓는다.

이렇게 비난을 늘어놓을 때 사람들은 마치 자신이 세상에서 가장 의로운 사람인 양 생각한다. 나는 다 잘했는데 다른 사람이 잘못해서 이런 일이 생겼다고 말한다. 이러한 불평은 비단 그저 평범하게 사는 자들의 입술에서만 나오는 것이 아니다. 아무리 악한 자들이라도 자신들이 가지고 있는 조그만 정당성을 가지고 다른 이들을 비난하고 더 나아가 심판하려고 한다.

사람의 이러한 심리는 마침내 모든 것을 창조하시고 그것을 우리에게 주신 하나님을 마치 우리보다 훨씬 더 불의한 자로 여기며 그에게 모든 잘못이 있는 것처럼 비난한다.

욥도 결국 사람이었다. 하나님은 욥이라는 한 사람이 결국은 똑같은 논리로 하나님의 의로우심과 자신의 의로움을 저울질할 것임을 아셨다.

전능자의 살이 내 몸에 박히매 나의 영이 그 독을 마셨나니…내 혀에 어찌 불의한 것이 있으랴 내 미각이 어찌 궤휼을 분변치 못하랴…내 영혼의 괴로 움을 인하여 원망하리이다…홀연히 재앙이 내려 도륙될 때에 무죄한 자의 고난을 그가 비웃으시리로다…내가 눈 녹은 물로 몸을 씻고 잿물로 손을 깨 끗이 할지라도 주께서 나를 개천에 빠지게 하시리니 내 옷이라도 나를 싫어 하리이다…

욥은 자신의 혀에 불의한 것이 없다고 확신한다. 그가 무죄한 자라고 확신하고 있었다. 그러나 욥은 결코 무죄한 자가 아니다. 혀에 불의한 것 이 없다고 확신할 수 없다. 욥은 자신의 모든 순간을 기억하는 사람이 아니기 때문이다.

욥은 사람들 중에서 이렇게 의로운 자가 없을 만큼 의로웠던 사람이었 지만 하나님은 그에 대하여 결코 완벽하게 의롭다고 하신 적이 없다. 욥 은 그의 의로움에 대하여 착각하고 있었다.

그럼에도 욥은 이렇게 착각이 들 만큼 의로운 사람이라고 할 수 있다. 그의 의로움은 과연 놀라운 것이었다. 욥이라면 자신의 의로움을 가지 고 변명을 늘어놓을 수 있을 만하다.

그러나 이러한 착각은 사실 거의 모든 이들이 하고 있다. 세상에서 나처럼 착하고 의로운 자가 없다고 생각하고 있다. '나는 웬만하면 남들한테 피해는 안 주는 사람이야.', '내가 오죽하면 그러겠어?', '다른 사람은 안 그러는데 왜 너는 그러니. 내가 다른 사람들에게 이랬을 땐 너처럼 반응하지 않았어.'와 같이 자신이 가지고 있는 작은 의로움이 자신의 모든 것을 대변하는 양 말하곤 한다.

욥의 고통은 우리가 생각하는 모든 고통의 감각들이 한꺼번에 휘몰아친 것과 같다. 자식이 죽고 재산이 바닥나고 사람들이 떠나고 몸은 견딜 수 없을 만큼 괴롭고 고통스럽다. 그 누가 이 세상을 살면서 욥보다 더 고통스러울 수 있을까.

그런데 정말 신기한 것은 고통당하는 모든 이가 욥과 같이 하나님을 비난하며 고통스러워하고 괴로움에 울부짖는다는 것이다. 인류의 공통점 중에 고통만 한 것이 없다.

욥은 선지자와 같은 이였다. 고통을 받는 이들, 의롭다고 여겨지는 사람들, 고통을 받는 이들이 어떻게 하나님 앞에 나아와야 하는지를 보여주는 지침서다. 모든 인류를 위해 하나님 앞에 쓰임 받은 것이다.

모든 인류는 고통 속에서 살아가고 누군가를 비난하기 바쁘다. 그로 인해 증오와 살인이 일어나고 하나님을 욕하고 저주하는 또 다른 죄들이 파생된다. **하나님은 고통을 받는 욥을 통해 고통 속에서 생각해야 하는 가장 중요한 사안이 무엇인지를 보여주신다.**

고통 끝에 욥은 모든 것을 창조하신 분 앞에서 겸손하게 행동하는 것이 얼마나 중요한지 또 우리가 하나님을 의지하는 것이 얼마나 중요한지를 깨닫고 바라본다. 하나님의 창조를 인정하고 그 앞에 엎드려 그분께 삶을 맡기는 것이 얼마나 중요한지를 알게 하셨다. 이것이 인류가 바라봐야 할 거대한 힘이라는 것을 하나님은 욥을 통해 말씀하신다.

하나님의 창조라는 진리는 고통 속에 있을 때 우리가 바라봐야 하는 가장 놀라운 승리의 도구다. 면류관을 쟁취하고 순례자의 길 끝에 다다르며 영광과 존귀를 얻는 과정에서 하나님의 창조가 우리의 삶에 개입했다는 사실은 큰 안도감을 선사할 뿐 아니라 실제적인 능력이 되는 것이다.

결국 사단의 도발은 도발이 아니었다. 사단은 그저 욥을 보는 모든 사람에게 하나님의 뜻을 전달하는 과정에 있어 사용되는 한 자루 낡은 펜에 불과했다. 그렇기에 하나님은 욥에게 말씀하시는 동안 사단의 존재에 대해 단 한마디도 언급하지 않으셨다.

그는 하나님과 아무런 상관이 없는 존재일 뿐 아니라 생각할 필요도 없는 존재였다. 하나님에게 중요한 것은 욥과 욥을 보고 있고 보게 될 수많은 사람들이 고통을 지날 때 어떠한 생각을 해야 하는 지였다. 이러한 그의 의도가 그분의 말씀을 통해 드러난 것이다.

고통은 하나님의 새로운 세상이 시작되기 전까지 지속될 수밖에 없는 것이고 우린 고통이 넘치는 세상에서 싸워 믿음으로 살아남아야 한다. 하나님은 욥의 삶을 통해 일어나는 일과 그의 고백을 통해서 우리가 고통을 어떻게 대해야 하는지를 보여주신 것이다.

하나님의 창조는 우리가 가지고 있는 모든 것의 너머를 보게 한다. 욥은 하나님의 창조에 대한 설명을 들었을 때 입을 막고 머리를 조아렸다. 그가 아무 말도 하지 못하였던 건 하나님 앞에 드러난 자신의 의로움의 실체 즉, 그 의로움의 초라함을 파악했기 때문이었다.

엘리후의 말처럼 자신이 다른 악한 자들과 다름없이 행했음을 깨달았기 때문이었다. 의롭다고 믿었던 자신이 얼마나 형편없었는지를 깨달았기 때문이다.

욥은 이 깨달음으로 인해 비교할 수 없고 말도 다 표현할 수 없을 만큼 놀랍고도 거대한 하나님의 의로움을 볼 수 있었다.

그가 회복하여 다시금 의로움을 행했을 땐 이미 그 전의 욥은 사라졌다. 초라한 의로움으로 행하는 것이 아니었다. 그보다 훨씬 더 완벽한 의로움으로 살아갈 수 있었다. 누구보다도 겸손히 모든 이들을 하나님의 창조물로 귀히 여기며 나보다 남을 더 낮게 여기는 사랑으로 거듭난 의로움을 행할 수 있었을 것이다.

자신의 의로움만 가지고 행할 때는 다른 이들에 대한 판단과 증오가

쉽게 들어서게 된다. 심지어 자기 자신에 대한 판단도 쉽게 사라지지 않는다. 여기서 우리는 자유를 잃어버린다.

하지만 하나님의 의로움과 하나님의 창조하심이라는 진리가 들어오게 되면 다른 모든 이들을 하나님의 사랑으로 사랑할 수밖에 없다. 나 자신도 하나님의 사랑으로 사랑할 뿐 아니라 진리와 법도를 행하는데도 자유함으로 행하게 한다.

이러한 진리는 우리를 변하게 만든다. 우리가 진정한 하나님의 증인이 되게 만들고 아무도 건드릴 수 없는 의인이 되게 만든다.

이러한 일은 욥이나 욥을 본 자들에게만 일어나는 일이 아니다. 예수 그리스도를 경험하고 믿었던 자라면 누구에게나 일어나는 일이다.

예수님은 욥보다 더 크실 뿐 아니라 욥이 가지고 있었던 그리고 그 너머에 존재한 완벽한 의의 창조자이시며 그 자체이시기 때문이다.

이것이 복음의 실체다. 24장로들은 인류를 대표하여 증인들이 된 사람들인 만큼 예수 그리스도에 대해 영혼 깊이 느끼고 감격한 사람들이었으리라 믿는다.

그들이 머리를 조아리며 땅에 엎드려 진심으로 하나님을 경배했던 것은 이 진리를 온 영혼으로 보았고 체험했기 때문일 것이다. 예수 그리스도의 의로움을 입고 살았기 때문이었을 것이다.

그들은 세상에 사는 동안 믿음으로 이 사실을 증거 했다. 비록 거울로 보는 것과 같이 희미했을지라도 그들의 믿음을 일으키신 성령께서 그들에게 계시하시고 믿음으로 살게 만드셨다.

베드로나 바울이 기적을 일으켰을 때 그들을 바라보는 사람들을 향해 두 사람은 공분을 터뜨렸다. '왜 나를 보느냐, 왜 내가 이 모든 것을 한 자처럼 말하느냐, 아니다, 이것은 예수 그리스도께서, 하나님께서 하신 것이다'라고 외친 것은 그들이 단순히 겸양을 떨기 위해 한 말이 아니었다.

그들은 욥과 같이 예수 그리스도의 의로움으로 거듭나 진심으로 선포한 것뿐이다. 자신의 초라해 보이는 의로움을 내세운 것이 아니라 새롭게 보고 느끼고 만진 예수 그리스도라는 하나님의 거대하고 초월적인 의를 놀라움으로 선포한 것이다.

그들은 진심으로 느꼈다. 알았고 믿었다. 이 모든 것이 오직 하나님의 창조에서부터 온 것임을. 또한, 새로운 창조를 이루실 분이심을 말이다.

24장로들이 던진 면류관도 바울과 베드로가 가졌던 공분과 경외심에서 비롯된 것이리라 믿는다.

또한 24장로들은 만물이 단지 창조된 것을 넘어서서 이 모든 창조에 목적이 있음을 선포한다. 목적이 있다는 것은 상당히 중요한 창조의 부분이다. 목적이 없는 물건은 아무 쓸모가 없기 때문이다.

에디슨은 밤에도 불을 환히 밝힐 목적으로 전구를 발명했다. 핸드폰은 손쉽게 사람들과 소통하기 위해서 만들어졌다. 낫은 곡식을 베기 위해 만들어졌고 핵 원자로는 에너지를 사용하기 위해서 만들어졌다.

사람이 만든 모든 것은 다 목적이 있다. 그렇다면 하나님은 더 깊고 놀라운 목적으로 모든 것을 만드시지 않았을까. 다행스러운 것은 하나님의 뜻은 선함에 있다는 점이다. 그가 선하시기에 목적도 선할 수밖에 없다. 그 목적이 선할수록 물건의 가치는 더욱 올라간다. 목적이 선할수록 인생의 가치는 더욱 올라간다.

어떤 이름 없는 선교사님의 삶이 히틀러의 삶보다는 백배는 더 가치가 있는 것은 선교사님의 삶에서 나타난 선한 영향력이 많은 이들을 살렸기 때문이다.

24장로들은 자신의 삶에서 나타난 하나님의 선하신 뜻을 보았다. 그 속에서 일어난 구원을 보았고 아름다운 이야기들을 발견했다. 그들이 능력을 받아 사용했고, 그로 인해 일어났던 가슴 뭉클한 일들이 모두 하나님의 사랑스러운 뜻 때문이었음을 선포하며 고백한다.

하나님의 목적과 그분의 창조가 일으키는 삶의 순간순간들은 그저 흘러가는 인생이 아니라 모든 것이 기적이었음을 본 증인들이 24장로들이었다. 그들은 면류관을 던질 수밖에 없었다. 이렇게 외칠 수밖에 없었다.

우리 주 하나님이여 영광과 존귀와 능력을 받으시는 것이 합당하오니 주께서 만물을 지으신지라 만물이 주의 뜻대로 있었고 또 지으심을 받았나이다!

주의 성령께서 이 글을 읽는 모든 이들의 능력이 되어 주시길 소원한다. 나를 포함한 이 글의 모든 독자들이 이러한 고백을 외칠 수 있는 의로운 자들이 되길 소원해 본다.

04
Chapter

천상의 변화

1장

구원과 심판의
근거

이는 그리스도 예수 안에 있는
생명의 성령의 법이 죄와 사망의 법에서
너를 해방하였음이라

롬 8:2

4장의 내용은 천상을 구성하는 전반적인 요소들을 보여준다. 그 요소들은 하나님과(보좌에 앉으신 이) 교회와(보좌) 그리스도의 터와(유리바다) 성령의 임재와(일곱 등불) 교회의 권세와(네 생물) 교회의 구성원들이자 증인된 사람들과(24장로) 그 모든 것들이 어우러진 언약의 세상(보좌에 앉으신 이의 모습, 무지개, 보석들)이다.

또한, 그 세상이 영원으로 이어졌을 때 어떠한 일이 일어날지를 예언하는 그림이기도 하다(장로들의 경배와 네 생물의 경배).

이 그림들은 하나님의 언약 안에서 이뤄지는 교회와 하나님의 성대한 결혼식의 '미리보기'이기도 하고 무엇보다도 신랑이신 하나님을 소개하는 장이기도 하다.

5장이라는 매우 중요한 그림을 보기에 앞서 4장은 이야기의 밑그림을 그리는 아주 중요하고도 기본적인 배경을 보여준다고 할 수 있다.

5장의 그림을 대강 살펴보면 이와 같다.

1. 하나님의 오른 손에 일곱 인봉이 된 두루마리 책이 있다.

2. 힘 센 천사가 나타나 누가 책을 펴며 인을 떼기에 합당하냐고 외친다.

3. 요한은 아무도 그 자격을 가진 이가 없음을 알고 통곡한다.

4. 장로 중 하나가 나아와 유대 지파의 사자 다윗의 뿌리가 이겼으니 그가 책을 펼치고 인을 뗄 것이라 말한다.

5. 네 생물과 장로들 사이에 일찍 죽임을 당한 것 같은 일곱 뿔과 일곱 눈을 가진 어린 양이 나타난다.

6. 어린 양이 나와서 하나님의 오른손에서 책을 취하신다.

7. 네 생물과 장로들에게 각각 거문고와 성도들의 기도가 담긴 향이 가득한 금대접이 주어진다.

8. 그들(네 생물과 장로들)이 새 노래를 한다.

9. 보좌와 네 생물과 장로들을 둘러싼 천사들이 큰 음성으로 경배를 외친다.

10. 모든 만물이 경배를 외친다.

11. 네 생물들이 아멘 하고 장로들은 엎드려 경배한다.

이제 5장에서는 4장에 나오는 천상에 어떤 변화가 왔는지를 보여준다. 요한은 이와 같은 변화를 κα(kai: 그리고, and)라는 말을 사용하면서 기록하고 있다. '그리고 ~했다'와 같은 표현 방식을 쓰면서 천상의 점진적 변화를 그려내고 있다.

위와 같은 순차를 잘 살펴보면 아주 놀라운 성경의 중요 사건을 추론해 낼 수 있다.

우선 1번에 보이는 하나님의 오른손의 책. 이를 만약 율법이라고 볼 수 있다면 2번의 힘 센 천사의 등장은 납득할 만하다. 성경은 의인은 없나니 하나도 없다고 기록한다(롬 3:10).

이 말은 율법이라는 책에 저울질하여 의를 이룬 '사람'은 인류 역사상 한 명도 없음을 의미한다. 힘이 센 천사의 등장은 이와 같이 사람이 율법의 정죄하는 힘을 결코 이기지 못할 것을 의미하고 있는 듯하다.

예수 그리스도가 나타나시기 전엔 그 누구도 하나님이 주신 율법을 완벽하게 지키는 이가 없었음을 보여주고 있다.

요한이 울었던 것은 이 때문이었다. 이 책을 읽거나 인을 떼기에 합당한 자가 나타나지 않는다면, 다른 말로 율법이 요구하는 모든 것을 충족시키는 의인이라고 칭할 만한 자가 나타나지 않는다면 인류는 단 한 사람도 구원을 얻을 수 없을 것이기 때문이다. 이에 따라 요한은 4장에서 본 완전한 하나님의 나라에 대한 약속도 이뤄질 수 없으리라 생각했던 것 같다.

요한의 통곡은 이 책의 글이 심판에 관한 것이기도 하지만 무엇보다 구원에 관한 책일 수 있음을 추측하게 한다. 아무래도 심판의 부재보다는 구원의 부재로 인한 염려로 그가 통곡했다는 것이 더 합리적이기 때문이다.

또한 이 책이 심판과 함께 구원에 대한 내용을 담고 있을 수 있다는 근거는 성경이다. 성경은 하나님께 속한 책이며 하나님께 속한 성경은 항상 심판과 구원이 함께 나타나고 있기 때문이다.

지금 5장에서 나타나는 책은 하나님의 손에 있다. 이것은 지금 우리가 살펴보고 있는 책이 하나님께 속해 있다는 것을 보여주는 그림이다. 따라서 이 책은 성경과 매우 밀접한 연관성을 띠고 있음을 알 수 있다.

여기서 드는 의문은 요한이 왜 울었는지에 관한 것이다. 그는 예수 그리스도의 구원을 알았고 믿었던 사람이다. 예수님이 성경에서 예언했던 메시아이며 인류의 모든 죄를 위해 십자가에서 돌아가셨다는 것을 그는 누구보다 잘 알고 있었다. 그런 요한이 왜 구원할 사람이 보이지 않자 울었는지 납득이 가지 않는다.

하지만 지금 겪고 있는 요한의 상황을 생각하면 이해할만하다. 그는 지금 천상이 변하고 있는 순간순간을 현실적으로 체험하는 자와 같이 보고 듣고 느끼고 있다. 영원이라는 시간 속에서 펑펑 터지는 사건의 그림들은 역사의 중요한 부분 부분이었다.

그는 분명 거기에 이입되었을 것이다. 아직 죄의 육신 가운데 있는 존재로서 거대한 진리와 하늘의 거룩한 존재들의 변화를 정신없이 보고 있는 상태다. 그는 아주 자그만 먼지와 같은 존재처럼 영원의 공간에서 일어나는 엄청난 일들을 체험해야 했다.

그는 예수 그리스도의 구원을 알고 있었지만 마치 과거에 이입이 되거나 미래에 이입이 된 사람처럼 실제적인 애통과 통곡에도 이입되었을 것 같다는 생각을 해본다. 머리의 지식이 현재 그가 보고 있는 환상에서 주는 엄청난 감정을 이기지 못한 것이다.

어쨌거나 그는 의인의 부재로 인한 인류의 참혹한 현실 앞에 통곡했다. 약속의 땅으로 가야 하건만 갈 수 있는 길이 없어 보였기 때문이다. 이러한 요한의 통곡은 모든 인류가 가졌던 끔찍한 절망으로 비유되는 것 같다.

그러던 와중에 장로 중 하나가 요한에게 나아와 희망이 있다고 말한다. 유대 지파의 사자이자 다윗의 뿌리가 이겼다고 선언하고 있다. 이겼다고 표현한 것을 보면 하나님의 오른손의 책은 확실히 율법에 관한 것이며 그 율법을 이겼다는 것은 하나님이 인정할만한 합당한 자가 나타났다는 것을 의미한다.

장로는 그 '이긴 자'가 '유대 지파의 사자요 다윗의 뿌리'라고 정의한다. 이는 예수 그리스도의 혈통적, 영적인 출처를 보여주는 동시에 세상에서 이 율법을 이길 수 있는 유일한 존재가 오직 예수 그리스도밖에 없음을 나타낸다. 유대 지파의 사자와 다윗의 뿌리 안에 담긴 놀라운 복음의 진리는 매우 방대한 것으로 뒤에 가서 세세히 설명하기로 한다.

이제 유다 지파의 사자요 다윗의 뿌리가 어떠한 형상이었는지를 보여준다. 그는 일곱 뿔과 일곱 눈을 가진 죽임을 당한 것 같은 어린 양으로 묘사되어있다. 일곱 뿔은 모든 권세를, 일곱 영은 성령을 의미하며 죽임을 당한 어린 양은 십자가에서 죽임을 당하신 예수님의 사역을 보여주고 있다.

성령과 함께하시는 이, 모든 권세를 가지셨으나 인류의 모든 죄를 대신하여 죽어주신 이, 유다 지파에서 나시고 다윗의 혈통을 따라 나신 이는 오직 예수 그리스도밖에 없다.

이 어린 양은 합당한 자격을 얻어 하나님의 손에서 두루마리 책을 취하신다.

이에 따라 네 생물과 장로들은 거문고와 금대접을 가졌다고 나오는데 이는 각각 말씀과 기도를 의미한다. 이에 관하여는 뒤에 가서 자세히 설명하기로 한다.

9, 10절은 이제 어린 양이 하나님의 손에서 책을 취한 사건을 통해 나타난 결과를 보여주고 있다. 그들은 새 노래를 하게 되었고 그 내용은 그를 믿는 모든 백성의 죄를 도말하심과 그들을 하나님의 나라로 삼으심과 영원히 하나님과 함께 왕 노릇 하게 하실 약속에 관한 것이다.

성도들의 구원과 회복은 곧바로 모든 만물의 찬양으로 이어진다.

정리해 보면, 5장은 하나님의 새로운 창조와 그에 따라 나타나는 역사적 사건에 관한 그림이다.

- 율법의 창조

- 율법을 전하여 주심

- 율법의 정죄와 율법이 정의하는 의인의 부재

- 율법을 완성하신 예수 그리스도의 나타나심

- 예수님의 십자가의 죽으심

- 부활하심으로 이기심

- 그를 믿는 모든 이들을 하나님의 나라로 부르심

의 순서로 성경의 진리가 나타나는 과정을 그림을 그리듯이 보여주고 있다.

나는 이 책을 읽는 모든 이가 5장에 나타나는 복음의 과정을 머리와 가슴에 확실히 새길 수 있기를 기도한다.

오른손

성경에서 '오른손'은 장자의 권한이 있는 손(창 48:13), 권능이 나타나는 손(출 15:6), 심판하시는 손(출 15:6, 12), 구원하시는 손(시 17:7, 시 20:6, 시 44:3, 시 60:5, 시 98:1, 시 108:6, 시 138:7), 하나님의 붙드시는 손(시 18:35, 시 63:8, 사 41:10), 공의가 있는 손(시 48:10), 능력의 손(시

89:13, 시 118:15, 시 137:5, 사 62:8), 하나님의 능력이 임하는 손(사 45:1, 사 63:12), 창조의 손(사 48:13)으로 나타난다.

위와 같은 구절들을 볼 때 성경은 왼손보다는 오른손을 더 긍정적으로 바라보는 것 같다. 하나님의 능력이 임하는 손이요, 권세가 세상에 드러나게 만드는 능력이 임하는 손이라고 비유하여 곳곳에 사용된 것을 보면 말이다.

요셉이 에브라임과 므낫세를 야곱 앞으로 데리고 가서 축복을 받게 할 때 야곱은 므낫세가 요셉의 혈육적인 장자임에도 불구하고 손을 엇바꾸어 에브라임의 머리 위에 오른손을 므낫세의 머리 위엔 왼손을 얹는다. 이는 에브라임이 차자일지라도 장차 장자의 권세를 물려받을 것임을 의미한다. 모든 민족의 장자인 이스라엘의 권세는 야곱의 축복대로 요셉 위에 그 뒤를 이어 요셉의 두 번째 아들인 에브라임에게 흘러가게 된다.

이 사건은 오른손이 하나님의 권세를 이어받게 하는 능력 곧, 장자이신 예수 그리스도가 임하는 곳임을 보여주는 비유적 예라고 할 수 있다. 오른손의 의미는 예수님이 앉아계신 보좌의 위치와도 일맥상통한다. 그분은 다시 이 세상에 오셔서 심판하시기까지 하나님의 '오른편'에 앉아 계시는 분이다.

이는 하나님의 구원과 심판의 능력이 모두 예수 그리스도에게 있음을 보여주는 그림이다. 앞서 살펴본 구절들에 기록된 바와 같이 오른손은 하나님의 구원이 임하는 곳, 그와 동시에 심판이 임하는 곳이며 하나님의 능력과 권능이 있는 곳이다.

구원과 심판은 오른손에 능력이 임하는 이유이자 목적이라고 할 수 있을 것이다. 예수님이 하나님의 오른편에 앉아계신 이유도 하나님의 구원과 심판과 능력과 지혜와 모든 것이 예수님에게 임하게 하셔서 그로 하여금 하나님의 거룩한 목적을 이루게 하신다는 것을 보여주기 위해서다.

이와 같이 성경에서 증거하고 있는 오른손에 대한 그림의 언어적 의미가 구원과 심판에 대하여 기록하고 있다는 것을 볼 때 지금 하나님이 쥐고 계신 오른손의 책은 분명 구원과 심판에 관한 내용을 담고 있음을 알 수 있다.

이 책이 구원과 심판에 관한 책이라고 여겨질 수밖에 없는 또 다른 근거는 오른손에 있는 책을 읽을 사람이 아무도 없다고 여겨졌을 때 요한이 매우 통곡했다는 점이다.

요한의 통곡은 매우 절망적이었다. 책을 읽을 수 있을 만한 자격을 가진 이가 아무도 없다는 근거가 그 원인이었다. 어떠한 근거가 그로 하여금 큰 절망을 가지게 한 것일까.

우리는 장로가 그에게 건넨 말을 볼 때 유추할 수 있다.

장로는 그에게 분명 유대 지파의 사자 다윗의 뿌리가 '이겼다'라는 표현을 쓰고 있다. 이겼다는 것은 무엇인가. 그것은 앞서 예수님이 서신에서 표현한 것처럼 삶에서 오는 유혹과 사단의 책략에서부터 이겼다는 것뿐 아니라 더 궁극적으로는 믿는 이들이 삶의 마지막에 결국 하나님의 의를 믿음으로 하나님의 나라를 가게 된다는 뜻에서 사용되었다.

즉, 그가 울었던 이유는 만약 아무도 그 책을 열어보지 못한다면 단 한 사람도 하나님의 나라에 들어갈 수 있는 이김을 가질 수 없기 때문이 아니었을까 한다. 어떤 누구도 구원을 얻을 수 없을 것이라는 끔찍한 절망과 막막함에 그는 통곡했던 것 같다. 이 상황은 그가 예수 그리스도를 몰라서가 아니라 이 상황에 심히 이입했기 때문으로 보인다.

마치 이사야가 스랍에 둘러싸인 하나님을 뵙고 난 후 그의 죄악으로 인해 절망하여 이제 죽게 되었다고 말한 것처럼 요한도 하늘의 상황에 철저하게 이입되어 큰 절망감을 느꼈을 것 같다고 생각해본다.

그는 마치 영화를 보기만 하다가 영화 속으로 들어온 사람처럼 5장이 보여주는 역사적인 상황을 실제 경험하는 것과 같았다. 그렇기에 그는 아직 예수 그리스도가 탄생하지 않은 영적인 그림의 상황에 몰입되어 울고 있는 것이다.

분명한 것은 이 책을 읽을 수 있는 어린 양이 나타나고 난 후 어린 양이 두루마리의 인을 하나씩 떼었을 때 일어나는 놀라운 재앙들이 일어나지 않아서 울지는 않았을 것 같다는 점이다.

만약 그럼에도 그가 심판이 일어나지 않을 것 같다는 점 때문에 울었다면 도미티아누스 황제의 핍박이 영원히 끝나지 않을 수도 있다는, 그 상황에서 영원한 나라에까지 들어가지 못할지도 모른다는 절망감 때문이었을지도 모른다는 생각을 해본다. 어쨌건 이건 나의 추측일 뿐이다.

그러나 분명한 사실은 그가 울었던 이유가 어쩌면 그 누구도 이기거나 구원받지 못할 수도 있다는 큰 절망감 때문이라는 점이다.

앞서 일곱 교회 사자에게 편지를 쓰면서 그는 반복적으로 '이김'에 관하여 설명했고 4장에 와서 그는 예수님의 약속에 대하여 희망을 품고 있었다. 그런데 막상 하늘에 와 보니 이길 수 있는 자가 아무도 없다는 그림을 보는 것보다 더 큰 절망이 있을까 싶다.

율법

오른손의 책은 그 책이 하나님의 오른손에 있다는 것 외에도 다른 특징이 있다. 그 두루마리 안과 밖에 글자가 써져 있다는 사실과 일곱 개의 인으로 인봉되어 있다는 점이다.

우선 글자가 쓰여 있다는 것에 대해 살펴보자. 이와 비슷한 장면은 에스겔서에서도 등장하고 있다.

겔 2:9절에 에스겔은 두루마리의 환상을 보게 된다. 그 두루마리는 보좌에 앉아 계신 이의 한 손에 있고 그 책은 계시록의 장면과는 달리 하나님이 직접 책을 펴신다. 또 그 책의 안과 밖으로 글이 쓰여 있다고 증언하고 있으며 글의 내용은 애곡과 재앙에 관한 말이었다고 에스겔은 기록하고 있다.

에스겔서의 책과 계시록의 책의 공통점은 안과 밖으로 글이 쓰여 있다는 것, 보좌에 앉아 계신 이가 그 책을 손에 쥐고 있다는 것이다.

그러나 두 책의 극명하게 다른 점이 있다면 에스겔서의 책은 하나님이 여셔서 보여주셨다는 것이요 계시록의 책은 일곱 개의 봉인으로 잠겨 아무도 열 자가 없다는 사실이다.

언뜻 보기에 에스겔서의 책과 계시록의 책이 같은 것으로 보이지만 분명히 각각 다른 조건을 가지고 있는 책이다. 에스겔서의 책은 하나님이 이미 여신 것이고 계시록의 책은 특정한 인물에 의해 열려야 하는 책이다.

책이 이미 열렸다는 것에 대해선 에스겔이 이미 그 의미를 설명하고 있다. 이는 그 속에 기록된 글귀 즉, 애곡과 재앙이 일어날 것을 예고하는 예언과 같은 것이었다.

그것도 하나님에 의해 열렸기 때문에 그 일은 반드시 일어날 일이었고 실제로 일어난 것을 우리는 역사 속에서 볼 수 있다. 에스겔서의 책은 주인도 하나님이시고 책을 열어 주시는 이도 하나님이시다.

하지만 계시록의 책은 하나님의 소유요 하나님의 권한에 있기는 하지만 특정한 인물 곧 유대 지파의 사자요 다윗의 뿌리인 자, 이긴 자만이 열 수 있다.

즉, 책을 여는 존재는 다름 아닌 '사람'이어야 한다는 것을 보여준다. 선지자들이 기록한 책들에서 예언된 메시아로서 하나님이 선택하신 자여야 했다. 이것이 에스겔서와 다른 점이다.

또 다른 것은 예언을 해야 할 대상이 다르다는 점이다. 에스겔은 언어가 다른 나라에 가서 이 예언을 해야 하는 것이 아니라 이스라엘 족속에게 예언해야 했다(겔 3:5).

물론 그는 25장부터 다른 이방 나라에 관하여도 예언하긴 하지만 이 내용은 이방 사람들에게 직접적으로 들려주기 위함보다 이스라엘 백성들에게 하나님의 선지자가 거기 있었음을 알게 하기 위한 목적이 더 크다고 여겨진다(겔 33:33).

그들이 포로가 되어 끌려갔을 때 이방에서 온 포로들이 어떻게 멸망되었는지를 듣고 보게 된다면 하나님의 살아계심과 역사하심이 과연 어떠하였는지를 더욱 알게 될 것이기 때문이다.

반면 계시록의 책은 전 인류의 죄를 대하시는 하나님의 경륜에 관한 것이다. 이것은 선악과의 원죄에서부터 앞으로 올 모든 죄 아래에 있는 사람들의 운명이 그 책에 달려있다는 것을 의미한다. 이에 대한 의미는

유대 지파의 사자와 다윗의 뿌리에 대한 설명에 더 자세히 얘기하고자
한다.

계 10:11절에서 천사는 요한에게 그가 '많은 나라와 백성과 나라와 방
언과 임금에게 다시 예언해야 할 것'이라고 말한다. 요한의 계시록은 단
지 교회만 듣고 읽어야 할 책이 아니라 온 세상이 듣고 읽어야 할 책이라
는 것을 보여주고 있다. 에스겔서의 예언의 대상은 이스라엘 족속이었지
만 계시록의 대상은 온 세상이다.

물론 궁극적으로 교회가 그 메시지를 듣고 하나님의 때를 준비해야 하
지만 교회는 반드시 세상을 향해 예언하고 경고해야 할 의무가 있다. 따
라서 계시록의 책의 내용은 교회를 통해 온 세상으로 나아가야만 한다.
결국 책의 대상은 세상이라는 것을 알 수 있다.

메시지를 전하는 데 있어 선지자들의 삶은 그 자체로 예언의 도구였
다. 그들의 삶은 당시의 교회였던 이스라엘과 유다에게 전해지는 하나님
의 메시지이기도 하지만 지금 교회에 속한 우리들에게도 전해지는 예언
이 되기도 한다.

에스겔에서 나오는 환상이나 예언들은 요한의 계시록에 나오는 환상
들과 비슷한 것들이 꽤 등장하고 있다. 이것은 다니엘서와 함께 마지막
때에 처한 교회의 상황을 보여주기 위함이었다고 생각한다.

요한도 에스겔처럼 포로로 잡힌 상황이었다. 또 당시 세상의 권세에

파괴될 수밖에 없었던 남유다의 상황도 앞으로 교회가 맞이하게 될 '성도의 권세가 깨어지는' 상황과 맞물리고 있다.

따라서 진정한 교회였던 에스겔이라는 '인자'는 앞으로 환난을 지나게 될 진정한 교회의 예표적인 모습이며 요한과 및 진정으로 하나님을 믿는 교회의 예표적인 모습이기도 했다.

에스겔은 조그만 나라 남유다와 북이스라엘의 멸망을 통해 앞으로 일어날 온 세상 교회의 멸망을 예언했다.

동시에 그 교회를 둘러싼 중동 지역의 정치적인 권력의 이동을 예언했고 이는 앞으로 일어날 온 세상의 제국이 하나님 앞에 어떻게 심판받고 쓰임 받을지를 예표했다.

요한 계시록은 에스겔서가 보여주고 있는 당시의 교회의 마지막에 대한 예표가 실제적이고도 전 세계적으로 나타나는 일을 보여주는 책이라고 보면 될 것이다. 다시 강조하지만 요한도 에스겔도 고난을 받았고 이는 앞으로 일어날 놀라운 징조에 대한 예표였다.

그러나 우리가 직접 보고 겪어야 할 '속히 될 일은' 그 예고편이 보여주는 '본편'이라는 것을 기억하길 바란다.

계시록 5장은 당시 에스겔이 이해하지 못했던 모든 세상에 퍼진 인류-중동 지역 이외에도 오대양 육대주에 퍼진 나라와 민족과 방언-의 구원의 사역에 관한 것이다.

따라서 계 5:1절에 나오는 일곱 인봉의 책은 단순히 한 시대와 한 나라와 민족에 관한 책이 아니다. 모든 인류의 죄에 관한 것이고 구원에 관한 것이며 심판에 관한 것이다.

분명한 것은 이 책의 인봉을 푸는 어린 양은 인간의 구원에 관여하는 인물이라는 점이다. 즉, 인봉은 구원을 가능하게 하는 자만이 풀 수 있는 잠금장치라는 뜻이다. 따라서 요한이 통곡했던 근본적인 이유는 구원을 베풀만한 이가 아무도 없을 것 같다는 상황에 이입되었기 때문이라고 말할 수 있을 것 같다.

또한, 이 글이 단지 구원에 관한 것이 아니고 6장에서 보여주는 것과 같이 일곱 인봉이 풀렸을 때 심판과 형벌도 일어나는 것을 보면 이것이 심판에 관한 일도 된다는 것을 알 수 있다.

구원은 하나님의 심판과 함께 일어난다. 소돔과 고모라의 심판에서 롯이, 노아의 홍수에서 노아의 가족이, 출애굽의 재앙에서 이스라엘에게 구원이 임한 이치와 같다고 보면 될 것이다. 심판이 없이는 구원이 있을 수 없다. 결론적으로 이 책은 하나님의 구원과 심판에 관한 것이고 하나님의 능력으로 인해 촉발되는 것이 명백하다.

이 결론으로 인해 책에 대하여 우리가 추론할 수 있는 또 다른 사항은 하나님의 오른손에 들린 책의 글자들이 하나님이 사람에게 주신 '율법'일 수밖에 없다는 점이다.

다시 말하지만, 구원은 심판 속에서 이뤄진다. 또 구원과 심판은 언제나 동시에 일어난다. 심판은 구원의 근거가 되기 때문이다. 이 모든 근거를 가지고 있는 기준이 바로 율법이다.

만약 예수님이 태어나셨더라도 율법이 우리에게 없었다면 예수님은 우리를 구원하실 수 없었을 것이다. 왜냐하면 우리를 구원하실 수 있을 만한 아무런 법률적 근거가 없기 때문이다.

바울은 '죄가 죄 되게 하려고 하나님이 우리에게 율법을 주셨다'고 기록한다(롬 7:13). 죄인에게 심판을 행할 때 그에게 무죄를 선고할지 유죄를 선고할지의 기준이 되는 것은 법률이다. 법은 죄를 정죄하고 형벌을 구형하는 검사에게도 필요하지만, 변호사에게도 필요하다.

즉, 죄를 구형할 때도 법이 필요하지만, 피의자를 보호해 주고 구제해주는 것도 법이다.

만약 나라 안에 아무런 법률이 없다면 아마도 그저 힘 있는 사람이 법이 될 것이다. 그가 하는 말이 법이 될 것이요, 그가 판단하는 모든 것이법이 될 것이다. 누군가가 만일 살인을 저질렀다고 해도 그를 죽이거나 살리는 것은 오직 힘 있는 자의 뜻대로 이뤄질 것이다. 혹은 살인을 저지르지 않았다고 해도 힘 있는 자가 그를 정죄하면 그는 살인자가 될 수 있다.

세상은 아담과 하와의 선택으로 인해 사단의 힘을 허용했다. 사람은 더 큰 힘을 가진 사단에게 굴복할 수밖에 없었고 율법이 없던 시대의 사람들은 자신의 마음대로 아니, 사단이 원하는 대로 행동했다. 그 때문에 노아 홍수 이전의 사람들은 더 이상 사람이 아닌 짐승과 다름없는 삶을 살아갔다. 마음대로 죽이고 간음했다.

그러나 그들에게 있어 가장 큰 문제는 그들이 그들의 삶을 지배한 것 아니라 사단이 지배하는 힘에 굴복하고 죄에 굴복했다는 점이다. 사단의 힘이 그들의 법이 되어버린 것이다.

율법이 없는 사회는 그 어떤 이도 정죄할 수 없지만, 의인을 정의할 수도 없다. 죄가 무엇인지 정의하는 기준이 없기에 의가 무엇인지도 알 수 없기 때문이다.

율법이 없기에 심판이라는 것이 없고, 심판이 없다면 자연히 그가 죄에서부터 자유하게 되었다는 무죄의 선고가 어려워지게 된다.

그렇다면 율법이 있기 전에는 사람 안에 정죄하는 기능이 없었을까. 바울은 로마서에서 이방인들에게도 그들만의 법이 있었다고 말한다. 또한 이스라엘인이든 이방인이든 모든 '사람'들에게 있는 양심이라는 법률이 있음을 말한다.

따라서 아무도 정죄하지 않을지라도 '사람'이라면 스스로가 자신이 죄인임을 느끼고 안다는 사실을 말해준다. 즉, 율법이 있어도 우리는 죄인이고 없어도 우리가 죄인이라는 사실은 변하지 않는다.

율법이 없었음에도 가인이 동생 아벨을 죽이고 난 후 자신의 죄가 죽음을 가져올 것이라는 사실을 알았던 것처럼 말이다.

두 경우-율법이 있는 경우와 없는 경우 모두 우리가 다 죄인이라고 정죄한다면 왜 율법이 필요한 것일까. 이는 너무나 당연한 것이다. 죄를 죄라고 규정하지 못하면 그 규정을 근거로 죄인을 사면해 줄 수 있는 규정도 정할 수 없기 때문이다.

레위기에는 하나님의 율법이 자세히 기록되어 있다. 사람의 죄가 무엇인지를 말해주기도 하지만 만약 누군가가 죄를 범했을 때 어떻게 죄를 씻을 수 있는지도 설명하고 있다.

죄를 씻는 과정을 제사라고 하는데 제사의 과정을 간단히 설명하자면 이러하다. 한 사람이 죄를 범했을 때 그는 흠 없는 제물을 택해 성막으로 끌고 가야 한다. 제사장 앞에 데리고 왔다면 그는 제물에 '안수'를 한 뒤 그 제물을 죽이고 피를 흘려 제단 위에 올려 불태운다.

안수의 과정은 말하자면 뒤바꾸는 행위다. 양의 흠 없음이 죄인에게 들어가고 죄인의 죄가 양에게 전가되는 행위다. 하나님의 율법은 정죄하기도 하지만 대신 죄인의 사면이 어떠한 것이고 어떻게 이뤄지는지를 보여준다.

피는 피로, 목숨은 목숨으로, 눈은 눈으로, 이는 이로 갚아지는 원칙이 정해진 것이다. 내가 받을 형벌을 누군가 대신 받아주면 그 죄가 씻어진다는 것을 정의해 놓은 것이다.

여기서 의인이 되는 방법이 등장한다. 내가 율법이 기준한 모든 법률을 하나도 어기지 않거나 혹은 내가 죄를 범했을 때 누군가가 대신해 형벌을 받아주면 나는 의인이 될 수 있다.

우리가 의인이라고 말하는 근거는 무엇을 잘해서 의인이 아니라 내 죄가 완전히 사라진 상태에 의거한다는 것이다.

여기서 우리가 알아야 할 아주 아주 중요한 기초석이 있다. **정죄를 당하건 의인이 되건 심판은 오직 사람만이 가질 수 있는 권리라는 점이다.**

세상에 그 어떤 피조물도 사람 외에는 하나님의 심판대 앞에 설 수 없다. 심판대 앞에 섰다는 것은 그가 선과 악을 택할 수 있는 자유 의지가 있다는 것을 증명한다. 만일 그가 아무런 의지가 없다면 그는 심판대 앞에 설 자격이 없을 뿐 아니라 그는 법률의 제재를 받지 않는다.

일반적 개념의 법은 미성년자들에 대하여 제재를 가하지 못한다. 판단 능력이 없다고 생각되기 때문이다. 그들은 법에 대하여 자격 미달이다.

이처럼 하나님의 심판대 앞에 서는 모든 이들은 하나님이 주신 자유의지가 있다는 근거하에 설 수 있는 자격을 얻게 된다. 만약 사람에게 자유의지와 그 선택에 따른 법률이 없다면 사람은 사단과 함께 어떠한 심판도 없이 그저 음부로 떨어지게 될 것이다.

따라서 우리가 하나님의 법률 제재 앞에 서게 된다는 것은 우리가 짐승이 아닌 사람이라는 것을 알려준다. 사람이기에 정죄도 당하고 사람이기에 의인이 될 수도 있다는 것을 우리는 잘 기억해야 한다.

또 한 가지 책에 대하여 알 수 있는 사실은 그 책에 쓰인 글자들이 안과 밖에 기록되었다는 것이다. 이것은 아마도 사람의 행위뿐 아니라 사람의 마음에 범한 모든 죄들을 뜻하는 것이 아닐까 한다. 시 40편에서 시편 기자는

'주께서 나의 제사와 예물을 기뻐 아니하시며 번제와 속죄제를 요구치 아니하신다 하신지라'.

이와 비슷하게 사 1:11절에서는

'여호와께서 말씀하시되 너희의 무수한 제물이 내게 무엇이 유익하뇨 나

는 수양의 번제와 살진 짐승의 기름에 배불렀고 나는 수송아지나 어린 양이나 수염소의 피를 기뻐하지 아니하노라'.

라고 말씀하신다. 이는 하나님이 제사를 기뻐하지 않는다는 뜻이 아니라 제사를 드리는 그들의 행위 속에 있는 마음의 중심을 보고 하신 말씀이었다. 그들의 행위는 속죄제물을 드리고 있지만 그들의 마음은 죄를 지으려는 의도가 가득함을 알려주신다.

겉은 회칠한 무덤처럼 깨끗해 보일지라도 속은 더러운 오물로 가득 차 있다는 바리새인에 대한 예수님의 비유는 중심이 악에 가득 찬 이상 거룩하게 보이는 행위가 그를 의인이라고 정의할 수 없다는 것을 알려준다.

이것은 하나님이 판단하시는 죄의 기준이 결코 행위에만 있지 않음을 보여주고 있다. 우리의 마음의 생각과 뜻이 악한 중심에 있다면 그 또한 우리가 하나님의 공의 아래 형벌 받을 수 있음을 알려주는 것이다.

따라서 예수님이 완성하신 율법은 행위에만 있는 것이 아니라 행위의 의도에도 있음을 정의한다. 그러나 이는 예수님의 시대에 와서 정의하시는 율법이 아니었다. 이미 하나님의 율법에도 이러한 중심에 대하여 기록한 바가 있다.

도피성에 대한 법률을 보면 원한 없이 살인을 한 자에 한하여 도피성으로 도망할 기회를 준다. 만약 그에게 고의적으로 살인을 저질렀다는게 입증된다면 그는 즉시 죽음에 처하게 된다(민 35:18).

모든 율법은 하나님을 사랑하고 하나님의 사랑으로 이웃을 사랑하는 기준에 근거한다. 아무리 열심히 율법을 지켜도 사랑의 중심이 없으면 행간을 읽지 못하는 자와 같다. 원칙에 틀어박혀 중심을 잃어버리면 진정한 사랑과 공의를 나타낼 수 없다. 법은 그렇게 사용되어선 안 된다. 하나님의 율법은 하나님의 사랑에 있고 공의에 의거한다.

율법은 그야말로 하나님의 기가 막힌 창조였다. 그분은 율법을 창조하심으로써 사람이 자신의 죄에서 빠져나갈 수 있는 길을 열어주셨다. 그러면서도 공의에는 어긋나지 않고 구원은 이룰 수 있는 길이 열린 것이다.

창조는 어디까지나 하나님의 권한이기 때문에 어떤 피조물도 율법의 창조에 대하여 이의를 제기하지 못한다. 그가 창조하시는 것은 아무도 막을 수 없다는 뜻이다. 이는 공의에도 어긋나지 않는다. 따라서 그가 창조하신 율법에 근거해 심판하는 것은 공의에 따라 이뤄진다.

이것이 하나님의 지혜였다. 율법 아래 모든 사람들의 죄를 가두는 것은(롬 3:9) 법률화되지 않는 정죄로 일어나는 사망을 막기 위함이었다. 일단 모든 인류가 하나님의 법 아래 정죄를 당하면 하나님의 법으로 구원할 수 있는 길이 열리기 때문이다.

일곱 인봉

이 책에는 아주 중요한 장치가 있다. 그것은 일곱 개의 인(seal)으로 봉해져 있다는 점이다. 즉, 이 책은 책을 읽을 만한 권한이 있는 자가 아니면 펼칠 수 없음을 보여준다.

열 수 있는 자격이 있는 사람만이 이 책을 열 수 있을 뿐 아니라 그 사람만이 책의 목적을 달성할 수 있음도 보여주고 있다.

인을 쳐서 봉했다는 것은 잠겼다는 말과 같다. 동시에 이는 열릴 수 있는 가능성이 있다는 것도 의미한다. 잠겼다면 열 수 있는 열쇠가 있는 법이다.

또 그 열쇠를 가진 자가 있다는 것을 의미하기도 한다. 따라서 이 책은 일곱 인봉으로 잠겨 있지만, 반드시 열 수 있는 사람이 있다는 것과 그의 자격으로 열릴 가능성이 있음을 보여준다.

여기서 우리가 주목해야 할 중요한 사실은 인봉의 조건에 맞는 자, 이 책의 글을 세상에 나타나게 하는 존재가 가지고 있는 자격에 관한 것이다. 이 글이 세상에 나타나게 하기 위해서는 반드시 실행자가 있어야 한다.

그 글을 단순히 알아본다거나 읽는 수준에서 그치는 것이 아니라 그가 읽고 있는 글을 실제로 실행에 옮길 수 있는 능력과 자격을 갖추고 있어야 한다.

하나님의 인봉은 마치 지문 감식이나 DNA 감식 도구처럼 인봉을 떼는 자의 자격과 조건을 정확하게 감식하게 될 것이다. 그렇지 않으면 이 책을 만질 수도 없을 것이다. 하나님의 창조가 그리 허술하지는 않을 테니 말이다.

빌라델비아교회 사자에게 쓰는 서신에서 예수님은 자신의 모습에 대하여 '다윗의 열쇠를 가지신 이 열면 닫을 자가 없고 닫으면 열 자가 없는 그이'라고 설명하신다.

앞서 나온 책에서 설명한 것처럼 그가 열면 아무도 닫을 자가 없고 그가 닫으면 아무도 열 사람이 없는 예수님은 다윗의 열쇠를 가지신 분이다. 그는 거룩하게 구별되신 분이시고 성경에서 예언한 진짜 메시아라고 할 수 있다.

그는 율법을 이긴 분이시고 능력으로 하나님의 오른편에 오르셨다. 십자가를 지심으로서 모든 이들의 죄를 담당하셨다. 이는 율법에 의거한, 죽음을 죽음으로 갚는 영원한 제사를 지낸 합법적인 구원을 이루신 사역이라고 할 수 있다.

일곱 인봉은 이러한 자격을 알아볼 수 있는 능력을 지닌 것으로 추측된다. 오직 모든 율법을 이긴 자만이 일곱 인봉을 열어 볼 수 있으며 또 중요한 것은 그가 '하나님이 택하신' 사람이어야만 한다는 것이다.

그는 유대 지파의 사자요 다윗의 뿌리로서 혈통으로는 유대 자손이시자 다윗의 후손이시고 영으로는 하나님께로부터 나신 분이시다. 이는 매우 중요한 개념이므로 뒤에 가서 상세히 설명하도록 한다.

그리고 더욱 중요한 자격 요건이 있으니 그것은 이 책을 열 자가 반드시 '사람'이어야 한다는 것이다. 율법은 어디까지나 사람에게 적용되는 법이다. 호흡이 있는 사람, 시공간이 있는 지구라는 땅에서 태어나 살았던 사람, 자유의지가 있는 사람이어야 한다.

천사도 악마도 어떠한 생물도 사람이 아니고서는 이 책을 열어볼 수가 없다. 왜냐하면 이것은 율법에 관한 것이고 율법은 사람에 관한 법률이기 때문이다. 이기는 일도 반드시 사람이라는 조건에 의해 성립되는 행위여야 한다.

이 사람은 여느 사람들과 같이 유혹에 직면해 본 적이 있는 사람이어야 하고 그 유혹에 굴복하지 않아야만 한다.

인생을 살면서 단 한마디의 거짓말도 하지 않아야 하며 행위뿐 아니라, 생각으로도 음욕을 품거나 거짓을 품지 않고 증오를 품지 않아야 한다. 하나님이 말씀하시는 모든 율법의 요구하는 바를 지켜야만 자격을 얻을 수 있을 것이다.

만약 사람이 아닌 자가 율법을 이긴다면 그는 심판대에서 다른 이를 심판할 수 있는 그 어떤 정당성도 얻을 수가 없다. 사람의 육신과 영혼을 가지고서 유혹을 당해보지 않은 자가 아니면 율법을 완벽하게 이행하는 것이 얼마나 어려운지를 이해하지 못하기 때문이다.

인간만이 가질 수 있는 연약함, 유혹에서 이기는 것에 대한 어려움과 불가능한 벽에 부딪히는 모든 고뇌와 실제적인 아픔과 영혼의 쓰라림을 거쳐본 '사람'만이 다른 사람을 판단할 수 있다.

만일 그렇지 않은 존재가 나를 판단하려고 든다면 우리는 이렇게 따질지도 모른다. 당신이 내가 당했던 일을 당했다면 어땠을 것 같냐고 말이다.

이 때문에 일곱 인봉을 열어 모든 것을 이겼다고 말하는 자는 인간이 지나는 모든 종류의 고뇌와 아픔과 고난과 유혹에 직면해 이겨야만 한다.

그렇게 이기는 자의 심판과 판단 앞에 서는 모든 이들은 그의 심판과 판단에 대하여 인정하지 않을 수 없을 것이다. 그는 반드시 모든 것을 지나고 이긴 '사람'이어야만 한다.

또한, 이 책의 목적은 구원과 심판에 있다. 따라서 이 책을 열어보는 자는 모든 사람을 심판할 수 있는 자격을 갖추어야 한다. 그 자격 중 하나는 '그는 모든 것을 알고 있어야 한다'는 점이다.

말하자면 세상에서 살았던 모든 인류 한 명 한 명의 행위가 어떤 것이었는지, 그들의 죄가 무엇인지, 역사 속에서 그들의 선택이 어떠한 행위와 결과를 낳았는지를 모조리 알고 있어야 한다.

심판은 증거를 토대로 사람의 죄를 입증한다. 거짓말의 죄가 성립되려면 그가 거짓말을 했는지에 대한 증거가 있어야 한다. 누군가 살인을 했다면 살인에 대한 증거가 있어야만 한다.

심판하는 자가 율법을 가지고 심판을 하려면 그 율법이 말하는 죄목을 증거하는 증거나 증인이 있어야만 한다. 이는 검사 쪽이나 변호사 쪽도 마찬가지다.

즉, 인류라는 이름 아래 태어나고 죽었던 모든 이들의 모든 행위를 알아야만 정죄를 할 수도 있고 형벌을 내릴 수도 있으며 사면에 대해 변호할 수도 있다는 뜻이다.

따라서 일곱 인봉을 풀 수 있는 자격을 갖춘 이는 사람이기는 하되 땅의 창조 시작점부터 땅이 망하는 순간까지 살았던 모든 이들의 행위를 알 수 있는 완벽하게 정직한 증인이어야 한다.

동시에 그는 하나님이 선택하신 다윗의 자손이자 유다 지파에서 난 자여야 하고 선지자들이 예언했던 사람이어야 한다.

그는 주어진 생을 살면서 다른 사람들과 같이 유혹에 직면했으나 단 한 순간도 유혹에 넘어지지 않고 마음과 생각까지 율법에 의거하여 깨끗하고 정결하게 완벽히 거룩한 상태로 자신을 지켜야 한다.

요한이 울었던 이유를 알 수 있을 것 같다. 힘이 센 천사가 어떤 의미로 그렇게 자신만만하게 큰소리로 외쳤는지 알 것 같다. 힘이 센 천사는 강한 천사였다. 천상에서 '강한'이라는 말을 쓰려면 얼마나 강해야 할까.

그가 외친 '합당하냐'의 의미는 지금 내가 나열한 모든 조건들을 충족시켜야만 한다는 의미일 것이다.

이 세상 어느 누가 땅의 시작과 끝과 그사이에 일어난 모든 일을 알 수 있겠으며, 어느 누가 땅에서 나고 자란 모든 이들의 행위와 마음과 생각을 다 알겠으며, 비록 이런 존재가 있다고 한들 그가 사람일 리도 없을 것이다.

그러나 일곱 인봉이 요구하는 자격은 그가 반드시 사람이어야 할 뿐 아니라 하나님이 약속하신 후사, 유다 지파에서 나시고 다윗의 자손이어야만 한다.

게다가 그는 모든 행위의 율법과 마음의 율법을 모두 지켜야만 하는 슈퍼 인간이어야 한다. 또한, 그 인간은 하나님의 오른손에 있는 책의 글을 그대로 실행시킬 수 있는 능력까지 갖춰야 한다.

이런 사람만이 일곱 인봉을 뗄 수 있다고 하니 요한이 어찌 울지 않을 수 있을까. 어쩌면 그는 예수 그리스도를 알고 있었을지라도 이 정도로 놀라운 요건을 갖춘 분이라고는 생각지 못했을 수도 있었으리란 생각이 든다.

여기서 사용된 '힘센'은 강하다는 의미를 가지고 있다.

'사람이 먼저 강한 자를 결박하지 않고야 어떻게 그 강한 자의 집에 들어가 그 세간을 늑탈하겠느냐...'(마 12:29).

이 구절에서 사용된 '강한'도 ισκυρος(isquros)로 강한, 힘이 센, mighty, strong이라는 의미다.

이 형용사가 뜻하는 바와 같이 율법의 힘은 세다. 어찌나 센지 인류 중 누구도 율법이 요구하는 바를 충족시킬 수 없었다.

그렇다면 이 율법은 비단 몇천 년 전 하나님이 모세에게 전해주신 그 율법에 국한된 것일까. 바울은 로마서에서 죄의 광범위한 영역을 이렇게 설명하고 있다.

아담으로부터 모세까지 아담의 범죄와 같은 죄를 짓지 아니한 자들 위에도 사망이 왕노릇하였나니 아담은 오실 자의 표상이라 그러나 이 은사는 그 범죄와 같지 아니하니 곧 한 사람의 범죄를 인하여 많은 사람이 죽었은즉 더욱 하나님의 은혜와 또는 한 사람 예수 그리스도의 은혜로 말미암은 선물이 많은 사람에게 넘쳤으리라 또 이 선물은 범죄한 한 사람으로 말미암은 것과 같지 아니하니 심판은 한 사람을 인하여 의롭다 하심에 이름이니라 한 사람의 범죄를 인하여 사망이 그 한 사람으로 말미암아 왕 노릇 하였은즉 더욱 은혜와 의의 선물을 넘치게 받는 자들이 한 분 예수 그리스도로 말미암아 생명 안에서 왕 노릇 하리로다 그런즉 한 범죄로 많은 사람이 정죄에 이른 것 같이 의의 한 행동으로 말미암아 많은 사람이 의롭다 하심을 받아 생명에 이르렀느니라.

롬 5:14~18절의 말씀이다. 바울이 말하는 죄에 관한 논리를 간단하게 풀어보면 다음과 같다.

'죄는 아담으로 인해 들어왔다. 율법이 생기기 전에도 죄는 있었다. 그 죄는 꼭 아담과 같이 선악과를 따먹는 죄와 같은 모양이 아니어도 첫 번째 죄의 허용으로 인해 다양한 모양의 죄가 양산되었고 그로 인해 많은 사람이 죽음에 이르렀다.'

다시 풀어 이르면, 아담은 하나님의 최초의 계명인 선악과를 따먹지 말라는 명을 어기고 죄를 지었다. 그 뒤로 태어난 인류들은 선악과를 따먹지는 않았지만, 세상에 들어온 죄로 인해 다른 많은 종류의 죄를 짓게 되었다. 가인은 살인이라는 죄를 지었고 그 뒤로 태어난 인류들은 더 많은 종류의 죄를 지었다.

바울은 모세가 있기 전 율법이 없었을 때라도 죄는 죄였다는 것을 말하고 있다. 그 죄의 씨앗이 많은 열매를 맺고 있었다는 것을 서두에 언급하고 있다.

율법이 생기고 나서도 마찬가지다. 그 후에 인류의 문화 패턴이 바뀌면서 또 다른 범죄들이 양산되고 있다. 현대에 와서는 각종 음란물을 본다거나 댓글로 인성 공격을 한다거나 인터넷 사기를 친다거나 하는 등의 율법에는 명시되어 있지 않은 범죄들이 생긴 것이다.

바울이 말하는 바는 율법에 명시되어 있지 않다고 해서 죄가 죄가 아닌 것이 되지 않는다는 점이다. 탐심은 사라지지 않고 시대의 변화에 따라 많은 죄가 열매를 맺고 있기 때문이다. 한 사람의 죄가 이토록 무서운 결과를 낳았음을 바울은 로마서에서 설명하고 있다.

죄를 범하게 되는 결과는 하나님을 택하지 않는 데서 온다. 그가 선을 택했느냐 택하지 않았느냐를 증거하는 것은 간단하다. 하나님의 계명을 지키느냐 지키지 않느냐의 선택에서 알 수 있다. 이 선택이 무엇이냐에 따라 악한 열매가 맺히기도 하고 선한 열매가 맺히기도 한다.

아담은 하나님이라는 선을 버렸고 그로 인해 인류는 죄라는 굴레 아래, 사망이라는 형벌 아래 갇히는 쓰디쓴 열매를 먹게 되었다. 그 굴레에서 벗어날 방법은 어디에도 없었다. 그 죄를 변호해줄 어떤 기준도 어떤 이도 없었다.

이 논제에서 잠시 벗어나 존 비비어 목사님이 언급하신 중요한 개념을 끼워 넣으려 한다.

하나님은 선하신 분이시다. 그러나 목사님은 선이 하나님이라고 생각하지 않기를 강조하신다. 우리가 선을 택한다고 해서 그것이 곧 하나님을 택하는 것이 아님을 말씀하신다. **하와가 선악과를 따먹은 이유는 그 것이 악해 보여서가 아니라 선해 보였기 때문이었다.**

사단도 자신을 선해 보이는 광명의 천사로 가장해서 사람들을 미혹한다. 하나님을 선택한다는 것은 우리가 생각하는 선의 개념을 선택하는 것이 아님을 잊지 말았으면 한다.

오직 하나님을 선택하는 것만이 완전하고도 순수한 선을 택하는 것이다. 어떤 것은 사람 보기에 바르나 필경은 사망의 길이 될 수도 있는 것처럼 우리의 눈에 보이는 선이 때론 선이 아닐 수도 있음을 알아야 한다.

우리가 하나님을 선택해야 하는 이유가 여기 있다. 하나님을 선택하는 것이 곧 '진짜' 선을 선택한다는 사실을 잊지 말자.

하나님은 죄라는 뜻도 모를 늪에서 허우적대는 사람들에게 진단 키트를 내주셨다. 그 키트를 가지고 어떤 이는 도둑질이라는 바이러스에, 또 어떤 이는 음란이라는 바이러스에, 또 다른 이는 살인이라는, 증오라는 바이러스에 걸렸다는 것을 알려주신다.

율법이라는 진단 키트로 인해 죄가 가져다준 끔찍한 결과를 알게 되었지만 다행인 건 우리가 최소한 죄가 무엇인지, 그것이 어떠한 결과를 가져다주는지는 알 수 있었다. 아무리 끔찍해 보여도 그것이 진실이라면 알아야만 한다.

율법은 죄가 얼마나 힘이 센지를 보여준다. 바이러스에 감염되면 어떻게 되는지를 보여주는 것이다. 그 힘의 세기는 죽음이라는 결과로 측정된다.

죄의 결과는 사망이고 이 사망이 사람에게 왕 노릇을 할 수 있는 배경을 알려주는 설명서가 바로 율법이라는 것을 바울은 설명하고 있다.

힘센 천사의 등장은 바울의 '오호라 나는 곤고한 자라'는 말에 나오는 절망에 대한 이유를 그림으로 보여주는 것과 같다. 모든 인류는 율법이 정죄하는 죄목과 그 사망의 권세에서 이길 수 없었다.

하나님은 율법을 창조하셨고 그로 인해 우리의 죄는 수면 위에 드러나 심판대 앞에 놓이게 되었다. 우리의 그 어떤 힘으로도 영원한 죽음을 이기지 못했고 심판을 이길 수 없었다. 그것이 우리들이 직면한 처참한 현실이었다. 힘이 센 천사가 가르쳐주는 인간의 무기력함이었다.

사실 우리에겐 요한이 통곡한 것과 같은 애통함이 필요하다. 그것도 아주 절실하게 필요하다. 나의 죄가 얼마나 끔찍한 결과를 낳는지를 아는 애통함. 심판대 앞에 섰을 때 율법의 기준에서 맥없이 무너지는 절망에서 오는 통곡은 필요하다.

요한이 흘렸던 눈물을 흘리는 일이 우리에게도 있어야만 한다. 지금 이 세대는 죄에 대한 무감각이 심각한 지경에 이르렀다. 상처가 곪아 터져서 죽을 지경에 이르렀는데도 괜찮다, 평안하다는 말로 지금 현 상태를 인식하려 하지 않는다.

율법의 역할은 의사가 진단 기준을 가지고 환자의 상태를 파악해 주는 것과 같다. 율법은 죄를 지은 우리들을 향해 말한다.

우리에게 남은 것은 심판이요 그 심판의 결과는 곧 죽음이라고 말한다.

이 결과를 아는 것이 얼마나 필요한 일인지 모른다. 이 결과에 대해 아는 자만이 십자가 앞에 나아갈 수 있다. 내가 암이라는 것을 아는 자만이 의사에게 가서 부탁할 수 있다.

힘센 천사의 외침 앞에서 눈물을 흘리며 통곡하는 일은 예수 그리스도를 만나는 데 있어 반드시 거쳐야 할 과정이라는 것을 계시록은 보여 주고 있다.

2장

유다 지파의
사자요

주 예수 그리스도를
우리의 묵상과 삶과 기도의 중심에 모시지 않는 한,
결정적이고도 중심적이며 긴요한 자리에 모시지 않는 한,
우리에게는 부흥을 구할 자격이 없는 것이 분명하다.

- 마틴 로이드 존스의 '부흥' 中

유다 지파

율법의 등장으로 사람은 심판을 피할 수 없게 되는 상황에 처하게 되었다. 힘센 천사의 외침처럼 세상에 있는 어떤 이도 하나님의 오른손에 있는 책의 위력을 이길 수 없다는 것을 깨달은 요한은 크게 울었다.

이때 장로 중 한 명이 나아와 요한에게 울지 말라고 말하며 합당한 자가 있다고 말해준다. 장로는 그에 대하여 설명하기를 '합당한 그이는 유대 지파의 사자요 다윗의 뿌리'라고 표현한다.

그리스도인이라면 이 말이 어떤 것을 의미하는지 구체적으로 설명해주지 않아도 알 것이다. 유대 지파의 사자요 다윗의 뿌리가 되신 이는 말할 것도 없이 예수 그리스도다.

마태복음 첫 장에 나오는 예수님의 족보만 보아도 알 수 있다. 그 족보는 예수님이 이스라엘의 12아들 중 유다 지파에서 태어나셨고, 그 지파에서 나신 다윗의 후손이라는 것을 명시하고 있다. 이는 누가복음의 계보에서도 확인할 수 있는 바다.

유다 지파의 사자라는 명제는 그 존재가 유다 지파에서 나온 왕과 같은 존재를 뜻한다는 것을 어렴풋이 알 수 있다. 또한 다윗의 뿌리라는 것도 다윗의 후손 된 누군가가 요한이 본 책을 열기에 합당한 자임을 알려준다. 이는 하나님이 그를 택하셨다는 강력한 증거 중 하나다.

히브리서 7:14절에서도 예수님이 유다 지파에서 나신 것이 분명하다고 전한다. 이는 하나님의 택하신 혈통적 증거에 관하여 언급한 부분이다. 이와 같이 24장로들 중 한 명이 이기는 자에 대하여 유다 지파와 다윗에 대하여 언급한 것도 히브리 기자가 가진 이 부분에 대하여 설명한 의도와 같다고 여겨진다.

유다 지파의 사자, 다윗의 뿌리는 결국 하나님이 택하시고 구별하신 이가 이기는 자가 될 것이고 이 책을 열 수 있는 합당한 자가 될 것임을 보여준다.

로마서에서 바울이 서두에 설명하는 바와 같이 우리가 믿는 예수 그리스도는 육신으로는 다윗의 혈통에서 나시고 성결의 영으로는 죽은 가운데서 부활하여 능력으로 하나님의 아들로 인정이 된 분이다. 이 진리를 그림으로 보여주는 장면이 바로 계시록 5장이라고 할 수 있다.

그런데 왜 장로는 유다 지파의 '사자'요 다윗의 '뿌리'라고 설명했을까. 이 중 하나인 유다 지파의 사자에 대해서만 살펴보자. 아니, 더 지경을 넓혀서 왜 하나님은 특별히 유다 지파에 대하여 언급하신 것일까.

예수 그리스도의 나심은 아브라함에서 날 수 있다고도 할 수 있고 그 아들 이삭에게서 혹은 그 아들인 야곱에게서 날 수 있다고도 할 수 있다.

마태복음에서도 예수님의 계보를 설명할 때 '아브라함과 다윗의 자손 예수 그리스도의 세계라'라는 말로 서두를 장식할 정도로 아브라함이라는 인물은 예수 그리스도의 나심과 필연적이다. 그러나 하나님은 특별히 유다 지파의 사자라는 특성을 강조하셨다.

갈 3:16절에서 바울은 그리스도에 대한 하나님의 관점을 자손에 맞추어 설명하고 있다.

'이 약속들은 아브라함과 그 자손에게 말씀하신 것인데 여럿을 가리켜 그 자손들이라 하지 아니하시고 오직 하나를 가리켜 네 자손이라 하셨으니 곧 그리스도라'.

아브라함은 본부인 사라에게서 이삭을 얻었지만, 그 전에 하갈을 통하여 이스마엘을, 사라가 죽고 난 후 그두라에게서 여러 자손을 얻게 되었다. 위 구절은 하나님이 택하신 약속의 자녀는 아브라함이 낳았다고 해서 다 하나님이 약속하신 자녀가 아니라 오직 이삭에게서 난 자만이 약속의 자녀의 줄기를 이을 수 있다는 점을 설명하고 있다.

그러나 또 이삭이 자녀들을 낳았다고 해서 다 약속의 자녀가 아니다.

이삭의 두 아들 에서와 야곱 중에서 오직 야곱에게서 난 자만이 약속의 자녀라는 것을 성경은 말하고 있다.

그렇다면 야곱 즉, 이스라엘에서 난 모든 이들이 약속의 후손이라고 성경은 말하고 있는 것일까.

아니다. 이스라엘의 12지파에서도 유다 지파에서 난 사람만이 약속의 후사라는 것을 보여준다.

이러한 약속의 후사의 계보는 하나님이 세상을 구원하시기 위한 가장 중요한 프로젝트인 하나님의 집, 택하신 영역이 무엇인지를 보여주고 있다.

이스라엘은 종국에 하나님이 계획하신 단 하나의 자녀, 그의 아들이 세상에 나타나기 위한 하나님의 집이요 성전이다. 하나님의 집은 크게는 이스라엘이라는 나라요 민족이다.

또 하나님의 성전은 예루살렘이라는 성에 세워지고 하나님의 성전 안에는 뜰과 성소와 지성소로 나뉘고 하나님의 영은 가장 중심부인 지성소에 머물고 계신다.

앞서 반복하여 설명한 것과 같이 그리스도의 임재, 하나님의 임재는 zoom in 요법으로 볼 수 있다. 온 세상 안에서 셈의 족속, 셈의 족속 안에 아브라함, 아브라함 안에 이삭, 이삭 안에 야곱, 야곱 안에 유다, 유다 안에 다윗, 다윗 안에 예수 그리스도로 그리스도의 나심을 이해할 수 있는 것이다.

결국 갈 3:16절에 말한 오직 한 사람은 예수 그리스도로 종결된다는 것을 보여주고 있다. 하나님의 택하심은 오직 예수 그리스도에 있는 것이다.

그래서 유다라는 지파는 하나님이 특정하신 매우 중요한 그릇이었다. 역사적으로 살펴보아도 그러하다. 이스라엘이라는 나라는 다윗을 통해 통일 왕국을 이루게 되지만 얼마 되지 않아 르호보암 때 가서 북이스라엘과 남 유다로 나라가 나뉜다.

북이스라엘은 남 유다보다 130여 년 먼저 앗수르에 의해 멸망하게 되고 유다는 바벨론에 의해 멸망하게 된다. 70년의 세월이 흘러 유다는 고레스 왕에 의해 다시 회복되고 나라를 되찾게 된다.

그후로 로마 시대까지 이스라엘 민족이 거주하는 나라(nation)는 '유다'라는 이름으로 나라의 명맥을 유지하고 예수님의 시대로까지 흘러온다. 지금도 이스라엘이 유대인으로 불리고 있는 걸 보면 이스라엘의 지파들 중에서 유다만이 역사 속에서 살아 남아있다는 사실은 하나님의 특별한 계획과 택하심이 아니었나 하는 생각이 든다.

또 중요한 사실은 예수님이 십자가에 못 박히실 때 십자가의 명패를 유대인의 왕이라고 표기해 났다는 점이다. 이는 장로가 언급한 유대 지파의 사자라는 말과도 일관된 장면이라고 할 수 있다.

요약해보면, 하나님은 아브라함을 택하셨고 그 후손 중에서 이삭을 택하셨으며 그 자녀 중 야곱을 택하셨고 12지파 중에서도 유다 지파를 택하셨다는 점이다. 유다라는 나라의 테두리 안에 이스라엘 민족이 살게 되었고 여기서 그리스도의 나심이 있다는 것은 그리스도를 아는 데 있어서 매우 중요한 사실이다.

지금은 이스라엘이라는 나라의 테두리 안에 이스라엘 민족이 살고 있지만 실상 사람들은 그들을 이스라엘인이라고 부르지 않는다. 우리는 그들을 '유대인(jewish)'이라고 부르고 있다. 그만큼 유대, 유다라는 지파는 이스라엘과 예수님을 설명하는 데 있어 매우 중요한 요소라고 할 수 있다.

따라서 우리는 유다 지파가 가지고 있는 특이점을 성경에서 찾아보지 않을 수가 없다. 유다 지파에 대한 하나님의 택하심을 살펴보는 데 있어 가장 신뢰할만한 정보는 첫째, 예언에 있다.

유다에 관한 예언은 이스라엘인 야곱이 죽기 전에 아들들을 모아놓고 한 예언과 모세가 이스라엘 백성들을 모아놓고 한 예언이 있다. 나는 여기서 야곱의 예언만을 살펴보려 한다.

또 유다 지파에 대한 하나님의 계획을 알아볼 수 있는 두 번째 방법은 성경에 전반적으로 흐르는 유다 지파의 행보를 보는 것이다.

유다가 태어난 것부터 시작해서 유다의 자손들이 어떻게 태어났는지 또 그 지파에서 난 자가 누구이며 그 지파에 대한 하나님의 조치가 무엇이었는지를 알아본다면 유다 지파 안에 있는 하나님의 계획이 어떻게 예수 그리스도와 연결되는지 또 왜 유다 지파여야 했는지를 알 수 있을 것이다.

유다 지파의 행보

유다는 야곱의 첫째 부인 레아의 네 번째 아들이었다. 그의 이름의 뜻은 '찬송'이며 그는 다른 형제들과 함께 요셉을 애굽으로 파는 데 동조했다. 그에게 있던 두 아들은 그들의 부정함으로 죽었고 그 과정에서 며느리 다말은 두 아들을 죽인 원흉처럼 여겨져 과부로 지내게 되었다.

다말은 자신이 자식을 낳지 못함을 인해 시아버지인 유다를 속여 쌍둥이를 낳게 되고 그들의 이름은 베레스와 세라였다. 베레스의 후손들 중 보아스가 나고, 보아스에서 오벳, 오벳에서 이새, 이새에서 다윗이 출생하게 된다.

유다가 살아있던 시절 요셉은 애굽 총리가 된다. 요셉은 자신을 알아보지 못하는 형들에게 베냐민을 데리고 오라고 한 후 그를 감옥에 가두려고 했다.

그때 베냐민을 대신하여 자신을 가두라고 간구했던 사람이 유다였다. 야곱의 식구들이 애굽 땅으로 들어와 번성한 후 430년이 지나 출애굽하게 되고 모세의 명령을 따라 행군 진을 구축할 때 유다 지파는 가장 중요한 동쪽 진의 머리 지파가 된다.

가나안 땅을 정탐할 때 12지파에서 뽑힌 12명의 정탐꾼이 정탐을 마치고 돌아와 믿음으로 보고한 두 사람, 여호수아와 갈렙은 각각 장자 지파인 에브라임 지파와 유다 지파였다. 이 두 지파에 속한 두 사람을 제외하고 나머지 이스라엘 사람들은 모두 하나님을 믿지 못하고 가나안 땅에 대하여 악평했다.

40년의 광야 생활을 마치고 가나안 땅에 들어가 사사 시대를 거치고 마지막 사사인 사무엘의 시대에 백성들은 왕을 세우기를 원했고 하나님은 베냐민 지파의 사울을 왕으로 세운다.

그러나 사울은 하나님의 명령을 어김으로 왕의 직분에서 파면되고 대신 유다 지파인 다윗이 사무엘의 기름 부음을 받고 왕이 된다. 결국 다윗에 이르러 예루살렘 성을 구축하고 통일 왕국 이스라엘을 세운다.

다윗의 아들 솔로몬을 통해 성전이 세워지고 나라가 굳건하여졌으나 르호보암 때에 하나님의 진노로 나라가 둘로 나뉜다. 여로보암의 반란으로 북이스라엘이 생기는데 이는 유다와 베냐민 지파를 제외한 10지파들이 합한 나라였다.

남유다는 르호보암이 속한 유다 지파와 베냐민 지파로 이뤄졌고 그나마 다윗에게 하신 약속으로 인해 유다가 북이스라엘보다 130여 년의 세월을 더 유지하게 된다. 그러나 그들의 범죄함으로 바벨론에 의해 멸망하지만 훗날 예레미야의 예언대로 70년의 세월이 흘러 유다는 나라를 회복하게 되고 두 번째 성전인 느헤미야 성전이 세워진다.

이 작은 나라는 열방의 많은 제국을 거쳐 로마 시대까지 그 명맥을 이어오게 되고 예수님이 나시기까지 이 나라의 이름은 이스라엘이 아니라 유다였다.

이스라엘 12지파에서 우리가 기억해야 할 세 지파가 있다. 이는 예수 그리스도의 구체적인 그림을 아는 데 있어 필수적인 요소이므로 외워두기를 바란다.

첫째, 레위 지파. 이 지파는 하나님이 택하신 제사장 지파로서 모세와 아론이 났던 지파다. 사무엘도 여기에 속했다. 세례요한도 제사장인 사가랴의 아들이었다. 이 지파엔 왕이나 선지자에게 기름을 붓는 축복권, 임명권이 있다. 제사장 직분도 오직 레위 지파에 속한 자들만이 얻을 수 있다.

사무엘은 다윗에게 기름 붓고 세례 요한은 예수님에게 세례를 베풀었다. 레위 지파는 역사적으로 왕과 선지자에 대한 정당성을 부여해주는 지파였다. 따라서 레위 지파에서 났던 세례 요한은 예수님의 선지자 되심과 왕 되심도 정당한 절차를 밟아 이뤄졌다는 것을 증명한다.

둘째, 유다 지파. 이 지파는 이스라엘의 왕의 지파다. 다윗, 솔로몬 이후 남유다에 속해있던 모든 왕들이 유다 지파에서 난 사람들이다. 북이스라엘도 왕들이 있었으나 하나님이 주신 기회를 버리고 모두 이방 신들을 섬겨 하나님께 버림받은 왕들이었다.

성경에서 다윗의 보좌를 영원히 이을 지파는 오직 유다 지파라는 것을 반복하여 강조하고 있다. 이 지파는 왕이 나신 지파로서 이스라엘의 중심축이고 알맹이다.

셋째, 요셉 지파 혹은 에브라임 지파. 에브라임은 요셉의 아들이다. 장자권은 원래 야곱의 혈육적 장자인 르우벤에게 있었으나 그의 부정함(아버지의 아내였던 실바와 음행)으로 인해 장자권은 요셉에게 넘어간다(대상 5:2).

또 요셉에게 있었던 장자권은 요셉의 장자인 므낫세가 아니라 에브라임에게 넘어간다. 야곱이 손을 엇바꾸어 축복한 이유가 여기에 있다.

이 때문에 에브라임은 이스라엘의 한 지파와 같이 속해져서 나중에 광야 행군 때에 동서남북에 위치한 12지파 중 하나로 자리 잡게 된다.

장자권을 가진 지파인 요셉과 에브라임 지파는 이스라엘의 권한을 이어받는 지파로서 왕을 담는 지경적인 그릇이 된다. 즉, 왕이신 예수 그리스도가 나신 그릇으로, 이스라엘의 명맥을 잇는 원가지 지파로 자리 잡게 된다.

 정리하자면 레위 지파는 왕의 자격을 부여하고 왕의 정당성을 지원해주는 지파이고 장자 지파인 요셉 지파(에브라임 지파)는 원가지 이스라엘로서 왕의 지파를 담는 그릇이 된다. 요셉 지파와 레위 지파는 결국 왕의 지파인 유다 지파의 왕권에 대한 정당성을 부여할 뿐 아니라 보이지 않는 예루살렘과 성소의 역할을 감당하는 지파로서 있게 된다는 뜻이다.
 이 때문일까. 성경은 요셉의 행보를 기록하기도 하지만 유독 유다 지파의 계보에 집착하는 경향을 보여준다. 유다의 자식에 관한 창세기의 이야기나 사사기 후에 나오는 룻기의 이야기와 같이 성경은 유다 지파에서 나오는 다윗의 족보를 자세히 기록하고 있다.

 이 전체적인 그림에서 이제 더 자세히 클로즈업해서 유다의 행보를 살펴보자.

 유다에겐 세 명의 아들들이 있었다. 첫째는 엘이고 그 다음은 오난이었다. 유다는 첫째 아들인 엘을 위해 다말이라는 여인을 아내로 준다. 그러나 엘은 아마도 악한 사람이었던 것 같다. 그는 하나님이 치셔서 죽게 된다.

이스라엘의 법도에 따라 유다는 다말을 엘의 동생 오난에게 주지만 오난도 하나님 앞에 악함으로 죽게 된다.

두 아들을 잃은 유다는 그들의 죽음이 꼭 다말에게 있는 것만 같아 셋째 아들인 셀라가 장성하기까지 기다리라고 말한다. 그러나 유다는 다말을 그 아들에게 주지 않을 작정이었다. 셋째 아들도 죽을까 염려되었기 때문이다.

다말은 시아버지의 의도를 알고 있었다. 그녀는 아주 대담한 행위를 계획한다. 유다가 근처 동네로 온다는 소식을 들은 그녀는 얼굴을 가리고 창녀처럼 자신을 꾸민다.

그를 유혹해 동침한 뒤 증표를 달라고 하는데 유다는 자신의 도장 끈과 지팡이를 다말에게 준다.

그 뒤 다말이 임신했다는 소식을 듣고 유다는 법도에 따라 다말을 불사르려고 그녀를 끌어낸다. 그때 다말은 잉태한 것이 이 도장 끈과 지팡이의 주인 때문이라며 내민다.

유다는 그것이 자신의 것임을 알아보고 다말에게 '네가 나보다 옳다'고 말해주며 며느리를 놓아준다.

이 사건을 보며 유다가 어떠한 사람이고 무슨 생각으로 이러한 결론을 내렸는지를 추측해본다. 유다가 두 아들을 잃었을 때 그는 무슨 생각을 했을까.

그는 요셉을 애굽에 팔아넘기는 데 동조했고 아버지에게 요셉이 죽었다고 거짓말을 했다. 아버지를 볼 때마다 마음이 편치 않았을 것이다. 죽은 아들을 그리워하며 슬피 우는 그의 아버지를 볼 때마다 양심은 그를 괴롭혔을 것이다.

그런데 하나님은 유다의 아들을 두 명이나 데리고 가셨다. 이때 그는 과연 이 죽음이 다말 탓이라고만 생각했을까. 그는 아마도 아버지인 야곱이 흘렸던 것과 같이 비통한 눈물을 흘리며 요셉을 팔았던 때를 생각했을 것이다.

하지만 그는 그것이 자신의 죄악 때문이라고 생각하고 싶지 않았다. 그는 며느리인 다말 때문에 두 아들이 죽었다고 믿고 싶었다.

그의 죗값을 다른 이에게 넘겨버리고 싶은 마음이 그에게 있었던 것이 아닐까 생각해본다.

그러던 와중 그는 창녀와 동침하고 그 징표를 주고 후에 염소 새끼를 그녀에게 주러 갔지만, 창녀가 보이지 않자 수치를 당할까 두려워 더 이상 찾지 않는다. 얼마 후 다말이 임신했다는 소식을 듣고 그는 분노에 차올라 그의 며느리를 죽이려고 끌어내 오지만 그 며느리가 들이민 것은 기가 막히게도 자신의 도장 끈과 지팡이였다.

순간 그는 수없이 많은 생각을 했을 것이다. 나의 죄구나. 두 아들이 죽었던 것도, 그 일이 나의 죄가 아닌 다말을 탓하려 했던 것도 그래서 다말에게 셀라를 주지 않으려고 했던 것도 나의 죄 때문이었구나.

거기서 그는 모른 체 하고 다말을 죽일 수도 있었다. 그것들은 내 것이 아니라고 발뺌할 수도 있었다. 만약 그것이 내 것이라고 한다면 며느리와 동침한 수치스러운 사실까지도 온 천하에 드러나고 말 것이다.

그러나 그는 자신이 죄인임을 인정했다. 며느리인 다말이 자신보다 옳다고 선포했다. 유다는 자신의 수치와 죄를 인정했다. 아무에게도 말하지 않은 요셉에 대한 범죄가 그의 영혼을 옥죄고 있었다. 그는 자신이 동생과 그 아들 둘을 죽인 죄인임을 처절하게 느끼고 있었다.

그래서 며느리는 죽일 수 없었다. 더 이상 자신의 욕심 때문에 다른 사람을 죽일 수는 없었다. 얼마나 죄인이었는지 알았기에 똑같은 선택을 할 수 없었다. 그 죄가 얽매고 있는 자신의 영혼이 얼마나 지옥 같았는지를 알았기에 그러했으리라.

죄에 대한 그의 관념은, 창 44:16~34절에도 나타난다.

애굽의 총리로 있던 요셉은 형들이 자신의 꿈처럼 자신 앞에 머리를 숙이며 양식을 구하러 내려 온 것을 보게 된다. 그는 형들의 상태를 살피고자 일을 꾸민다.

과연 옛적에 자신을 팔았던 형들이 여전히 비열하고 자기만 생각하는 사람들인지를 보고 싶었다. 그래서 요셉은 일부러 자신의 은잔을 아우 베냐민의 자루에 넣게 한다.

이번에도 자신의 동생을 버릴 수 있는지 없는지를 보고자 한 것이라 추측된다. 이때 형제들은 집으로 돌아가는 길을 다시 돌이켜 요셉의 집으로 돌아오게 된다. 성경은 신기하게도 '유다와 그 형제들이 요셉의 집에 이르니'라고 표현한다.

왜 이렇게 표현했는지 16절에 가서 확인할 수 있다. 이때 애굽의 총리라는 거대한 사람 앞에서 담대히 베냐민을 위해 진술하는 사람은 유다였다.

유다는 16절에서 '하나님이 종들의 죄악을 적발하셨으니'라고 말한다. 즉, 그들의 죄악을 하나님이 드러내셨다고 믿었다. 이 일이 예전에 요셉을 죽인 것에 대한 하나님의 징계요 징벌이라고 생각한 것이다. 유다는 말을 이으며 '우리와 이 잔이 발견된 자가 다 당신의 종이 되겠다'고 말한다.

그러자 요셉은 '아니다, 잔이 그 손에서 발견된 자만 나의 종이 될 것'이라며 베냐민만 남기를 원한다.

18절에서 유다는 요셉에게 가까이 다가가 베냐민을 구하기 위해 다시 그에게 탄원한다.

유다는 요셉이 요셉인 줄을 모르고 옛적에 요셉에게 일어났던 일을 말하며 그때 아버지 야곱이 얼마나 힘들었는지를 설명하기 시작한다. 이제 그 동생인 베냐민까지 잃어버리면 아버지는 정말 돌아가실지도 모른다 며 간절하게 애원한다.

만약 베냐민과 같이 가지 않는다면 그는 자신이 아버지께 영영히 죄를 짓게 될 것이라고 말하며 이렇게 부탁한다.

'청컨대 주의 종으로 아이를 대신하여 있어서 주의 종이 되게 하시고 아이는 형제와 함께 도로 올려보내소서'라고 간청하게 된다.

한 나라의 치리자가 죄인으로 인정한 그 사람 대신에 자신의 삶을 담 보로 내놓고 있는 유다의 모습에서 우리는 예수 그리스도의 그림자를 어렴풋이 볼 수 있다.

그가 이렇게 말할 수 있었던 것은 자신이 죄인임을 철저하게 깨달았기 때문이었다고 믿는다. 아무 잘못도 없었던 요셉을 죽음으로 몰아넣은 뒤 13년이라는 세월 동안 두 아들이 죽었고 며느리를 통해 수치를 얻었다.

야곱의 슬픔이 어떠한 것인지 누구보다 알 수 있었던 그는 두 아들을 보내는 동안 자신의 죄에 통곡하고 애통해했을 것이다.

이제 같은 상황이 반복되었다. 아버지가 아끼는 또 다른 아들이 아무 죄도 없이 죽게 되었다. 총리의 은잔을 훔친 것은 그에게 사형이 선고되 는 것과 다를 바 없는 사건이었다. 베냐민이 만약 애굽에 남는다면 그는 죽은 목숨이었다.

애굽의 평민도 고관도 아니고 자그마치 왕의 대행으로 있는 총리의 가장 귀한 물건을 훔친 죄가 있다고 선언되었기 때문이었다.

이런 상황에서 베냐민을 위해 나선다는 것은 스스로 죽음을 각오하지 않고는 할 수 없는 일이었다. 그는 베냐민을 대신해 죽기로 마음먹은 것이다.

이 모습을 본 요셉은 유다의 진심을 볼 수 있었다. 그가 얼마나 뼈저리게 후회하고 있는지를 알게 되었다. 이제 더 이상 옛날의 이기적이고 잔인했던 유다가 아니었음을, 자신을 애굽의 종으로 팔아 돈을 챙겨 거짓말을 했던 그가 아니었음을 요셉은 볼 수 있었다.

예수 그리스도의 나심은 십자가를 통한 구원을 위해 있었다. 율법이 정죄하는 죄를 이기는 진정한 이스라엘(하나님을 이기는 자)의 탄생에 목적이 있었다.

여기서 우리가 알아야 할 가장 중요한 진리가 있다. 십자가 앞에 가는 모든 이들은 자신의 죄에 애통해 하는 마음을 가져야만 한다는 것이다. 내가 죄인이라는 것을 철저하게 깨닫는 자만이 십자가의 은혜를 간절한 마음으로 구할 수 있다.

요셉을 판 사람은 유다뿐만이 아니었다. 유다와 그 모든 형제들이 그를 팔았다.

그러나 죄에 대해 가장 고통스럽게 느끼고 있었던 사람이 유다였다는 것을 여기서 보여주고 있다. 예수님의 족보에 기록된 여인들은 하나님의 율법에 비추어 봤을 때 하나같이 합당하지 않았다. 여기 다말이 그러했고 이방 여인인 룻, 기생 라합, 우리야의 아내 밧세바까지. 그녀들은 모두 율법이 정죄하고 있는 여인들이었다.

그뿐인가. 유다는 아우를 노예로 판 사람이었고 다윗은 다른 남자의 아내를 차지하기 위해 충성스러운 군인 우리야를 죽인 사람이었다.

그들은 율법이 정죄하는 죄인들이었다. 유다가 다른 형제들과 다른 점이 있었다면 그가 스스로 죄인 됨을 인정하고 곤고해 했지만 믿음으로 나아갔다는 것이다.

개보다 못한 취급을 받는 이방 여인이었던 룻도 오로지 시어미의 하나님을 믿고 모든 것을 버리고 나오미를 따랐다. 다말 또한 죽을 수도 있는 길이었고 혹여 잉태한다고 하더라도 수치스러움이 평생을 괴롭히겠지만 믿음으로 하나님께 아들을 구했다. 유다는 이 중심을 알았고 이 때문에 그녀에게 너는 나보다 옳다고 말한 것이리라 추측해 본다.

유다의 수치가 그를 변화시켰다. 예전의 유다가 아니었다. 그는 죄를 고백하는 겸손한 사람이었고 이젠 아우를 위해 죽을 수도 있는 사람이 되었다. 다윗 또한 자신의 범죄를 인정했고 그 수치를 가지고 하나님 앞에 담대히 나아갔다.

예수 그리스도를 만날 수 있는 사람은 그분의 의를 믿는 사람이다. 자신이 죄인이라는 것을 믿는 사람이고 그 죄를 씻으시고 용서해 주실 분이 하나님이라는 것을 믿고 믿음으로 나아가는 사람이다.

심판을 이기는 긍휼을 얻게 하시기 위해 예수님은 죽어주셨다. 그 죽음을 '믿고 나아가는' 모든 이가 구원을 얻는다는 이것이 복음의 핵심이다. 그 핵심적인 그림을 보여주었던 이가 야곱의 열두 아들 중 유다였고 이 믿음이 유다 지파로 하여금 메시아의 지파, 왕의 지파가 되게 한 것이 아니었나 생각해 본다.

야곱의 예언

야곱은 아마도 이야기의 전말을 다 전해 들었을 것이다. 유다가 베냐민을 구하기 위해 어떤 결심을 했는지 들었을 것이다. 아무리 요셉을 팔았다고는 하나 그들은 야곱의 아들들이었다. 모두 아픈 손가락들이었다.

그런 그에게 유다의 선택과 결심과 행동은 그의 마음을 시원하게 했을 것이라는 생각이 든다. 유다는 비록 죄를 저질렀으나 다른 형제들과 같지 않았다. 죄를 뉘우치는 그의 중심은 베냐민을 위해 대신 죽기로 결심한 행위로 나타났다.

야곱은 어쩌면 그에게 고마워했을지도 모른다고 생각해본다. 그가 만약 그렇게 나서지 않았다면 요셉과 형들이 화해하지도 못했을 것이고 요셉은 다시 만나지 못했을지도 모르며 베냐민이 죽었다고 생각했을지도 모를 일이었다.

그러나 유다의 결심으로 그는 잃었다고 생각했던 아들을 만날 수 있었다. 또 요셉이 형들을 용서할 수 있는 화해의 장을 만들어 낼 수 있었다.

야곱은 그가 죽기 전에 유다에게 축복한다. 다른 형제들보다 더욱 큰 복을 그에게 얹어준다. 이것은 하나님의 의도이기도 하지만 야곱의 의지도 있었다고 믿는다.

야곱의 의지가 있었고 유다의 행위가 있었지만, 그럼에도 하나님의 택하심은 유다에게 있었다. 유다의 두 아들이 죽지 않았더라면 과연 유다는 자신의 죄에 대해 그토록 심각하게 생각할 수 있었을까.

그의 택하심을 유다는 자신도 모르게 받아들이고 있었던 것 같다.

야곱의 축복은 이와 같다.

유다야 너는 네 형제의 찬송이 될지라 네 손이 네 원수의 목을 잡을 것이요 네 아버지의 아들들이 네 앞에 절하리로다 유다는 사자 새끼로다 내 아들아 너는 움킨 것을 찢고 올라갔도다 그가 엎드리고 웅크림이 수사자 같고 암사자 같으니 누가 그를 범할 수 있으랴 규가 유다를 떠나지 아니하며 통치

자의 지팡이가 그 발 사이에서 떠나지 아니하기를 실로가 오시기까지 이르리
니 그에게 모든 백성이 복종하리로다.

그의 나귀를 포도나무에 매며 그의 암나귀 새끼를 아름다운 포도나무에
맬 것이며 또 그 옷을 포도주에 빨며 그의 복장을 포도즙에 빨리로다 그의
눈은 포도주로 인하여 붉겠고 그의 이는 우유로 말미암아 희리로다.

24장로들이 말한 유다 지파의 사자와 연관 지어 주의 깊게 보아야 할
구절은 '규가 유다를 떠나지 아니하며 통치자의 지팡이가 그 발 사이에
서 떠나지 않을 것'이라는 축복이다. '통치자', '치리자'에 해당하는 히브
리어 חָקַק(하카크, chaqaq)는 KJV번역에서 lawgiver로 해석하고 있다.
즉, '치리자'는 '법을 주는 자'로서 역할을 한다는 것을 보여준다.

이 단어는 '새기다', '규례를 짓다', '규칙을 정하다'의 의미들로 성경에
서 사용되었다. 요셉이 애굽 토지법을 세울 때(창 47:26), 야곱에게 세우
신 율례…곧 언약(대상 16:17), 내가 영(명령, 계명, decree로 번역됨)을 전
하노라…너는 내 아들이라 오늘날 내가 너를 낳았도다(시 2:7), 바다의
한계(잠8:29), 영원한 한계(렘 5:22), 지경(미 7:11), 명령(미 2:2) 등은 모두
חָקַק(하카크)에서 파생된 코크(choq-율례, decree, 계명)가 사용되었다.

야곱이 유다에 대하여 축복한 그의 역할은 그가 '입법자'요 '통치자'가
되는 것이었다. 이 말은 그가 곧 언약을 세우는 자가 되기를 원한다는 말

과 같다.

결국, 하나님이 주시는 율례는 하나님의 언약이기 때문이다. 하나님의 계명을 담는 궤를 언약궤라고 부르는 것도 이와 같은 맥락이다.

'실로' 즉, '메시아'라고 불리는 이가 '입법자'로 세워지는 축복은 그가 책의 조건들에 합당하며 이기는 데 있어 매우 중요한 복이다. 우선 하나님의 손에 있는 책인 율법을 이기는 방법은 오직 그것을 완벽히 지키는 데 있다. 약속을 성취하는 방법은 약속을 지키는 데 있는 것과 마찬가지다. 우리가 알다시피 유다 지파에서 나신 예수님은 모든 율법을 완전히 지키신 분이다.

예수님은 이에 더 나아가 율법을 완성하신 자였다. 그뿐 아니라 그는 애초에 율법을 만드신 자이기도 하시다. 요한은 태초에 말씀이 계셨다는 선포로 요한복음을 시작한다.

이것은 그가 말씀 자체가 되시며 말씀의 창조에 관여하셨다는 것을 드러내는 구절이다. 야곱이 예언한 것처럼 유다 지파에서 나실 '실로'는 율법을 세우는 입법자였다.

이 입법자는 또한 이스라엘 백성에게, 우리에게 율법을 전하여 주신 분이시기도 하시다. 사도행전 7장에 가서 예수님은 스데반이 얘기한 것과 같이 율법을 전하여 준 자로서 이스라엘 백성에게 나타나셨다는 것을 확인할 수 있다.

그는 율법을 만드신 분이시고, 전하여주신 분이시고 그것을 인간의 몸으로 완벽히 지켜, 본을 보이셨을 뿐 아니라 그것을 완성하신 분이시다.

이와 같은 자가 아니면 그 누가 책이 요구하는 조건을 이길 수 있을까 싶다. 입법자이기에 모든 법을 통달할 수 있었다. 말씀이 되어 주셨기에 언약을 성취하실 수 있었다. 그는 유다 지파에서 나신 통치자 곧, 사자(lion)로 상징되는 '왕'으로 택하심을 받아 나신 하나님의 아들 그리스도였다.

그러나 그 무엇보다도 예수님은 진정한 참회의 마음을 가졌던 유다와 같은 자들을 품으시는 분이시다. 십자가를 지심으로서 죄인들의 마음을 이해하시고 그들의 고통을 그의 살갗과 뼈에 새겨주셨다. 죄가 가져다주는 참혹한 열매인 죽음을 당하시고 긍휼을 바라는 그들을 살리셨다.

그의 이김은 단순히 전쟁에서 승리한 용사의 이김이 아니었다. 그 이김은 우리의 아픔과 참회와 회개와 연결되어 있었다. 예수님은 축복을 받아 모든 백성의 왕이 되기 위해 오셨지만, 그는 왕의 지위에 연연해하시는 분이 아니었다.

오직 그의 축복과 왕의 자리는 백성을 위해 사용되었다. 참회하는 백성의 구원을 성취할 뿐 아니라 백성의 마음이 되어 주셔서 우리에게 이길 힘과 길을 제공해주셨다.

야곱의 예언에서 그의 옷을 포도주에 빨 것이라는 말은 어쩌면 이와 같은 예수님의 속죄 사역을 의미했던 것이 아닌가 한다. 십자가로 피투성이가 되신 그분의 피가 우리들의 죄를 사하시고 마침내 우리의 구원자로, 왕으로 우뚝 서 주신 모습을 표현한 것 같다.

유다 지파의 사자가 이기고 합당한 자로 나타났다는 것은 우리를 얽매는 율법 위에 서 계셨다는 것을 의미한다. 또한, 단순히 공의로 그 위에 서 있는 것이 아니라 죄인들을 향한 긍휼함으로 심판을 이기셨다는 것을 의미하는 것이리라 믿는다.

아브라함과의 언약

유다 지파의 사자이신 예수님이 입법자셨다면 또한 언약을 주시는 자였다면 첫째, 왜 이러한 언약을 사람에게 주셨는지를 생각해야 한다. 그리고 두 번째, 그 언약의 범위가 어디까지인지를 생각해야 한다.

우선 두 번째 문제에 대해 논의해 보자. 계시록 5장에 등장하는 그 책이 '율법'이라는 말은 계시록 어디에도 없다. 내가 앞서 설명한 것도 율법이라는 단어를 빌린 것뿐이다.

하나님이 정의하신 율법의 영역은 분명 율법이 정죄한 죄 외에도 인간이 지었던 모든 죄를 드러나게 하는 데 있다고 설명한 것을 기억하기 바란다.

따라서 그 책은 단순히 이스라엘 민족에게 주신 율법이어서는 안 된다는 점이다. 그 책은 세상이 시작된 이후부터 세상이 끝날까지 땅에 있게 될 인간에게 적용될 말씀이기 때문이다.

이렇게 책이 적용되는 범위 때문에 하나님이 우리에게 주신 율례 즉, 언약의 뿌리가 어디에서부터 온 것인지를 생각해 봐야 한다. 결론부터 말하자면 그것은 아담으로부터 시작되었다. 더 정확히 말하면 하나님이 아담과 하신 '언약'으로부터 시작됐다.

세상이 시작된 시점부터 그 범위가 시작되었을 것이기 때문이다.

그다음 노아를 거쳐 아브라함에게 하셨던 언약으로 이어진다. 이 언약을 지나 율법에 이르고 율법은 그리스도에게 하신 언약으로 이어진다.

성경을 가만히 살펴보면 모든 역사의 줄기가 오직 하나님과 교회가 하나 되는 세상을 향해 가고 있다는 것을 알게 된다. 이것이 언약의 마지막 모습이다. 그 최종적인 그림이 계시록에 그려져 있다.

계시록에서뿐 아니라 성경의 다른 책들도 하나같이 이와 같은 언약의 마지막 모습을 예언하고 있다. 하나님은 그 일을 이루시기 위해 모든 세상과 모든 역사를 이루시고 만드셨다. 이는 확실한 것이다.

이로 인해 우리는 이 언약들이 한 뿌리에서 나왔다는 것을 알 수 있다. 목적이 하나이기에 뿌리도 하나일 수밖에 없다. 언약들의 목적이 하나라면 자연히 그 뿌리도 하나여야 한다. 그 뿌리들이 수많은 열매를 맺을 수는 있지만, 씨는 하나여야 한다. 두 개의 씨앗이 한 나무로 자라나는 일은 있을 수 없는 것과 마찬가지다.

예수님은 하나님의 말씀이 일점일획도 사라지지 않을 것이라고 말씀하셨다. 이는 하나님이 지금까지 하셨던 모든 언약을 반드시 이루시겠다는 뜻이다. 예수님의 새 언약이 있다고 해서 율법이 사라지는 것이 아니다. 그는 오히려 율법을 완성하셨다.

또 그 율법들은 야곱에게 하셨던 언약을, 야곱에게 하셨던 언약은 이삭에게 하셨던 말씀을, 이삭에게 하셨던 말씀은 아브라함과의 언약을 성취하게 할 것이다. 그리고 그 언약은 노아와의 언약을 이루게 될 것이고 노아와의 언약은 아담에게 하셨던 하나님의 말씀을 이루게 될 것이다.

이 언약들 중에서 우리는 아브라함에게 하셨던 하나님의 언약을 유심히 살펴볼 필요가 있다. 믿음의 조상이 된 아브라함과의 약속에서 우리는 앞서 언급한 첫 번째 사안인 율법의 목적과 언약 제정의 이유를 발견할 수 있기 때문이다.

아브라함과 세우신 언약은 복음을 이해하는 데 있어 매우 중요한 부분이다. 이는 계시록을 이해하는 데 있어서도 중요하다. 계시록도 결국은 하나님의 언약 성취가 어떻게 이뤄지는지를 보여주는 책이기 때문이다.

하나님은 아브라함에게 그를 택하신 이유를 밝히신다.

내가 그로 그 자식과 권속에게 명하여 여호와의 도를 지켜 의와 공도를 행하게 하려고 그를 택하였나니 이는 나 여호와가 아브라함에게 대하여 한 말을 이루려 함이니라(창 18:19).

또 하나님은 이를 위해 아브라함에게 '복을 주겠다'고 말씀하신다. 하나님이 그에게 복을 준 결과는 다음과 같다.

내가 너로 큰 민족을 이루고 네게 복을 주어 네 이름을 창대케 하리니 너는 복의 근원이 될지라(창 12:2).

하나님의 약속은 아브라함이 '세상 모든 이들에게 주는 복의 근원이 되는 것'에 대한 말씀이었다. 이것이 그에게 언약을 주시는 이유였다. 당시 아브라함에게 자식도 미처 없을 때 그는 하나님께로부터 이 약속을 받았다.

따라서 이스라엘이라는 자손이 있게 될지 또 그 자손이 한 나라로 서게 될지 상상도 못 하고 있을 때였다. 온 천하 만민이 그로 인해 복을 받게 된다는 것이 무슨 뜻인지 잘 알지도 못했을 때라는 것을 알 수 있다.

그러나 우리는 알고 있다. 결국, 이 복은 예수 그리스도라는 사실을 말이다. 복음이라는 말씀으로 우리에게 전해진 이 복을 지금에 와서야 완전한 형태로 접할 수 있지만, 이전 세대에서는 상상할 수도 없었던 것이었다.

이 복에 대한 약속은 아브라함을 거쳐 야곱을 지나 유다 지파로 내려오면서 더욱 구체화 되었다. 그 지파에서 나신 사자 즉, 왕이 예수 그리스도이시고 그는 복이 되어주셔서 우리로 하여금 복이 되게 하셨다.

유대인들뿐 아니라 이방인이었던 우리들에게도 이 복이 미쳤고 우리는 이면적 유대인이 되어 믿음으로 의인이 될 수 있었다.

결국, 아브라함에게 하신 약속을 이루신 것이다. 하나님이 근본적으로 아브라함에게 언약하신 이유는 믿음으로 말미암아 자손된 우리들, 교회였다. 우리는 항상 하나님이 하시는 모든 일의 이유였다.

그의 복은 창 18:19절의 말처럼 우리로 하여금 하나님의 의와 공도를 지키게 한다. 이것이 언약의 목적이라고 생각한다. 우리는 율법을 행할 힘과 능력이 없으나 예수 그리스도의 승리로 인해 이제 성령께서 함께하셔서 싸우시고 우리로 이기게 하신다.

그의 이김은 곧 의를 지키고 공도를 지키는 것과 연결되었고 수없이 많은 선한 영향력들이 그리스도인들을 통해 나타났다.

여기에 더 나아가 하나님은 한 씨앗을 통해 이루실 그의 거대한 나라와 세계도 구상하셨다. 구원과 영원한 생명과 영원한 나라까지 계획하셨다. 그 최종적인 모습을 우리는 계시록을 통해 미리 보고 있는 것이다.

유다 지파의 사자이신 예수님에 대해 아는 것은 결국 아브라함에게 하신 언약과 같이 우리가 복 받을 자리로 나아가게 하는 힘을 제공한다. 24장로들이 요한에게 했던 말은 곧 우리가 들어야 할 말이었다. 이 한마디를 통해 우리는 예수님이 입법자이자, 율법을 지키신 자이자, 완성자이신 예수님을 보게 된다.

또한 그는 죄인이었던 우리를 십자가를 통해 건지셨던 분이심을 보게 된다. 유다가 가졌던 참회의 마음을 누구보다도 깊이 이해하시는 분이셨던 그분이 우리의 비참한 마음을 긍휼히 여겨주시는 것을 보게 한다.

우리가 눈으로 보고 귀로 들었던 그의 모습은 우리로 하여금 복이 되게 한다. 하나님의 의와 공도를 지키게 만든다. 들음으로 믿음이 나고 하나님의 언약의 뿌리가 나게 한 거대한 구원의 나무에 접붙임을 얻게 한다. 이것이 24장로들로 하여금 예수님이 '유다 지파의 사자'이신 것을 언급하게 한 것이 아닐까 한다.

이제 우리는 그 언약의 '뿌리'를 살펴보고자 한다. 성경은 아브라함의 생애 가운데 하나님이 복을 주시는 한 장면을 기록하고 있다. 물론 하나님의 말씀 자체가 복을 주신다는 증거라고 할 수 있다. 그러나 직접적으로 복을 주는 전수의 장면은 따로 있다는 것을 발견했다. 그것은 히브리서에서도 중요하게 다루는 멜기세덱의 축복에 관한 것이었다.

3장

다윗의 뿌리

요셉의 이상은.....그 이상은 다윗이요.....
그 이상은 유다요.....
그 이상은 아담이요 그 이상은 하나님이시니라

눅 3:38

족보 없는 제사장

히 5:6절에 기자는 예수님에 대하여 아래와 같은 설명을 내놓는다.

또한 이와 같이 다른데 말씀하시되 네가 영원히 멜기세덱의 반차를 좇는 제사장이라 하셨으니.

이 구절에 따르면 예수님은 멜기세덱의 반차를 좇아 나신 분이라고 한다. 희한한 설명이다. 왜 또 멜기세덱인가?

앞에서 분명 예수님은 유다 지파에서 나셨다고 많은 부분을 할애하며 설명하지 않았는가.

히브리서에서도 로마서에서도 사도들은 예수님이 유다 지파에서, 다윗의 혈통에서 나셨다고 강조하고 있다. 이것이 메시아가 예수님이라는 강력한 증거임을 성경은 계속 반복해서 말하고 있었다.

그런데 왜 성경은 예수님이 멜기세덱의 반차를 좇아 나신 분이라고 말하고 있을까.

메시아의 역할은 기본적으로 세 개의 직분을 겸하는 사람이다. 선지자, 왕, 제사장이다. 이 중 왕은 유다 지파에서 레위 지파가 부여하는 정당성에 의해 선출되어야 한다. 선지자도 제사장도 모두 레위 지파의 사람에 의해 기름 부음을 받아야 하는데 문제는 제사장만큼은 레위 지파에서만 나야 한다는 점이다.

그러나 메시아는 선지자나 왕일 뿐 아니라 제사장의 존재로서 모든 인류의 죄를 위해 속죄해야 하고 하나님과 사람 사이를 중재해야만 한다.

하지만 예수님은 레위 지파가 아닌 유다 지파에서 나신 분이시다. 여기서 그분의 제사장직에 대한 정당성에 고개를 갸우뚱하게 된다.

이 때문에 하나님은 멜기세덱이라는 존재를 준비해 놓으셨다.

일단 멜기세덱에 대해 알아보자면 이와 같다.

그는 살렘(샬롬: 평화, 평안이라는 뜻)이라는 나라의 왕인 동시에 제사장이었다. 성경은 그의 아버지가 누군지 어머니가 누군지 어디에서부터 왔는지 보여주지 않는다. 그저 그가 '살렘'이라는 나라의 왕이자 제사장이라는 것만 언급하고 있을 뿐이다.

그의 그릇이 어느 정도인가 하면, 그는 아브라함을 축복할 수 있는 권한을 가지고 있었다. 예수 그리스도를 믿는 데 있어 아브라함이라는 존재는 믿음의 조상이요 우리가 믿는 도리의 씨앗이라고 할 수 있다.

특별히 유대 민족에게 있어 아브라함이라는 존재는 그저 우러러볼 수

밖에 없는 엄청난 존재였다. 그를 통해 이삭이, 민족의 시작인 야곱이 나왔고 다윗이 나왔기 때문이다.

그런데 그런 그가 머리를 숙여 멜기세덱이라는 듣도 보도 못한 사람에게 축복을 받았다고 성경이 설명하고 있다. 히브리서 기자는 이에 대하여 이렇게 설명하고 있다.

이 사람의 어떻게 높은 것을 생각하라 조상 아브라함이 노략물 중 좋은 것으로 십 분의 일을 주었느니라… 폐일언하고 낮은 자가 높은 자에게 복 빎을 받느니라(히7:7).

즉, 기자가 이야기하는 것은 아브라함이라는 존재는 우리 조상 중의 조상이 아니냐. 야곱의 시초요 하나님의 언약의 대표 주자가 아니냐.

그러한 그가 누군가에게 복을 받기 위해 고개를 숙인 것은 그 누군가가 아브라함보다는 높은 존재라는 것을 믿었기 때문이 아니냐는 점을 말하고 있다.

그때에는 이스라엘이 탄생하기도 전이었고 따라서 이스라엘의 아들인 레위 지파가 탄생하기 전이었다. 자연히 레위 지파에서 난 모세를 통한 율법도 있기 전이었지만 아브라함은 하나님의 복을 멜기세덱이라는 바람과 같은 인물에게서 축복을 받았고 게다가 십의 일조를 그에게 드렸다는 것이다.

이는 그가 멜기세덱이라는 인물이 하나님께로부터 온 사람이라는 것을 믿지 않고는 할 수 없는 행동이었다.

멜기세덱은 축복할 때 이렇게 말한다.

천지의 주재시요 지극히 높으신 하나님이여 아브람에게 복을 주옵소서 너희 대적을 네 손에 붙이신 지극히 높으신 하나님을 찬송할찌로다(창 14:19~20).

애초에 하나님이 아브라함에게 하신 약속은 그가 복의 근원이 되게 해주시겠다는 것이었다. 그런데 여기서 멜기세덱은 그에게 '복을 주는' 축복을 한다. 여기서 우리는 아브라함이 받는 복이 어디서부터 왔는지를 파악할 수 있다.

그 복은 하나님이 주셨으나 그 통로가 평화의 왕이자 제사장인 멜기세덱을 통해 왔다는 것을 이야기 하는 것이다. 히브리서 기자는 멜기세덱의 권한이 당시 아브라함의 허리에 있어 아직 나타나지도 않았던 레위 지파의 축복권보다 상위에 있음을 말하고 있다.

멜기세덱은 그 축복 뒤에 한 가지를 덧붙인다. 하나님이 아브라함의 대적을 아브라함에게 붙이시겠다고 축복한다.

그러나 아브라함은 이미 롯을 잡아간 사람들을 물리쳐 그 노략물을 가지고 온 상태였다. 하나님은 이미 아브라함의 손에 그의 대적을 붙이셨다. 굳이 그의 대적을 그의 손에 또 붙이게 해달라고 할 필요가 없는 상황이었다.

그러나 지금 복음을 접하고 있는 우리는 그 대적이 무엇인지 정확히 인지하고 있다.

그 대적은 원수 마귀요 사단이며 죄를 짓게 만드는 미혹의 주체이자 시험을 가져다주는 거짓말쟁이다. 정확히 표현하자면 마귀는 하와를 유혹했던 뱀의 후손이다.

아브라함의 약속이 있기 훨씬 전 아담과 하와에게 하셨던 예언인 '여자의 후손이 뱀의 후손의 머리를 밟을 것'이라는 성취가 아브라함에게 이어지고 있다는 것을 알 수 있다.

이를 통해 우리가 인지할 수 있는 점은 아브라함에게 언약하시고 축복하시는 이유가 아담과 하와에게 말씀하셨던 근본적인 언약으로 거슬러 간다는 사실이다. 결국, 아브라함에게 약속하신 이유는 창세기 첫 부분에 나타났던 비극적인 사건을 해결하기 위함이었음을 알 수 있다는 것이다.

이를 통해 **우리는 왜 장로 중 한 명이 다윗의 '자손'이 아니라 '뿌리'라고 했는지를 알 수 있다.**

예수님은 다윗의 자손으로서 나셨지만 결국은 하나님이 아브라함에게 주신 복 그 자체였고 복을 주신 자를 따라 난 근원임을 얘기하기 위해서였다.

예수님은 율법에서 증거하고 선지자들이 예언했던 약속의 메시아였다. 율법을 지키심으로 율법이 요구하는 모든 요건을 충족시키셨을 뿐 아니라 선지자들이 오리라 했던 모든 말을 이루신 분이었다.

따라서 하나님이 만드신 법 안에서 그는 합당한 자요 율법을 충족시키는 유일한 사람으로서 계실 수 있었다. 그러나 예수님이 세상에 나신 목적은 그가 홀로 율법을 잘 지키는 사람으로 서 있기 위함이 아니었다. 또한, 율법 아래에 있는 자들만을 위해 나신 것도 아니었다.

더 결정적인 것은 그는 레위 지파에서 나시지 않았다는 점이다. 그러나 그는 모든 이들의 대제사장으로서 계셔야 했다.

그는 대적의 머리를 밟는 자로 서서 모든 인류의 죄를 대신할 수 있어야 했다. 하나님이 주신 율법뿐 아니라 율법이 말하지 않는 모든 죄도 책임질 수 있는 사람으로서 있어야 했다.

이 때문에 하나님은 멜기세덱이 필요하셨다. 율법 안에서 나기로 하셨으나 율법 위에 군림하는 대제사장으로 서 있으려면 그를 계획하셔야 했다. 이로 인해 아브라함처럼 하나님을 믿는 모든 이들이 예수 그리스도라는 영원한 대제사장을 통해 구원으로 들어올 수 있는 통로가 생길 수 있기 때문이었다.

이방인과 유대인이 구별되기 시작한 것은 율법이 나올 때부터였다. 하나님이 이렇게 구별하신 것은 첫째, 하나님의 장자의 민족인 이스라엘을 거룩한 백성으로 구별하셔서 제사장 나라가 되게 하기 위해서였다.

이 때문에 이방인과 율법을 받은 유대인들을 구별하는 것은 필수적이었다.

하나님의 나라가 무엇인지 또 어떠한 사람들이 그 나라에 합당한 사람들인지를 누군가는 배워야 했고 하나님 나라의 씨앗이 되어야 했다. 그 씨앗이 바로 이스라엘 민족이었고 유대인들이었다.

둘째, 유대인과 이방인의 구별은 일종의 예언적 성격을 띠고 있다. 예수 그리스도에게 속한 사람과 아닌 사람에 대한 구별을 미리 보여주는 그림과 같았다. 이는 믿는 사람과 믿지 않는 사람을 나누어 분리하려고 하기 위함보다는 장자인 그들이 하나님의 나라를 믿게 함으로 잃어버린 이방의 영혼들을 끌어들이기 위함이다.

바울은 이에 대하여 비유적으로 잘 표현하고 있다. 율법 없이 살던 이방인들이 예수 그리스도를 믿게 되면 원 가지인 이스라엘에 접붙임을 당하여 이면적인 유대인이 될 수 있음을 설명한 바 있다.

바울의 논리를 더 구체화하면 하나님은 그의 나라가 선포된 유대인의 약속 안으로 이방인들을 끌어들이기 위해 유대인들을 구별하셨다는 것을 알 수 있다.

원래 나무가 튼튼히 자라려면 원가지가 부러지지 않고 잘 자라 주어야 한다. 그래야 나중에 접붙임을 하는 가지들도 깊이 뿌리가 박힌 원가지의 진액을 받아 한 나무가 되어가기 때문이다.

다시 아브라함으로 돌아오면 아브라함 때는 유대인과 이방인의 구분이 없었던 때다. 자연히 멜기세덱도 이방인과 유대인에 대한 구분을 알지 못했던 때라고 할 수 있다. 만약 하나님이 유대인들에게만 복을 주기로 정하셨다면 이방인과 유대인의 구별에 대한 기준이 명확해졌을 때 멜기세덱을 보내셨을 것이다. 하지만 하나님은 '아브라함 때'에 '복을 주는 자', 멜기세덱을 보내셨다.

따라서 멜기세덱이 주었던 복은 유대인과 이방인을 구별하여 주는 복이 아니라고 할 수 있다.

그러나 하나님은 위 설명과 같이 구원의 길을 위해 부득이하게 이방인과 유대인을 구분하셨다. 이에 대한 상징은 이스라엘이라는 나라가 둘로 나뉘는 현상에서도 볼 수 있다.

이스라엘이 둘로 나뉘기 전 다윗의 시대로 가면 더 명확한 그림을 볼 수 있다. 그가 언약궤를 다윗의 장막으로 들였을 때 옛 제단은 모세의 장막이 있던 기브온 산당에 있었다.

앞서 일곱 교회 이야기에서 설명한 것과 같이 다윗은 옛 언약(기브온 산당)과 새 언약(다윗의 장막)을 통일한 메시아의 예표적인 인물이었다.

또한, 그 장막을 섬기는 두 명의 제사장들이 동시에 존재했다. 이는 옛 언약을 섬겼던 유대인과 새 언약으로 새롭게 언약을 맺은 이방인들을 뜻한다고 설명한 바 있다. 다윗은 옛 언약 아래 있던 사람들과 새 언약에 들어온 모든 이들을 하나 되게 하는 예표적인 인물이었다.

하나님의 나라는 이방인이든 유대인이든 예수 그리스도의 의를 믿는 모든 이들이 들어갈 수 있는 나라다.

이 때문에 장로는 예수님을 다윗의 뿌리라고 할 수밖에 없었다. 다윗의 뿌리는 후손이 아니기에 율법 아래에 있는 사람이 아니다. 오히려 후손들의 줄기의 근본이다. 그는 동시에 율법이 증거하는 자손 유다 지파의 왕인 다윗의 혈통으로 세상에 나셨다. 또한, 그는 아브라함에게 복 주고 아브라함 위에 있던 분이셨다. 레위 지파의 제사장이 가진 권한보다 더 큰 권한을 가지고 멜기세덱을 따라 난 제사장으로 세상에 오셨다.

율법에 속하였으나 그 밑에 있지 않은 자, 율법이 증거 하는 사람인 동시에 율법을 만든 입법자, 죄를 사할 수 있는 권한을 가진 제사장 지파가 증거하고 원가지인 이스라엘에서 난 사람이지만 그 권한을 준 존재.

아브라함이 있기 전부터 그를 알았고 그에게 복이 되어 준 존재이지만 하나님이 아브라함에게 약속하신 후사인 사람. 아담에게 하신 말씀의 성취를 이루기 위한 뱀의 후손의 머리를 밟게 될 여자의 후손인 사람.

아브라함에게 하신 약속을 이루시게 하기 위한 그의 후손. 이스라엘에게 주신 율법에서 증거 하는 사람. 새 언약의 중보자이신 분. 다윗의 시대와 같이 옛 언약과 새 언약을 하나 되게 하고 이방과 유대를 그 손 안에서 하나가 되게 하시는 분.

그는 단지 아브라함의 자손만 될 수는 없었다.

다윗의 자손만 될 수는 없었다.

그는 왕이자 대제사장이자 영원한 속죄 제물이 되어 주셔야 했다.

이 때문에 그는 하나님이 레위 지파에게만 약속하신 제사장으로서만 서실 수는 없었다.

그는 그 상위의 제사장이어야 했다.

그는 세상 모든 이들이 복을 받아 의와 공도를 행하게 할 수 있는 능력이 되셔야 했다. 그걸 하기 위해선 뱀의 머리 즉, 죄의 권세를 깨뜨리셔야 했다.

그는 다윗의 혈통에서 나실 뿐 아니라 다윗의 뿌리가 되셔야 했다. 그의 근본은 하나님이셔야 했고 그의 제사장적 권한은 율법 아래에만 있는 사람들에게 대한 레위 지파 아래에만 속할 수는 없었다.

이 때문에 하나님은 다윗의 입술을 통해 앞으로 나타나실 메시아가 멜기세덱의 반차를 따라 난 사람이라는 것을 예언하게 하셨다. 멜기세덱으로 따라 난 제사장이 영원할 수밖에 없는 것은 그는 율법의 제한을 받지 않기 때문이다.

앞서 말한 바와 같이 제사장 지파인 레위 지파가 아직 허리에 있을 때 멜기세덱은 아브라함에게 복을 빌었던 자였다. 따라서 그는 율법의 제재를 받지는 않으나 율법에 영향을 미칠 수 있는 사람이다. 마치 경찰이 검찰의 권한에 제재를 받는 것처럼 말이다.

이 때문에 예수님의 죽으심은 율법의 모든 요구를 충족하는 동시에 우리로 하여금 그와 같이 율법을 이기게 하신다. 아니, 더 정확히 말하자면 율법이 정죄하는 바를 이기게 하신다. 또 중요한 것은 그가 멜기세덱의 반차를 따라 나셨고 죽으신 후에 부활하시고 영원히 살아계시기 때문에 그다음 제사장이 있을 수 없다는 점이다.

제사장직은 앞서 제사장을 했던 자가 죽고 나면 그다음 산 자가 그 자리를 이어받는다. 하지만 예수님은 영원히 사시므로 영원히 그 자리에 계실 수밖에 없다. 그는 율법 외에 난 의요 새 언약의 성취자요 중보자로서 영원히 우리 곁에 계신다.

이분을 믿는다는 것은 율법이 정죄하는 법에서 벗어나 새로운 성령의 법안에 거한다는 것을 의미한다. 입법자이신 예수님의 이름으로 우리 안에 들어오신 성령이 우리로 하여금 죄짓지 못하게 하는 자로 만드신다는 것이다.

물론 이 일은 우리가 사는 동안 단번에 이뤄지지 않는다. 그러나 성령은 포기하지 않고 우리 안에서 예수님의 완전한 율법을 이루시기 위해 끊임없이 경건에 이르는 연습을 하게 하실 것이다.

우리는 영원한 나라에 가서 성령이 말씀하시는 거룩한 율법을 따라 살게 될 것이고 이는 불편하거나 답답한 것이 아니라 자연스럽고 행복한 일이 되게 할 것이다.

이런 것을 믿는 자들이 영원한 하나님의 나라에 들어가게 되는 것이다.

이러한 새로운 일을 이루시는 분, 딱딱하고 굳어진 마음을 폐하고 부드러운 영을 주시는 분. 옛 언약을 자신의 죽음으로 완전히 성취하시고 새 언약의 중보자가 되시는 분.

그 예수님은 아담의 자손이자, 셋의 자손이자, 노아의 자손이자, 셈의 자손이자, 아브라함의 자손이자, 이삭의 자손이자, 야곱의 자손이자, 유다 지파에서 난 자이자 다윗의 자손이다.

또 동시에 그는 이 모든 이들의 근본이 되신 하나님이시며 율법 아래 있는 사람들뿐 아니라 믿는 모든 이들의 구원을 위해 율법 위에 있었던 멜기세덱을 따라 난 영원한 대제사장으로 나신 분이시다.

마태복음 1장은 아브라함 때부터 그 아래로 적어 기록하여 예수님이 아브라함의 혈통이자 다윗의 자손임을 증명하였다. 반면 누가복음 3장은 예수님으로부터 그 위로 거슬러 올라감으로써 그가 다윗의 뿌리이자 유다 지파의 근본이자 아담 위에 있었던 하나님으로부터 나신 분임을 보여주고 있다.

예수님은 세상에 들어오시고 이스라엘에 들어오시고 유대 지파에 들어오시고 다윗의 혈통으로 들어오시고 결국 그 자손인 요셉의 가정을 통해, 그 가정으로 들어온 처녀 마리아를 통해 작은 씨앗과 같이 땅에 떨어져 죽으심으로 거룩하고도 새로운 언약의 나무를 틔우셨다.

그러나 그는 그 안에 국한된 유한한 사람으로만 오신 것이 아니라 그 씨앗의 생명이 되신 복으로 멜기세덱을 통해 아브라함의 계통으로 들어오셨다.

그의 승리로 죄의 권세는 무너졌다. 그의 이김으로 율법이 요구하는 바가 충족되었고, 그의 승리하심으로 옛 언약과 새 언약은 그의 생에서 하나가 되어 완전한 성전을 이뤘다.

그의 이김으로 이방이 유대라는 원가지에 들어와 장자의 축복을 함께 누릴 수 있었다. 그의 승리로 우리는 의와 공도를 행할 수 있는 사람이 되었고 그의 승리로 인해 우리는 죄의 권세를 이길 수 있는 사람이 되었다.

이뿐만이 아니다. 그의 승리로 인해 우리는 하나님과 예수님이 하나 되심과 같이 그의 영 안에서 하나님과 합할 수 있게 되었다.

그가 우리를 위해 다윗의 뿌리가 되어주신 것이 얼마나 감사한 일인지 모른다.

그러나 중요한 것은 우리가 그러한 **그를 믿어야 한다는 사실이다.** 그가 새로운 언약의 성취자시고 중보자이시며 율법을 완성하신 분이시지만 우리가 그를 믿지 않으면 그 모든 예수님의 업적은 우리 안에 적용되지 않는다.

우리가 예수님을 믿는다는 것은 이런 것이다. 집에서 흠 없는 양을 고르고 성전까지 끌고 가서 안수하고 칼로 그것을 죽이고 찢어 태우는 일 대신에 우리는 우리의 죄를 속하기 위해 영원히 하나님 앞에 드린 제물이자 제사장이신 예수 그리스도 앞에 나아가게 되었다.

강조하지만 이는 아주 기초적인 신앙생활이다. 우리는 거기에서 더 나아가야 한다. **믿음으로 완전한 데를 향해 나아가야 한다.**

아브라함의 약속이 우리에게 실제 성취되어 의와 공도를 행하는 자로서 있게 되고 영원한 후사이신 예수님을 믿어 우리도 그와 같이 하나님의 후사가 되고 뱀의 머리를 밟으신 예수님을 믿음으로 우리도 죄의 권세를 밟게 되는 일을 하게 된다는 것을 의미한다.

율법 아래 있던 사람들의 고민은 이것이었다. 어떻게 하면 죄를 짓지 않을까, 혹은 어떻게 하면 율법이 말하는 바를 어기지 않을까. 그러나 예수 그리스도를 믿는다는 것은 이제 이러한 기본적인 고민에서 벗어나 그 상위의 삶을 살게 된다는 것을 뜻하는 것이다.

사도들은 그러한 삶을 살았다. 그들만 그렇게 산 것이 아니었다. 예수님을 진정으로 믿는 모든 이들은 세상이 감당하지 못하는 사람들이 되었다. 하나님의 능력이 무엇인지 세상에 제대로 똑똑히 보여줄 수 있었다.

유다 지파의 사자를 믿는다는 건, 다윗의 뿌리를 믿는다는 건 바로 이러한 삶을 사는 사람이 되기로 결심했다는 것과 마찬가지다. 이 글을 읽는 모든 이들에게 이러한 하나님의 축복이 임하기를 기도한다.

4장

어린 양

성결의 영으로는 죽은 가운데서 부활하여
능력으로 하나님의 아들로 인정되셨으니
곧 우리 주 예수 그리스도시니라

롬 1:4

유월절의 어린 양

율법의 생성과 그 율법에 의거한 의인의 부재, 요한의 통곡, 장로 중 한 명이 말하는 일곱 인봉을 떼시고 책을 여실 수 있는 유다 지파의 사자와 다윗의 뿌리.

이는 계 5:1~5절까지의 내용이다. 그리고 이 내용은 바로 다음 절인 6절의 어린 양을 보여주기 위한 서론이라고 할 수 있다.

어린 양은 5장의 주인공이자 계시록의 주인공이고 성경 전체뿐 아니라 역사의 주인공이라고 할 수 있다.

이 어린 양에 대한 핵심적인 특징은 그가 '죽임을 당했다'(slain)는 것이다. 물론 그는 일곱 인봉을 떼시는 분이고 책을 여시는 분이며 구원과 심판의 권한을 가지고 계시는 분이지만 무엇보다 그는 인류의 모든 죄를 위한 대속 제물로서 역사에 등장하셨다.

이는 그리스도의 진정한 능력에 대한 검증이었고 하나님이 그를 아들로 인정하셔서 그의 모든 권세를 이양하신 업적이었다.

앞서 장로가 말한 '유다 지파의 사자요 다윗의 뿌리'는 예수 그리스도에 대한 하나님의 '택하심'을 혈통적으로 영적으로 나타낸 말이다. 그가 유대 지파에서 난 것과 본디 하나님이신 것은 롬 1:3절에서 언급하는 메시아로서 갖춰야 하는 첫번째 자격이다.

그는 택하심을 입어 유대 지파에서 나셨고 또 그는 처음부터 하나님이신 분이었다. 여기서 우리가 인지해야 할 것은 이러한 특징들은 그의 '능력'에 관한 언급이 아니라는 점이다.

그러나 여기 계 5:6절은 그가 이 땅에서 해냈던 일 또 이 땅에서 인간의 육신을 입고 살았을 때뿐 아니라 교회가 생성되고 완전해지기까지의 그의 역할과 그것을 통해 그가 나타낸 능력들을 보여주고 있다.

로마서 1:4절에서 바울은 예수님이 죽은 가운데서 부활하여 능력으로 하나님의 아들로 '인정'되셨다고 말한다. 즉, 그가 다만 하나님의 '택하심'으로 우리들의 구주가 되신 것이 아니라 그의 온전한 '공로'로 율법의 말하는 바를 충족하고 우리를 위한 대속 제물로 오셨을 뿐 아니라 다시 사셔서 그의 능력을 입증하셨다는 것이다.

여기 5:6절은 예수 그리스도의 공로를 한마디로 정의한다.

어린 양이 섰는데 … 죽임을 당한 것 같더라.

우리는 이 구절이 무엇을 말하는지 금방 알아챌 수 있다. '어린 양'은 '예수 그리스도'요, 여기서 말하는 '죽임을 당한 것'은 '십자가에 달려 돌아가심'을 뜻한다. 예수 그리스도의 죽으심은 십자가 위에서 일어났고 그 목적은 모든 인류를 대신해 어린 양과 같이 죄의 대속물이 되시는 것이었다.

레위기는 사람이 죄를 지으면 죄를 어떻게 씻을 수 있는지를 보여준다. 죄를 짓게 된 사람은 어린 양이나 염소 혹은 소나 송아지를 데리고 오거나 가난한 사람들은 비둘기를 데려와 안수한 뒤 칼로 죽이고 각을 떠서 불에 태운다.

그리하면 그 사람의 전가된 죄(안수하는 이유는 흠 없는 제물에 죄를 전가하고 제물의 흠 없음이 나에게 전가되게 하기 위해서다)가 태워져 하나님의 흠향하시는 제사가 된다고 되어 있다.

그러나 이와 다르게 유월절에 드리는 속죄 제물은 가난한 자나 부자나 반드시 어린 양으로 준비해야 한다. 이것은 모든 믿는 이에게 주어지는 똑같은 구원을 의미한다고 본다. 부자나 어린 자나 가난한 자나 작은 자나 큰 자나 구별 없이 모든 이에겐 예수 그리스도라는 영원한 제물이 필요한 것에 대한 예표가 바로 유월절 사건이고 유월절에 드리는 어린 양이라고 할 수 있다.

그런 의미에서 유월절 제사는 레위기에 나오는 제사와는 차별화된 제사라고 할 수 있다. 유월절 제사는 좀 더 본질적인 죄에 대한 구원을 보여준다. 레위기 제사가 매번 발을 씻는 행위라면 유월절 제사는 목욕을 하는 것과 같다. 이스라엘 백성이 홍해를 건넜던 사건이 유월절과 비유된다면 그들이 광야에서 하나님 앞에서 제사를 지낸 것은 레위기의 제사로 비유할 수 있을 것이다.

우리가 예수 그리스도를 통해 구원을 얻었다는 것은 마치 홍해를 건너는 것과 같다. 새로 태어나는 것이고 온몸을 씻는 것과 같다.

그러나 그 이후로 우리는 발을 씻어야 하고 매 순간 성령과 함께 자라나야 하며 광야의 훈련을 거쳐야 한다. 매일 드리는 제사와 예배와 섬김이 우리에게 있어야 한다. 이는 근본적으로 구원을 받은 이후 우리가 해야 할 일들이고 거쳐야 할 일이다.

이는 예수님이 발을 씻겨 주실 때의 상황으로 비유될 수 있다. 예수님이 베드로에게 발을 씻어주려 하자 황송해하는 베드로가 그를 말린다. 그러자 예수님은 이렇게 하지 않으면 내가 너와 상관이 없다고 말씀하신다. 이에 베드로는 그렇다면 온몸을 다 씻겨달라고 말한다.

그러나 예수님은 너희가 이미 다 목욕을 했으니 발만 씻으면 된다고 말씀하신다. 이 말씀은 우리가 예수 그리스도를 믿고 구원을 얻었으나 그 이후로 우리에게 오는 시험과 연약함 가운데 더러워진 것들은 스스로 십자가 앞에 나아와 레위기 때의 제사와 같이 회개하고 매일 자신의 두루마기를 빨아서 희게 하라는 의미인 것 같다.

다만 구약과 달라진 것이 있다면 회개할 때 하나님 앞에 드리는 제물이 양이나 염소나 소가 아니라 영원하고 완전한 제물이신 예수 그리스도가 되신다는 점이다.

그의 이름으로 회개하면 우리는 완전히 깨끗해질 수 있게 된 것이 복음이 전하는 중요한 메시지 중 하나일 것이다. 이 때문에 우리가 지금 예수 그리스도의 공로에 힘입어 언제 어디에서든 회개할 수 있다.

하지만 양을 도살하여 내 죄의 참혹함을 깨달을 때와 같이 엄숙하고 참담한 마음으로 회개해야 함을 잊지 말아야 할 것이다.

이스라엘 백성들이 애굽에서 노예 생활을 하고 있을 때 하나님은 모세를 통해 이스라엘을 구원하시고자 애굽을 심판하신다. 열 가지 재앙을 통해 하나님은 애굽을 멸하시고 그의 백성인 이스라엘을 그 땅에서 빼 오시는데 그 열 번째 재앙이 장자를 죽이는 것이었다.

이 재앙은 이스라엘과 애굽의 구분이 없었다. 그 누구든 문설주에 어린 양의 피를 바르지 않으면 장자는 목숨을 잃게 된다는 '법칙'에 의거한 재앙이었다.

따라서 꼭 이스라엘 백성이 아니더라도 모세의 말을 듣고 어린 양을 죽여 문설주에 양의 피를 바르면 그의 장자는 죽지 않고 살 수 있었다.

이는 사람이 죄를 짓고 난 후 드리는 예물과는 다른 차원이었다. 물론 애굽의 심판이라는 것도 애굽의 죄로 시작되긴 했지만, 레위기에 나오는 제사처럼 '내가 지금 이런 죄를 지었으니 제물을 드려 죄를 씻어야겠다'는 차원이 아닌 것이다.

유월절의 어린 양은 사람이 근본적으로 받아야 할 심판을 대신 받아주는 존재다.

바울은 우리가 다 반드시 그리스도의 심판대 앞에 드러나 선악 간에 그 몸으로 행한 것을 따라 받을 것이라고 말한다(고후5:10). 또 로마서에서도 우리가 다 하나님의 심판대 앞에 서게 될 것이라고 강조하고 있다(롬 14:10).

즉, 이방인이든 유대인이든 차별 없이 언젠가 모든 이들은 하나님의 심판대 앞에서 서게 될 것임을 성경은 말하고 있다. 이는 애굽에 내린 재앙이 이스라엘과 애굽인들 간에 차별을 두지 않고 닥친 것과 같은 맥락이다.

재앙 곧 심판에서 오는 죽음은 유대인이든 이방인이든 똑같이 경험하게 된다. 우리는 여기서 다시 한번 요한이 통곡했던 이유를 알 수 있다. 아무도 그 심판을 피할 수 없고 율법의 정죄를 이길 수 없을 것이라고 여겼기 때문이다.

그러나 애굽에서 일어났던 심판을 어린 양의 피로 이김과 같이 지금 우리들도 어린 양이신 예수 그리스도의 죽음으로 심판을 이길 수 있다는 것을 지금 5장에서 보여주고 있다.

앞서 의인이 된다는 것은 내가 어떤 일을 잘해서가 아니라 나의 죄가 완전히 씻긴 상태에 따른다는 것을 말한 바 있다. 어린 양의 피와 죽음은 나의 죄를 대신해 죽음에 넘겨진 예수 그리스도를 상징한다. 이로 인해 우리가 비로소 의인이 될 수 있음을 보고 있는 것이다.

여기 5장의 어린 양은 단지 애굽에 있었던 이스라엘 백성들만을 위한 존재가 아니다. 그는 유다 지파의 사자요 다윗의 뿌리로서 모든 인류를 위한 구원자로 나타나신 분이다. 인류의 시조였던 아담과 하와에게 약속하셨던 말씀을 이루시는 분으로 나타나신 것이다.

유월절은 온 인류의 구원을 위한 하나님의 계획을 조그만 그림으로 보여준 사건이다. 예수 그리스도의 나심을 예표한 것이며 영적으로는 계시록 5장의 거대한 진리를 이스라엘 역사 속에서 이해하기 쉽도록 그려놓은 사건이라고 할 수 있다.

여기서 잠깐 우리가 왜 이스라엘의 역사를 이렇게 열심히 알아야 하는지를 이야기하려 한다.

이스라엘은 하나님이 택하셨으나 실상 그들은 하나님의 구원자이신 예수 그리스도를 내보내는 통로요 그릇으로 사용된 존재들이다. 그들의 역사는 하나님의 구원과 심판과 그 의중을 이해하는 그림과 같다고 할 수 있다.

그들의 역사는 단순히 각 나라 사람들이 생각하는 그 민족만의 역사가 아니다. 이스라엘은 선지자의 나라로서 모든 인류를 위한 하나님의 계획을 미리 보여주고 그려주는 나라다. 성경에 나타난 이스라엘의 역사를 아는 것은 곧 예수 그리스도의 형태를 아는 것이며 하나님이 어떤 일을 하시는지를 알게 되는 중요한 샘플을 보는 것이라고 할 수 있을 것이다. 이스라엘을 아는 것은 예수님을 아는 것이요 예수님을 아는 것은 온 세상을 향한 하나님의 계획을 아는 것이다. 이 때문에 우리는 이스라엘을 아는 지식이 필요하다.

6장을 미리 보면 어린 양이 책의 인봉들을 떼었을 때 엄청난 사건들이 일어난다. 그 사건들이 보여주는 놀라운 일들은 이스라엘이라는 한 나라와 민족에 국한된 것이 아니다. 이 사건들은 온 세상, 온 세계, 모든 민족과 방언에 속한 '사람'들과 '세상' 위에 일어나는 일이다.

즉, 하나님의 심판이 있되 이스라엘에만 일어나는 일이 아니고 모든 민족과 나라 위에 하나님의 심판이 일어난다는 것을 보여주고 있다.

따라서 여기에서 나오는 어린 양도 한 나라와 민족만을 구원하시는 분이 아니라 온 세상과 열방과 민족을 구원하시기 위한 목적을 가지고 있다는 것을 알 수 있다. 이스라엘의 명절인 유월절이라는 그림은 예수님이 어떤 방식으로 세상을 구원하시는가를 보여준다. 출애굽 당시의 상황, 유월절, 어린양이라는 역사적 사실은 인류 전체에 미칠 복음의 비유였던 것이다.

어쨌든 중요한 것은 어린 양이신 그리스도 예수의 구원만이 전 인류가 살 수 있는 유일한 길이라는 점이다. 이스라엘에게만 허락될 줄 알았던 구원이 이제 모든 인류에게 허락된다는 그림을 우리는 보고있다. 이것이 계시록 5장의 어린양이 보여주는 그림의 가장 중요한 메시지 중 하나라고 생각한다.

가운데

요한은 6절에서 어린 양이 서 있는 위치에 대해 먼저 서술하고 있다. 그는 'in the middle', 'in the midst', '가운데'라는 뜻의 μεσος(mesos)를 사용하면서 어린 양이 24장로들과 네 생물들과 보좌에 앉으신 이가 다 볼 수 있는 유리 바다 정 가운데 서 있음을 묘사한다.

이는 구원의 사역을 감당하신 예수 그리스도가 역사의 중심과 하나님 나라의 중심에 서 계심을 보여주는 듯하다. 24장로들은 역사의 각 시대를 대표하는 교회의 인물들이다.

이 장면은 그들이 비록 사는 시대는 달랐을지라도 각각 다른 방식으로 예수 그리스도를 보았고 그로 인해 하나님의 은혜와 구원을 입었다는 것을 상징적으로 보여준다.

또 네 생물들은 언제나 하나님의 보좌 주위를 맴도는 교회의 권세로서 예수 그리스도의 나심과 죽으심과 부활을 보고 증거하는 존재였다는 것을 보여주는 것 같기도 하다.

어쨌거나 예수님은 모든 역사 가운데 계셨고 역사의 중심에 계셨으며 교회의 중심에 서 계셨다.

그가 그곳에서 하신 일은 모든 사람을 위해 죽어주신 것이다. 십자가에 달려 돌아가심으로 율법의 공의를 성취하시고 영원한 대속이 되셔서 그를 믿는 모든 이들이 구원에 이를 수 있는 어린 양이 되어주셨다.

그가 한 시대에만 국한된 분이 아니라는 것을 우리는 어린 양의 다른 특징들을 통해서도 알 수 있다.

어린 양은 일곱 뿔과 일곱 눈을 가졌다. 앞서 말한 바와 같이 일곱은 '모든'을 의미한다. 용이 가진 일곱 뿔과 여자가 앉은 일곱 산은 용과 여자가 살았던 모든 세대와 모든 제국들을 상징하는 것처럼 말이다.

일곱 교회 또한 시공간에 있던 세상의 모든 교회를 뜻한다고 말한 바 있다. 이처럼 어린 양이 일곱 뿔과 일곱 눈을 가졌다는 것은 그가 모든 세대에 걸쳐 태어나고 죽었던 모든 이들을 위해 죽어주신 존재라는 것을 의미한다.

그는 세상이 태어나면서부터 세상의 끝 날까지 존재했던 '모든 사람들'의 죄의 대속물이 되어 주신다는 것을 상징하고 있다. 이것이 그의 능력이고 그가 하나님의 아들로 인정받으신 이유라고 할 수 있다.

일곱 개의 눈

그렇다면 일곱 개의 뿔과 일곱 개의 눈은 무엇을 의미하는 것일까. 5장은 일곱 개의 눈이 무엇을 의미하는지 자세하고 정확하게 서술하고 있다.

'일곱 눈'은 '온 땅에 보내심을 입은 하나님의 일곱 영'이다. 일곱 개의 영은 4장에 나온 일곱 개의 등불이 의미하는 것과 같은 성령님을 의미한다. 4장도 하나님 앞에 있는 일곱 등불을 일곱 영이라고 분명하게 설명하고 있다.

성령의 존재는 매우 중요하다. 계시록은 계속해서 성령이 하나님의 사역과 특별히 그리스도의 사역에 있어서 중심적인 역할을 한다는 것을 강조하고 있다.

'성령이 교회들에게 하시는 말씀을 들을지어다'라는 말을 일곱 번이나 반복하는 것을 보면 성령의 역할이 교회의 구원에 있어서 얼마나 중요한 역할을 하는지 알 수 있다.

4장의 일곱 등불과 5장의 어린 양의 일곱 개의 눈들에 대한 단어적 의미를 자세히 들여다보면 그것이 어떤 구절과 연계되는지를 짐작할 수 있다. 이 두 단어는 예수님이 말씀하셨던 '네 몸의 등불은 눈이라'라는 말과 연결된다는 것을 알 수 있다.

예수님은 왜 이런 말씀을 하셨을까. 예수님은 이것이 단지 우리 눈이 좋아야 한다는 의미로 이런 말씀을 하진 않으셨으리라 생각한다.

예수님은 이 말씀 뒤에 '그러므로 네 속에 있는 빛이 어둡지 아니한가 보라'고 말씀하신다. 이는 비유를 먼저 말씀하시고 진짜 진리는 나중에 말씀하시는 어법이다.

우리 안에 있는 빛이 환해지기 위해선 영혼의 등불이 밝아야 한다는 것을 말씀하시기 위해 우리 몸의 등불이 '눈'이라는 것을 먼저 언급하신 것이다.

어린 양에게 눈들이 있다는 것은 첫째, 그의 영혼이 항상 빛 가운데 있다는 것을 의미하고, 둘째, 그 빛을 통해 그리스도는 언제나 모든 것을 보고 있었다는 것을 의미하는 것 같다.

4장에 나왔던 네 생물에게도 눈들이 있었다. 그들에게도 눈들이 있다는 것은 그들의 영이 빛 가운데 있다는 것을 의미할 뿐 아니라 모든 세상의 진실을 알고 있다는 뜻일 것이다.

어린 양은 특별히 충성된 증인이어야 한다. 그는 단지 죽기 위해 이 땅에 태어나고 부활하고 승천하여 영원한 대제사장이 되신 것이 아니다. 그는 하나님이 주신 심판과 구원의 권세를 행하시기 위해, 모든 사역을 감당하시기 위해 나셨다.

그는 모든 것을 볼 수 있어야 하고 알고 있어야 하며 모든 사건이 가지고 있는 진실을 꿰뚫고 있어야 한다. 또한, 이 일은 혼자서 하는 것이 아니라 항상 아버지의 뜻에 따라 그 일을 행하셔야 한다. 여기서 성령의 능력과 역할이 부각된다. 아버지의 뜻을 알고 계시는 분은 오직 하나님의 영이신 성령님이시다. 예수님도 이분의 말씀을 듣고 행하셨고 한 번도 여기에서 벗어나 행동하신 적이 없으셨다.

4장과 5장에서 똑같이 성령, 하나님의 영에 대해 언급한 것은 어쩌면 하나님의 사역의 능력이자 예수님의 능력이 곧 성령님이라는 것을 확고히 보여주기 위함인 것 같다.

모든 교회가 이길 수 있는 방법은 '성령이 교회들에게 하시는 말씀을 듣는 것'이다. 예수님은 '예수님이 교회들에게 하시는 말씀을 들을지어다'라고 하시거나 '하나님이 교회들에게 하시는 말씀을 들을지어다'라고 말씀하시지 않았다. 이것은 그만큼 성령께서 하나님의 일을 주도적으로 행하고 계심을 보여준다.

예수님도 하나님의 뜻을 아시는 성령의 음성을 듣지 않으셨다면 결코 하나님의 일을 하실 수 없었을 것이다.

일곱 개의 눈들은 모든 시대와 모든 공간에 존재하는 세상을 볼 수 있는 눈들이다. 또한 세상의 빛이 되어 주신 성령의 존재이며 그분의 능력이 그리스도 안에서 역사하신 것으로 이해해야 한다.

그리스도이신 예수님은 당시 나시고 일하셨을 때만 성령의 도우심으로 사역하신 것이 아니라 세상이 창조되고 끝이 날 때까지 성령과 함께 일하시고 계심을 보여주는 그림이 어린 양이 가진 일곱 개의 눈이라고 할 수 있다.

예수님은 유월절의 어린 양처럼 사람이 받을 심판을 대신 받아주신 분이다. 십자가의 사역을 통해 그 일을 이루셨으나 그는 그 일을 혼자서 이루신 것이 아니다. 성령이 그와 함께하심으로, 오로지 성령의 인도하심을 통해 십자가의 사역을 이루신 것임을 5장의 어린 양은 보여주고 있다.

일곱 뿔

계시록의 상징은 언어적인 역할이 매우 강하다. 특히 모든 묵시에 나오는 상징은 그 하나하나가 상황을 설명하는 알파벳과 같다고 보면 될 것이다.

이곳에서 사용된 κέρας(keras: 뿔, horn)는 9장에 등장하는 제단의 '뿔', 12장 13장에 나오는 용과 짐승들의 '뿔'과 같은 단어다.

뿔은 하나님의 진영이든 마귀의 진영이든 어떤 상태나 위치와 뿔이 가진 존재가 가지고 있는 상당한 권세를 나타내기 위해 사용되었다는 것을 알 수 있다.

그렇다면 뿔은 여기서 어린 양의 어떤 것을 설명하기 위해 사용된 것일까.

뿔의 이미지를 먼저 떠올려 보자. 뿔은 동물의 신체 조직 중 하나다. 양의 뿔, 염소의 뿔, 소의 뿔, 코뿔소의 뿔 등은 모두 동물의 머리에 달려 있다.

뿔은 공격을 하거나 막는 데 사용된다. 또한 그 동물들의 신체를 과장시켜 몸집을 크게 만드는 효과도 있다. 무엇보다 성경에서 사용된 뿔은 최고의 위치, 우월함, 자존감의 의미로 사용된다.

'내가 거기서 다윗에게 뿔이 나게 할 것이라 내가 내 기름 부음 받은 자를 위하여 등을 준비하였도다'(시 132:17) 같은 경우 뿔은 다윗의 줄기에서 난 유다 지파의 사자요 왕이신 예수 그리스도를 의미한다.

'그 열 뿔은 그 나라에서 일어날 열 왕이요 그 후에 또 하나가 일어나리니 그는 먼저 있던 자들과 다르고 또 세 왕을 복종시킬 것이며'(단 7:24)의 경우에는 마지막 때 하나님을 대적하는 집권자의 존재들이 뿔로 상징화된다. 여기서는 정확하게 '왕'이라고 의미를 설명해 주고 있다.

뿔은 신체의 가장 위에 위치하는 머리에 있고 머리에서도 제일 높은 자리에 있다. 즉, 어떠한 세력이 있다면 뿔은 그 세력의 우두머리들이 앉아있는 '보위'(throne), 혹은 그 보위가 가지고 있는 '권세'를 의미한다. 더 정확히 말하면 뿔은 그 보위에 앉아 있는 어떤 존재를 보여준다고 할 수 있다.

따라서 13장에 나오는 바다의 짐승의 뿔들, 땅의 짐승의 뿔들, 12장의 용의 뿔들은 모두 최고의 세력을 대표하고 최고의 위치를 차지한 존재들을 의미한다는 것을 추측할 수 있다.

뿔로 나타난 자들은 자신들만의 긍지와 우월감을 가지고 있다. 또 굳이 그들이 스스로 긍지와 우월감을 나타내려 하지 않아도 그들은 다른 이들보다 그 자체로 자신의 월등함을 세상에 증명하는 존재들이다.

권력의 중심이 된 존재이기도 하고 가장 높은 자리에 위치한 존재를 뿔로 상징하고 있는 것이다. 또한, 그 뿔을 달고 있는 존재의 권력이나 우월감, 힘을 상징하고 있기도 하다.

다니엘서에 등장하는 뿔 달린 숫염소와 뿔 달린 숫양의 싸움은 뿔 자체가 왕을 뜻하기도 하지만 숫양과 숫염소로 비유된 나라와 왕들의 권력과 힘을 상징하기도 한다. 두 뿔을 가진 숫양은 메대(Media), 바사(Persia) 제국을 상징하고 서편에서 온 숫염소는 헬라 제국의 알렉산더 대왕을 의미한다.

또 알렉산더가 제국들을 점령한 이후에는 그가 죽고 그 밑의 네 장군

이 나라들을 차지하는데 이도 네 개의 뿔로 상징화되어 그려지는 것을 볼 수 있다.

짐승은 뿔들이 통치하는 나라요 연합세력이라고 하면 뿔들은 그 세력을 지배하는 존재들이라고 보면 될 것이다. 뿔들은 연합세력이 존재하는 데 있어 필수적인 힘이자 핵심 권력들이다.

따라서 어린 양에게 난 일곱 개의 뿔도 어린 양이라는 세력이 가진 힘과 권능을 상징한다고 볼 수 있을 것이다. 다만 다른 것은 이 일곱 개의 뿔들은 모두 예수 그리스도의 권세를 나타낸다는 점이다. 사단의 앞잡이로 있는 짐승 세력들의 뿔이 사단의 종노릇을 하는 왕이라는 특징은 다르지 않으나 시대마다 그 역할을 맡았던 자들은 다 다른 사람들이었다. 그러나 어린 양의 뿔들은 모두 예수 그리스도 한 분이었다. 보였든 보이지 않았든 모든 시대에 걸쳐 그의 영향력을 행사하셨고 특별히 구원자로서 그의 권세를 행하신 것이다.

어린 양은 그 자체로 인류의 죄를 대신 짊어지고 가는 구원자라고 할 수 있다. 모든 인류를 위한 대속 제물로서 그는 인류가 처음 날 때부터 끝 날에 있을 마지막 인류들의 죄까지도 담당한 영원한 제물이다.

일곱 개의 눈이 모든 시대에 예수 그리스도의 구원을 나타내신 성령이었다면 일곱 개의 뿔 또한 구원을 위해 능력과 권능을 나타내신 예수님의 힘을 상징한다고 볼 수 있을 것이다. 결국 모든 시대에 예수님과 성령님은 언제나 함께 일하셨다.

그는 다윗의 뿌리로서 창조 때에 계셨으며 노아와 함께하셨고 아브라함의 때에도 이스라엘의 출애굽 때에도 광야 때에도 함께 하셨다.

다만 예수님의 실제적인 나타나심이 A.D와 B.C의 기점이 되는 그 시공간에 있었을 뿐이다. 그는 태초에 말씀이셨고 빛이셨다. 그는 언제나 세상에서 그의 교회를 세우시기 위해 모든 노력을 기울이셨다. 또한 충성된 증인으로서 모든 사람들의 죄와 행위를 목격하시고 하나님을 믿는 이들의 의로운 행위를 증언하시는 분이다.

이 모든 것이 그의 구원을 위함이었고 그것을 통해 하나님의 나라를 세우시기 위함이었다.

눅 1:69절에서 사가랴는 '우리를 위하여 구원의 뿔을 다윗의 집에 일으키셨으니'라고 선포한다. 또 다윗은 '내가 피할 나의 반석의 하나님이시요 나의 방패시요 나의 구원의 뿔이시요 나의 높은 망대시요 그에게 피할 나의 피난처시요 나의 구원자시라 나를 폭력에서 구원하셨도다'(삼하 22:3)라고 고백하고 또 시 18:2절에서도 '여호와는 나의 반석이시요 나의 요새시요 나를 건지시는 이시요 나의 하나님이시요 내가 그 안에 피할 나의 바위시요 나의 방패시요 나의 구원의 뿔이시요 나의 산성이시로다'라고 고백한다.

구원의 힘과 능력이 하나님께 있음을 고백하며 그 힘과 권능의 주인이 곧 예수 그리스도임을 성경은 명백히 밝히고 있다.

어린 양의 존재의 이유는 죽임을 당하는 것이다. 죽임을 당하는 이유는 모든 인류의 죄를 대속하기 위해서다. 또한 모든 시대에 모든 교회와 함께 계셨던 성령은 그 일을 도우시기 위해 각 시대의 교회와 함께하셔서 그 길을 예비하셨다.

이 모든 일을 위해 삼위일체 하나님은 모든 능력을 동원해 예수님의 죽으심을 이루셨고 부활하게 하셨고 영원히 사시게 하셨다.

사단은 멸망과 욕심을 위해 그 뿔의 능력을 사용하지만, 하나님은 사람들의 구원을 위해 구원을 위한 죽음을 이루기 위해 그 능력을 사용한다.

이 얼마나 놀라운 차이인가.

영원의 지각변동

1장

책을 취하시니라

그 어린 양이 나아와서 보좌에 앉으신 이의
오른손에서 두루마리를 취하시니라
그 두루마리를 취하시매 네 생물과
이십사 장로들이 그 어린 양 앞에 엎드려
각각 거문고와 향이 가득한 금 대접을 가졌으니
이 향은 성도의 기도들이라

계 5:7~8

이는 젖을 먹는 자마다 어린 아이니
의의 말씀을 경험하지 못한 자요

히 5:13

거문고와 금 대접

결국 어린 양은 하나님의 손에서 책을 취한다. 아무도 취할 수 없을 것이라고 여겨졌던 보좌에 앉으신 이의 오른손의 책이 어린 양의 손에 이양된 것이다. 요한의 애통은 끝났고 자연히 사람이 걱정해야 할 구원의 문제도 해결되었다.

그런데 여기서 끝이 아니었다.

8절은 어린 양이 책을 취하자마자 일어나는 일들을 묘사하고 있다. 여기서 우리는 7절과 8절에 나오는 동사들의 시제를 잘 살펴볼 필요가 있다. 이야기의 순서를 명확히 알기 위해서다.

우선 7절의 '그 어린 양이 나아와서 보좌에 앉으신 이의 오른손에서 책을 취하시니라'의 '취하시니라'는 완료형이다. 즉, 어린 양이 책을 이미 손에 '쥐었다', '받았다', 'have taken'으로 모든 동작이 '완료'된 것을 의미한다.

그런데 8절의 동사 형태는 '취했다'라는 과거형이다. 이는 8절에 나오는 상황들을 설명하기 위한 장치인 것으로 보인다. 어린 양이 책을 취하실 때 어린 양에게만 변화가 일어난 것이 아니라 네 생물과 24장로들에게도 변화가 생겼기 때문이다.

네 생물과 24장로들이 어린 양 앞에 '엎드렸다'는 과거형, 거문고와 금대접을 '가진다'는 현재형으로 사용되었다. 시제로만 보자면 네 생물과 24장로들이 엎드리고 난 후에 그들의 손에 거문고와 금대접들이 생겨난 것을 알 수 있다.

정리해 보면,

1. 어린 양이 보좌에 앉으신 이의 손에서 책을 취하셨다. (완료형)
2. 네 생물과 24장로들이 어린 양 앞에 엎드려 절했다. (과거형)
3. 네 생물과 24장로들에게 거문고와 금대접이 생겼다. (현재형)

여기서 봐야 할 중점적인 그림은 그들에게 거문고와 금 대접들이 생겨난 난 부분이다. 어린 양이 책을 취한 것을 서두로 네 생물과 24장로들의 엎드림이 등장하고 다음으로 거문고와 금 대접에 대한 환상이 등장한 것이다. 우리가 눈여겨 보아야 할 장면은 '현재'다.

어떤 이야기든 서두보다 본론이 이야기의 중점이다. 과거도 중요하지만, 현재는 우리에게 더욱 중요한 '시간'이다. 과거가 가져다주는 결론이 결국은 우리들의 현재가 되기 때문이다. 이 현재가 어떻게 되느냐에 따라 미래가 결정되기에 현재라는 시간은 우리에게 가장 중요한 시간대라고 할 수 있다. 또한 현재는 우리가 하나님과 만날 수 있는 유일한 시간 대다.

거문고와 금대접이 생긴 원인은 네 생물과 24장로들이 어린 양에게 절했기 때문이다. 그들이 절하게 된 계기는 어린 양이 드디어 보좌에 앉으신 이에게 책을 취했기 때문이다.

따라서 거문고와 금 대접을 취하는 '현재'의 이야기는 성령이 요한을 통해 보여주시고자 하시는 중점적인 이야기임에 분명하다. 어떤 사건이든 원인보다는 결과가 사건의 얼굴이 되기 때문이다.

왜 네 생물과 24장로들은 어린 양 앞에서 절했을까. 그 이유는 분명하다. 어느 누구도 취할 수 없는 책을 어린 양이 자신의 죽음으로 모든 것을 이기고 얻어냈기 때문이다. 책이 요구하는 자격 요건을 갖추었기 때문이다.

그는 힘센 천사의 '합당하냐'의 물음에 답하고 합당함을 얻어낸 유일한 존재였다. 그 때문에 보좌에 앉으신 이는 어린 양에게 책을 이양할 수 있었다.

어린 양은 24장로 중 한 명이 말한 유대 지파의 사자요 다윗의 뿌리로서 모든 사람들의 죄를 위해 죽음으로 그 값을 치르신 대제사장이요 영원한 제물이었다.

이는 보좌에 앉으신 이가 그 아들 예수에게 권력을 이양하고 계승한 놀라운 사건이었다. 그 사건들이 일어나길 고대했던 믿음의 증인들은 어린 양에게 엎드려 경배하지 않을 수 없었다. 어린 양의 죽으심으로 그들 위에 구원이 임했기 때문이다. 심판을 이길 길이 열렸기 때문이었다.

사실 예수 그리스도의 십자가의 사건은 그 자체로 인류의 모든 죄를 해결했다. 그가 모든 이들의 죄를 위해 죽어주셨고 이 일은 인류의 모든 죄값이 한 방에 해결되는 부분이었다.

그러나 이는 어디까지나 하나님 쪽에서 제시하신 해결 방안이었다. 어떤 누구도 율법을 충족시킬 수 없기에 하나님 스스로 나서서 인류를 대신해 자신을 죽음에 내어주신 것이다. 중요한 건 인류에 속한 이들이 그 죽음을 믿어야 한다는 점이다.

바울은 이렇게 확고히 선언한다. **'모든 믿는 자에게 구원을 주시는 하나님의 능력이 됨이라'(롬 1:16)**의 구절만 보아도 구원은 오직 믿음을 가진 자에게만 일어나는 일이라는 것을 알 수 있다.

다른 말로 해보자. 만일 믿지 않는다면 하나님의 아들 예수님이 단번에 죄의 문제를 해결하셨어도 그 구원은 적용되지 않는다는 뜻으로도 해석될 수 있다. 여기에서 보여주는 그림은 이와 같은 믿음에 관한 중요한 문제를 다루고 있다.

거문고를 가지는 일과 금 대접을 가지는 일은 현재에도 계속 일어나야 하는 일 즉, 믿음을 지속할 수 있는 도구에 관한 문제를 다루고 있다.

요한은 금 대접에 있는 향이 무엇인지를 정확하게 설명하고 있다. 이 향은 성도들의 기도들이라고 말한다. 거문고는 단수지만 금 대접들은 복수이며 향들도 복수로 기록되었다.

금 대접과 향들이 복수라는 것은 기도가 일회성으로 끝나야하는 것이 아니고 여러 번 반복되어야 하는 것임을 보여준다. 인류를 대표하는 믿음의 증인들인 24장로들과 교회의 권세를 상징하는 네 생물이 모두 이 향로를 가지고 있는 모습은 매우 중요한 메시지를 전달하고 있다.

우리가 하나님의 아들이신 예수 그리스도의 죽으심을 믿고 구원을 받았다 할지라도 우리는 매일 기도해야 한다는 진리를 보여주고 있다.

우리가 믿음으로 의롭다 하심을 얻었으나 삶을 살아가는 동안, 반드시 기도로 성령께 간구하는 일이 우리 안에 있어야 함을 강력히 말씀하시는 장면이다.

이 구절은 24장로들의 승리가 단지 한 번만 믿어서 이뤄지는 것이 아님을 보여주는 장면이기도 하다. 그들의 승리는 하나님의 놀라운 능력에서 오는 것이기도 했지만 그들이 삶을 사는 동안 쉼 없이 기도하고 간구했기 때문이었음을 보여주는 메시지다.

그렇다면 이곳의 거문고는 무슨 뜻일까. 분명 금 대접과 향이 의미하는 기도와 연관성이 있으리라고 본다. 성도들의 삶에서 이김을 주는 도구로 사용되는 무언가라고 여겨진다. 그것이 아니라면 금 대접과 향과 함께 이것이 주어질 리가 없기 때문이다.

8절의 중점적인 이야기는 성도들이 믿음을 가진 후에 현재 지속해서 해야 할 능동적인 일에 관한 것이다. '가지다'에 해당하는 ἔχοντες(ekontes)는 현재이며 능동태다. 즉, 여기서 그들이 가지는 거문고와 기도는 온전히 그들의 의지로 '능동적'으로 '항상' 취해야 할 도구들이다.

거문고의 의미와 관련된 가장 중요한 구절은 아마도 고전 14:7절일 것이다.

'혹 피리나 거문고와 같이 생명 없는 것이 소리를 낼 때에 그 음의 분별을 나타내지 아니하면 피리 부는 것인지 거문고 타는 것인지 어찌 알게 되리요.'

바울은 방언에 관하여 고린도 교회 성도들에게 위와 같은 말씀으로 가르친다. 기도하되 분별을 가지고 기도하라고 명령한다. 방언은 기도의 방식 중 하나다. 예언 또한 기도하는 가운데 일어나는 일이다.

기도하는데 분별이 없다면 어떤 것이 하나님께로부터 온 것인지 악한 영에게서부터 온 것인지 우리는 알 수 없다. 거문고의 줄이 음을 분별하여 소리를 낼 때 비로소 우리는 '도'나 '레' 음을 정확하게 낼 수 있다.

이에 따라 함께 노래하는 이들도 음이 분별해주는 키에 맞춰서 어우러지며 아름다운 소리를 낼 수 있다.

마찬가지로 우리는 기도하고 간구할 때에도 성령이 주시는 분별력으로 기도해야 한다. 교회의 일, 하나님 나라의 일은 합력해서 선을 이루는 가운데 이뤄진다.

누구도 혼자서만 일할 수는 없다. 만일 혼자 하나님의 일을 한다고 하는 사람은 곧 하나님의 일을 하는 사람이 아니라고 해도 과언이 아니다.

하나님은 모든 일을 사람을 통해 이루시고 사람은 교회 안에 속한 사람들과 함께 어우러져 일해야만 한다. 하지만 여기서 중요한 것은 성령이 주시는 정확한 목표를 가지고 행동해야 한다는 점이다.

이는 마치 선이 있는 악기들, 피아노나 기타와 같은 악기에 맞춰 함께 음을 조절하여 하모니를 이루는 작업과 같다.

바울은 교회 내에서 함께 하나님의 나라를 이뤄나가는 성도들이 반드시 성령이 주시는 분별력으로 어우러져 서로를 돕고 사랑으로서 합력해 선을 이뤄야 함을 가르친다.

여기에서 우리는 교회 안에서 살아가야 하는 성도들이 어떠한 분별을 가져야 할지를 생각하게 한다.

'아침에 하늘이 붉고 흐리면 오늘은 날이 궂겠다 하나니 너희가 날씨는 분별할 줄 알면서 시대의 표적은 분별할 수 없느냐'(마 16:3).

'너희는 이 세대를 본받지 말고 오직 마음을 새롭게 함으로 변화를 받아 하나님의 선하시고 기뻐하시고 온전하신 뜻이 무엇인지 분별하도록 하라'(롬 12:2).

'사랑하는 자들아 영을 다 믿지 말고 오직 영들이 하나님께 속하였나 분별하라 많은 거짓 선지자가 세상에 나왔음이라'(요일 4:1).

위 구절들은 우리가 '무엇'을 분별해야 할지를 가르쳐준다. 우리가 세상을 살아가면서 시대를 분별하고 세상을 하나님의 눈으로 보는 법을 터득해야 한다. 그래야만 깨어 기도하고 주님의 오심을 예비할 수 있기 때문이다.

또한, 우리는 하나님의 나라를 이뤄나가는 존재들로서 하나님이 무엇을 원하시는지를 분별해야 한다. 이는 라오디게아교회 사자에게 보내신 서신에서 예수님이 말씀하신 '차가움'에 속하는 부분이다. 즉, 하나님이 교회에게 주시는 목적이 무엇인지를 알아야 한다는 뜻이다.

또 기도할 때 우리가 어떠한 것을 느끼고 받았다 해서 모든 것이 다 하나님께로부터 온 것이 아님을 알아야 한다. 또 반드시 하나님의 사람이라고 해서 그가 기도하는 가운데 얻어진 모든 것이 하나님께로부터 온 것이 아닐 수도 있음을 알아야 한다.

'우리가 이것을 말하거니와 사람의 지혜가 가르친 말로 아니하고 오직 성령께서 가르치신 것으로 하니 영적인 일은 영적인 것으로 분별하느니라'(고전 2:13).

'육에 속한 사람은 하나님의 성령의 일들을 받지 아니하나니 이는 그것들이 그에게는 어리석게 보임이요, 또 그는 그것들을 알 수도 없나니 그러한 일은 영적으로 분별 되기 때문이라'(고전 2:14).

위 구절들은 우리가 분별할 때 '어떻게' 분별해야 하는지를 보여준다. 영적인 것은 오직 영적인 것으로만 분별할 수 있다. 이 말은 피아노를 치기 위해선 반드시 악보가 필요하다는 말과 같다.

피아노를 쳐야 하는데 소설책을 갖다 놓고 피아노를 치려고 하는 것은 매우 어리석은 행위다. 음악은 음악으로 풀어야 한다.

마찬가지로 하나님의 뜻은 오직 성령만이 분별하실 수 있다. 여기서 바울이 영적인 것을 영적으로 해석하라는 것은 곧 우리가 성령으로 충만하여 성령 안에서 하나님의 뜻을 분별하라는 말이다. 성령이 임하시지 않고는 하나님이 원하시는 기도를 할 수 없음을 바울은 분명히 말하고 있다.

또 이러한 분별을 위해 반드시 우리가 알아야 할 것이 있다. 그것은 곧 말씀이다. 거문고는 줄을 가진 악기다. 일정한 음을 가진 줄을 가져서 올

바로 음을 맞춰야 하고 그래야만 조화로운 소리를 낼 수가 있다.

우리가 성령 안에서 기도하면서 하나님의 뜻을 분별하기 위해서는 하나님이 우리에게 이미 주신 조율 도구인 말씀에 의지해 살펴야 한다.

주야로 하나님의 말씀을 묵상하는 일은 믿음의 거장들이 필수적으로 해야 했던 일이었다. 사도들은 구제하는 일들이 많아지자 집사들을 세우며 자신들은 오직 말씀과 기도에 집중해야 한다고 선언한다. 하나님의 일을 하는데 말씀의 기준을 가지고 기도하는 일이 얼마나 중요한 일인지를 아는 것이다.

24장로들과 네 생물이 예수 그리스도 구원의 사역이 등장한 시점에 엎드려 경배하면서 그들이 취한 거문고와 금 대접은 우리가 성도의 삶을 사는 데 있어 말씀과 기도가 얼마나 중요한 사안인지를 보여준다.

구원은 나의 힘으로 이룰 수 없는 것이다. 그럼에도 우리가 성도로서 살아가는 데 있어 말씀과 기도를 통해 하나님의 뜻을 분별하고 성령 안에서 그의 도우심을 입어 구원을 붙잡는 것이 얼마나 필요한 일인지 모른다.

라오디게아교회 사자에게 강조하셨던 차가움과 뜨거움이 여기서도 한 번 더 강조되고 있는 것 같다. 이 구절들은 성도들이 죽기까지 승리하는 데 있어 말씀과 기도와 성령 안에서 행하는 것은 불구덩이와 같은 영적 전쟁에서 승리하는 가장 중요한 도구라는 것을 알려준다.

나의 구원은 예수 그리스도로 말미암아 얻어졌다. 그러나 우린 믿어야 한다. 그리고 한 번 믿음으로 끝나는 것이 아니다. 우리는 분별해야 하며 기도해야 하며 성령 안에서 구원을 지켜야만 한다. 이것이 진정한 우리들의 살아있는 믿음이라는 것을 이 구절들은 강렬하게 보여주고 있다.

2장

모든 만물의 찬송

그 바라는 것은 피조물도 썩어짐의
종노릇 한데서 해방되어
하나님의 자녀들의 영광의 자유에
이르는 것이니라

롬 8:21

새 노래

9절은 8절의 연장선에 있다. 24장로들과 네 생물이 거문고와 금 대접을 가진 것과 동시에 그들은 새 노래를 노래한다. '노래하다'에 해당하는 헬라어도 '가진다'의 형태와 동일하게 현재형으로 기록되었다.

이는 그들이 말씀과 기도와 함께 입술로 소리를 내어 곡조를 부르는 찬송도 하고 있음을 보여준다.

앞서 말한 바와 같이 찬송은 입술의 열매로서 하나님을 믿는 믿음에 대한 신앙의 고백이라고 할 수 있다. 그들이 믿은 것을 입술로 선포하는 행위인 것이다.

예수 그리스도의 죽으심과 피의 속죄로 인해 성도들은 구원을 얻었다. 말씀과 기도로 거룩하여지는 삶을 살아가는 동시에 예수님의 공로를 입술로 선포하고 인정하는 일은 말씀을 보고 기도를 하는 것만큼이나 중요한 신앙 고백의 행위다.

우리가 여기서 알 수 있는 사실은 예수 그리스도의 죽으심으로 모든 인류의 죄의 문제가 해결되었고 믿는 우리들이 그로 인해 구원을 얻었으나 여전히 싸워야 할 영적인 전쟁이 남아있다는 점이다.

이곳은 예수님이 왜 그토록 니골라 당의 행위를 미워하셨는지를 알 수 있는 대목이기도 하다. 일곱 교회가 이기는 데 있어서 각 교회에게 주신 지침을 지키고 경계하며 분별하는 것이 '전략'이라면 이곳에서 나오는 거문고와 금 대접의 향들과 찬송의 선포는 그 전략을 성취할 수 있도록 이끄시는 성령과 화합하게 만드는 '도구'라고 할 수 있다.

말씀과 기도와 찬송은 영혼의 내력을 쌓는 일이다. 외부에서 오는 강한 바람과 지진, 비와 태풍을 견딜 수 있도록 건물의 내력을 강하게 설계하는 것처럼 우리가 세상을 살아가는 데 있어 견딜 수 있는 튼튼하고 견고한 영혼의 지반을 세워준다.

만일 우리가 예수님의 공로만을 믿고 아무것도 하지 않아도 될 것이었다면 하나님은 그의 선지자들과 사도들을 통해 말씀과 기도의 중요성, 찬송의 선포가 얼마나 중요한지, 하나님의 전신갑주를 취하고 성령의 은사를 받으며 성령의 열매를 맺는 일들이 얼마나 중요한지를 말씀하시지 않았을 것이다.

세상은 하나님의 것이지만 공중 권세는 사람의 범죄로 인해 잠시 빼앗긴 상태다. 세상에 존재하는 제국들은 하나님을 대적하는 사상으로 나라를 이끌어 나가려고 한다.

그 현상은 점점 더 심해지고 있고 급기야는 계 13장에 나오는 것처럼 온 세상이 하나님과 그 성도들을 대적하여 하나님과 전쟁까지 하는 지경에 이를 것이다.

보이지 않게는 온갖 종류의 악한 영들이 성도들을 미혹하고 괴롭힌다. 자살의 영, 미움의 영, 사치의 영, 음란의 영, 우상 숭배의 영, 타협하는 영, 율법주의의 영과 같은 보이지 않는 마귀의 영들이 사람들의 삶 속에 침투하여 사람의 마음을 흔들고 하나님 나라의 복음을 듣지 못하도록 방해하고 있다.

우리는 이런 세상에서 살아야 하고 이런 세력과 싸워야 한다. 음란하고 패역한 세상에서 예수 그리스도를 향한 믿음을 지켜내야만 하는 것이다.

니골라 당의 교훈은 성도들로 하여금 싸울 의지를 박탈하게 만드는 교훈이었다. 예수님의 구원이 우리에게 있으니 기도도 할 필요가 없고, 말씀을 더 이상 보지 않아도 되며 찬송하지 않아도 한 번 얻은 구원은 우리에게 영원히 임할 것이라는 무서운 교리를 퍼트린 것이다.

우리가 기도할 때 성령은 우상숭배와 타협하지 말라는 음성을 주실 뿐 아니라 그렇게 할 수 있는 힘을 준다.

우리가 말씀을 볼 때 성령은 어떤 결정이 하나님의 뜻인가를 가늠하게 해준다. 이 둘이 어우러져 어떤 것이 하나님으로부터 온 음성인가를 인지하게 만든다.

우리가 찬송할 때 악한 영들이 떠나가기도 하고 옥문이 열리기도 한다. 하나님이 주시는 기적과 능력은 다만 우리가 예수 그리스도 안에서 태어났다고 해서 볼 수 있는 것들이 아니다.

태어나 자라고 무기를 쓰는 연습을 해야 비로소 유능한 군인이 될 수 있듯, 우리는 영적으로 유능한 군인이 되어야 세상과 싸울 수 있다. 이뿐만 아니라 우리는 비로소 사람이 무엇을 위해 살아야 하는지를 깨닫게 된다.

우리는 목적이 없는 삶의 허무함을 허다히 목격한다. 목적이 없이는 고난을 이겨낼 수 없다. 목적이 없이는 삶의 진정한 행복을 누릴 수도 없다.

그러나 만일 그 목적이 그저 높은 명예를 가지거나 많은 물질을 가지는 데 있다면 그 또한 허무하기 짝이 없을 것이다.

목적을 이루는 삶을 살아야 하지만 그 목적은 하나님께로부터 나와야 한다.

4장에서 24장로들이 엎드려 찬송하는 것과 같이 모든 만물은 주님의 의도대로 창조되었다. 사람도 그 창조의 뜻대로 사는 것만이 모든 우주를 조화롭게 이룰 수 있게 될 뿐 아니라 그 자신도 완전한 행복에 이르게 될 것이다.

우리는 완전한 안식의 나라인 하나님의 나라에 가서야 이 모든 행복과 과정을 이해하게 될 것이다.

예수 그리스도는 완벽한 행복에 이르게 만드는 최선의 길이다. 그러나 중요한 건 그 길은 우리가 호흡하고 숨을 쉬는 세상에서만 걸어갈 수 있다는 점이다. 악한 세상에서 악한 기류에 휩쓸리지 않고 역류하여 올라가야만 한다.

그 기류는 언제나 우리의 현재를 위협하고 있고 지금 이 책을 보고 있는 순간에도 세상은 우는 사자와 같이 두루 삼킬 자를 찾고 있다.

나만의 힘으로는 세상을 역류하여 영원한 구원의 문으로 들어갈 수 없다. 예수 그리스도의 은혜가 전능할지라도 그것을 가지고 있는 우리는 매 순간, 현재에서 그 은혜를 붙들지 않으면 세상의 기류에 쓸려 떠내려갈 수밖에 없음을 기억해야 한다.

성령은 그 기류에 휩쓸리지 않게 도우시는 분이시다. 이 성령을 매 순간 놓치지 않게 하고 그의 힘을 구하게 만드는 도구가 말씀이고 기도이며 믿음의 선포인 찬송이다.

우리를 말씀에 비추어 매일 들여다보고 깨끗게 하시기를 구해야 한다. 기도를 통해 하나님의 공급하시는 것들을 받는 버릇을 들이고 찬송을 통해 우리 영혼에, 세상에 하나님을 믿는 믿음을 선포해야만 한다.

이것이 온 인류를 대표하는 증인들인 24장로들과 네 생물이 거문고를 받아들고 금대접과 향들을 가지며 새 노래로 찬송하는 까닭일 것이다. 그들 또한 그 도구로 인해 믿음으로 의에 이르는 삶을 살았고 유지했고 성장했다.

그렇다면 왜 '새' 노래일까. 새 노래가 있다는 것은 옛 노래가 있다는 것을 보여준다. 옛 노래는 무엇이고 새 노래는 무엇일까. 우리는 곧바로 이 노래들이 옛 언약과 새 언약으로 이어진다는 것을 알 수 있다.

옛 언약은 모세에게 하신 언약으로 이어진다. 하나님은 시내산에서 모세에게 십계명을 주셨고 율법을 주셨다.

그러나 그 언약은 이스라엘이 지키지 못했다. 이것은 사람이 자신의 힘으로는 이 언약을 지킬 수 없다는 한계를 보여준다. 율법은 지켜야 하지만 지킬 수 있는 사람이 아무도 없었다. 율법은 사람의 연약함과 악함을 드러낼 뿐이었다.

율법은 사람의 죄악을 여실히 보여주는 거울과 같은 역할을 한다. 나의 더러운 것이 무엇인지, 어디가 잘못되었는지를 보여준다.

바울은 이로 인해 모든 이들이 죄 아래 있다고 선포했다. 인류는 누구하나 할 것 없이 다 죄인이다. 이 때문에 힘센 천사가 나서서 합당한 자가 없냐고 외쳤을 때 요한은 통곡할 수밖에 없었다. 그 누구도 이 옛 언약을 지킬 수 없었기 때문이었다. 옛 언약은 우리가 영원한 심판과 죽음에 이를 수밖에 없다는 것을 명백히 보여주는 진실의 거울이었다. 우리는 우리의 힘으로 그 언약을 지킬 수가 없었다.

그러나 하나님은 예수 그리스도를 통해 일어날 새 언약을 창조하셨다. 예수 그리스도께서 우리의 죽음을 짊어지시고 대신 죽어주셨고 그로 말미암아 오신 성령이 우리를 도우셔서 우리의 마음을 부드럽게 하셨다. 우리는 새로운 피조물이 되었고 새로운 영을 부여받았다. 이를 믿는 모든 이들이 심판을 이기고 하나님의 긍휼로 나아갈 수 있었다.

예수님의 이름으로 오신 성령이, 인간이 결코 지킬 수 없으리라 여겼던 율법을 지지키게 하시고 그 위에 넘어서서 완전하게 하신다. 새로운 포도주는 새로운 부대에 담겨야 하는 것처럼 새 언약은 새로운 영에 담기고 새롭게 된 영혼들은 새로운 노래를 부를 수밖에 없을 것이다.

이들은 이렇게 노래한다.

책을 가지시고 그 인봉을 떼기에 합당하시도다 일찍 죽임을 당하사 각 족속과 방언과 백성과 나라 가운데서 사람들을 피로 사서 하나님께 드리시고 저희로 우리 하나님 앞에서 나라와 제사장을 삼으셨으니 저희가 땅에서 왕 노릇 하리로다(계 5:9~10).

여기에 나온 내용들을 풀어보자면 이러하다.

그들은 첫째, 인봉을 떼어주신 분, 그분이 합당하신 분임을 믿음으로 선포한다. 우리 믿음의 주체요 기둥은 어린 양이신 우리 주 예수 그리스도가 옛 언약과 선지자들이 기다렸던 택함 받은 메시아이심을 믿는다는 것이다.

이 진리가 없다면 우리의 기도도 말씀을 보는 것도 찬송도 무용지물이다. 이 진리가 있기에 말씀을 보아도 이해할 수 있고 찬송이 선포하는 신앙의 근본을 인지할 수 있으며 기도의 대상을 헛된 것에 두지 않을 수 있다.

두 번째로 그는 인류의 모든 죄를 위해 죽임을 당했음을 선포한다. 그는 십자가에 못 박히셨다. 그것이 합당하심의 가장 중요한 조건 중 하나다. 또한, 우리 신앙의 기초가 되는 믿음의 명제다.

그 죽으심이 어떠한 결과를 낳았는지도 그들은 선포하고 있다. 모든 방언, 나라, 족속, 백성들 이 세상에 존재하는 모든 사람 중에 믿는 성도들이 예수님의 죽으심으로 말미암아 속죄함을 얻었다. 예수님이 값을 치러 주신 것이다.

세 번째, 이로 인해 우리는 단지 구원만 얻은 것이 아니다. 우리의 신분은 상승되었다. 왕 노릇을 할 수 있는 제사장이 되었다. 또한, 우리는 하나님의 나라 그 자체가 되었다.

이것이 우리가 부르고 있고 앞으로도 부를 새 노래다. 옛 언약으로는 꿈도 꿀 수 없었던 놀라운 일들이 하나님의 새 언약의 성취자이신 예수 그리스도로 인해 일어났다.

율법 이전의 성도들이든, 그 이후의 성도들이든 구원을 받고 하나님 나라에 속하며 제사장 노릇을 하는 모든 이들은 예수 그리스도의 공로로 인해 놀라운 열매를 받을 수 있게 되었음을 깨닫는다. 이것이 8, 9,

10절에서 보여주는 장면의 메시지라고 할 수 있을 것이다.

천사들

헬라어로 αγγελος(angelos)는 '사자, 천사, messenger'로 번역된다. 앞서 일곱 교회의 서신을 받는 종들을 사자로 표현했는데 이때 사용된 단어도 αγγελος다.

이 단어는 '보내심을 받은 자'라는 구체적인 뜻을 가지고 있다. 성경에서 천사는 총 네 종류로 분류된다.

첫째는 여호와의 사자 즉, 구약에 나타나셨던 예수님의 현현하시는 모습이다. 얍복 강가에서 야곱과 씨름한 사자(창 48:16), 출애굽 때 앞서가신 사자이자 율법을 전하여 준 사자(행 7:38), 다니엘서에서 다니엘의 세 친구들과 함께 풀무불 속에서 그들을 보호하셨던 사자(단 3:28) 등 이외에도 예수님은 구약에서 그의 교회를 보호하시고 이끄시고 말씀하시고 싸우시는 사자였다. 그리고 구약 성경은 이 단어를 대사(ambassador), 메신저, 교사나 선지자, 보내심을 받았다는 뜻의 מַלְאָךְ(말라크)를 사용하고 있다.

구약에서 이렇게 현현하신 하나님의 사자의 모습은 교회를 세우셨고 교회를 위해 싸워주셨다. 다시 한번 말하지만, 예수님은 사람의 모습으로 이 땅에 나타나셨을 때뿐 아니라 창조 때, 그 이후 교회가 세워지고 이스라엘이 멸망하는 순간에도 함께 해 주셨다.

다만 하나님이 인간의 눈에 확연히 보이도록 성육신하셨던 시기가 2000년 전이었을 뿐이다. 그의 성육신 이전에도 예수님은 늘 그의 교회와 함께해 주셨고 싸워주셨다.

두 번째는 우리가 알고 있는 개념의 천사다. 하나님의 부리시는 사역자이자 거룩한 존재, 능력이 많은, 말 그대로 하늘에서 온 천사다.

마태복음에서 나오는 천사들은 25:41절을 제외하고는 모두 놀라운 소식을 전하거나 예수님을 수종하고 받드는 존재, 예수님의 무덤의 돌을 옮기는 등, 하나님의 일을 할 수 있도록 특별한 능력을 부여받은 존재들이다.

사도행전에서 베드로를 감옥에서 꺼내준다거나 바울에게 미래의 일을 알려주거나 고넬료에게 나타나 하나님의 메시지를 전하는 등의 심부름을 하는 존재로 나타나기도 한다. 이들은 군대를 이루기도 하는데 그 수를 헤아릴 수 없다.

또 능력과 역할에 따라 천사를 구분 짓기도 한다. 소식을 전하는 천사는 가브리엘로, 이스라엘을 도울 군대 장관격의 천사는 미가엘로 성경에 나타나는 것을 볼 수 있다.

세 번째는 사단의 보냄을 받은 천사나 죽음을 일으키는 천사와 같은 악한 영들에 속한 사자들이다. 벌하는 천사(시 78:49), 마귀의 수하된 천사들(마 25:41), 자신을 광명한 천사로 가장하는 사단의 존재(고후 11:14), 사단이 보낸 사자 곧, 사단의 가시(고후 12:7)를 표현할 때도 αγγελος를 사용한다.

네 번째는 하나님이 보내신 종들을 표현할 때 이 단어를 쓴다. 일곱 교회 서신을 받은 종들이 그 대표적인 예라고 할 수 있다. 그들은 각 지방에 있는 하나님의 교회에 보내심을 받은 자들로서 하나님의 메신저 역할을 할 뿐 아니라 교회를 양육하고 지키며 하나님의 나라를 위해 일하는 천사들이다.

그러나 그들은 우리가 생각하는 어떤 영적인 존재들은 아니며 '사람'으로서 하나님의 보내심을 받아 일하는 종들이다. 사도라는 말로 번역되는 άποστολος(아포스톨로스)도 '보내심을 받은 자'라는 뜻을 가지고 있다.

특별히 계시록은 이 'αγγελος'의 의미를 굉장히 신중하게 생각해야 한다. 상황에 따라 이 단어는 세 번째의 의미로도, 첫 번째의 의미로도 또 네 번째나 두 번째의 의미로도 사용될 수 있기 때문이다.

그러나 여기 계 5:12절에서 말하는 천사들은 당연히 두 번째 부류에 속하는 하나님의 부리시는 영들, 그의 사역자들로서의 천사들을 뜻한다. 여기서 우리는 하나님이 다스리시는 통치의 영역을 확인할 수 있다.

그분이 통치하시는 세상은 우리가 보고 있는 지구나 우주뿐 아니라 더 큰 영역까지 포함하고 있다는 것을 추측할 수 있다. 천사는 때로 우리의 눈에 보이기도 보이지 않기도 하는 존재들이다. 즉, 그들의 활동영역은 보이는 세계에도 있지만 보이지 않는 세계에도 있음을 보여준다.

그 보이지 않는 세계는 우리가 보지 못하는 영적인 세계도 있지만, 과학을 통해 드러난 가시적 세계 이외에 더 멀고 광활한 어떤 실제적인 세계도 보이지 않는 영역에 속한다.

야곱이 본 사닥다리의 환상은 천사들이 다만 지구라는 땅에 국한되지 않고 '하늘'이라는 실제적이지만 우리가 볼 수 없는 공간에서 온 초자연적인 존재라는 것을 알려준다. 이것만 보아도 천사들의 출현은 하나님의 통치 영역이 얼마나 넓은지를 짐작하게 한다.

중요한 사실은 그들이 움직이고 활동하는 모든 목적에는 하나님의 뜻이 적용된다는 점이다. 그리고 그 하나님의 뜻이 무엇인지는 계 5:12절의 천사들이 직접 선포하고 있다. 그것은 바로 '죽임을 당하신 어린 양'이 하신 일에 관한 부분이다.

그들은 이렇게 선포한다.

큰 음성으로 가로되 죽임을 당하신 어린 양이 능력과 부와 지혜와 힘과 존귀와 영광과 찬송을 받으시기에 합당하도다 하더라(계 5:12).

그들은 지금 큰 소리로 외치듯이 말하고 있다. 그들의 수가 천천이고 만만이라는 것을 보면 그들의 수가 얼마나 많은지 우리는 짐작조차 할 수 없을 것이다. 그렇게 많은 수의 천사들이 큰 음성으로 선포하면 하늘이 무너질 듯한, 폭포수와 같은 울림이 있었을 것 같다는 상상을 해 본다.

그토록 큰 음성으로 외치는 내용은 한 마디로 어린 양의 합당함이다. 앞서 말한 바와 같이 어린 양이 그 능력으로 하나님의 아들이라 인정을 받은 것은 그가 행하신 일 때문이었다. 그 일은 십자가의 사역을 통해 이루신 죄의 멸함이었다. 한 사람 아담으로 인해 들어온 죄가 두 번째 아담이신 예수 그리스도로 말미암아 완전히 끝난 것이다.

그들은 예수님의 완전무결함과 승리가 책을 열어 보기에 또 작동시키기에 합당한 자로 만들었다는 것을 선포하고 있다. 따라서 여기서 우리가 추측할 수 있는 한 가지는 그들이 외치는 일곱 가지의 목적어들(subjects)-능력, 부, 지혜, 힘, 존귀, 영광, 찬송-은 예수님의 죽으심과 연관이 있다는 점이다. 예수님의 죽으심은 죄의 소멸과 연관되어 있고, 죄의 소멸은 곧 인류의 구원과 연결된다. 즉, 그들이 외치는 7가지는 인류의 구원을 이루기 위한 과정과 연관되어 있음을 알 수 있다.

그들은 구원을 위해 인류의 모든 시간 속에서 하나님의 명령을 이행했다. 그 이행에 있어 필요한 요소들이 바로 그들이 외치는 7가지였다.

여기서 우리가 놓치지 말아야 할 중요한 이면은 구원을 예비하기 위해 하나님이 심판을 이행하셨다는 점이다. 여기에 동원된 일꾼들이 천사들이었다.

천사들은 소돔과 고모라를 멸하는 동시에 롯과 그의 가족들을 구했다. 이스라엘이 출애굽 할 수 있었던 것은 유월절 날 죽음의 천사들이 심판을 행했기 때문이다. 그 가운데 구원을 얻은 이스라엘은 애굽을 빠져나올 수 있었다.

계 5:12절에서 천사들이 외치는 함성의 결정적인 사건인 십자가도 우리가 받아야 할 심판을 예수님이 대신 받으심으로서 일어난 구원에 관한 이야기다. 천사들은 예수님이 그 심판을 받으실 수 있도록 돕는 존재들이었다. 그 가운데 자연스럽게 우리들의 구원이 확정된 것이다.

그 사건이 일어나기 전에 우리가 본 성경 안의 모든 사건은 십자가 사건을 이루기 위한 탄탄한 기본기들이었다. 심지어 아담과 하와가 쫓겨났던 그 순간에도, 가인이 아벨을 죽이려 했던 그 순간에도 하나님은 십자가 사건을 준비하시기 위한 계획을 세우고 계셨고 실행 중이셨다.

노아의 방주와 아브라함 때부터 시작된 믿음의 씨앗이 이스라엘로 자라고 그 아들을 통해 자라고 그 민족을 통해 자라나며 한 국가와 왕조와 역사를 이루며 그것이 멸망하고 다시 세워질 때도 하나님의 계획은 오로지 십자가 사건 하나를 향해 달려가고 있었다.

천사들은 십자가를 향해 달려가고 있는 하나님의 교회를 하나님의 뜻을 따라 돕고 이루는 존재들이었다. 그들은 예수 그리스도를 예비하는 사람들을 예비하고 그들이 사는 곳을 멸하기도 하고 세우기도 하는 일꾼들이었다.

그들의 일은 하나님이 뜻을 따라 그들에게 주신 7가지에 의해 이뤄졌음을 계 5:12절은 보여주고 있다.

7가지 목적어들

그 과정에서 하나님은 그의 천사들에게 능력을 베푸셨다. 이곳 천사들의 외침을 보면 그들은 자신들의 능력이 어디서 비롯되었는지 알고 있음을 볼 수 있다. 또 그 능력의 중심이 무엇이었는지도 알고 있었다. 그들은 그들이 본 것을 증언하고 있으며 선포하고 있는 중이다.

그들은 7가지 목적어들, 능력, 부, 지혜, 힘, 존귀, 영광, 찬송을 어린 양께 '드린다'(λαμβάνω: lambano)고 선포한다. 이것은 그들이 이 7가지를 가지고 있었다는 것을 의미한다. 또한, 이는 그들도 피조물로서 이 7가지를 창조주에게 받았다는 것을 의미한다.

하나님은 그들에게 이것들을 주셨고 그의 뜻대로 사용하셨다. 예수님

또한 삼위 하나님의 한 분으로서 그들의 능력의 근본이 되시는 분이시므로 그들이 가진 7가지도 모두 예수 그리스도에게서부터 왔음을 알 수 있다.

천사들이 외치는 7가지와 구원이 연결된 구절들을 찾아보면,
첫째로 능력이다.

…복음은 모든 믿는 자들에게 구원을 주시는 하나님의 능력이 됨이라…(롬 1:16).

에돔에서 오는 이 누구며 붉은 옷을 입고 보스라에서 오는 이 누구냐 그의 화려한 의복 큰 능력으로 걷는 이가 누구냐 그는 나이니 공의를 말하는 이요 구원하는 능력을 가진 이니라(사 63:1).

이 구절들에서 알 수 있는 사실은 구원의 능력을 가지신 이는 예수 그리스도라는 점이다. 예수님의 능력은 사람을 움직이기도 하고 나라를 세우기도 하며 또 천사들을 보내기도 한다.

그가 능력을 발휘하시는 궁극적인 이유는 단 하나. 오직 사람을 구원하시기 위해서다. 천사들은 그것을 본 증인들일 뿐 아니라 실제 그 능력을 부여받아 행한 존재들이다.

십자가의 일을 이루시기 위해 우리가 알지 못하는 모든 일을 진두지휘

하시고 천사들에게 수행 능력을 허락하신 이가 바로 예수 그리스도임을 그들은 증거하고 있다.

둘째로 부함(wealth).

유대인이나 헬라인이나 차별이 없음이라 한 분이신 주께서 모든 사람의 주가 되사 그를 부르는 모든 사람에게 부요하시도다(롬 11:12).

깊도다 하나님의 지혜와 지식의 풍성함이여, 그의 판단은 헤아리지 못할 것이며 그의 길은 찾지 못할 것이로다(롬 11:33).

이는 그들로 마음에 위안을 받고 사랑 안에서 연합하여 확실한 이해의 모든 풍성함과 하나님의 비밀인 그리스도를 깨닫게 하려 함이니(골 2:2).

…하나님이 세상에서 가난한 자를 택하사 믿음에 부요하게 하시고 또 자기를 사랑하는 자들에게 약속하신 나라를 상속으로 받게 하지 아니하셨느냐(약 2:5).

예수 그리스도께서 가지신 부요함은 구원의 사역을 이루시되 넘치도록 하시는 풍성함을 의미하는 것 같다. 마치 오병이어의 기적 후에 열두 광주리나 남았던 것과 같이 그가 가지고 있는 진리와 능력과 지혜와 힘과 그외 모든 요소들은 구원을 위해 넘치도록 존재하고 있음을 말해준다.

그가 부요케 하신다는 것은 단지 사람을 죄에서 구원하시는 것을 넘어서서 그 사람이 온전한 그리스도인으로 거듭나고 자랄 수 있도록 충분한 에너지를 끊임없이 공급할 수 있음을 의미한다.

우리가 지금 믿고 있는 것에서 더 높고 넓고 길고 깊은 것을 믿고 알 수 있도록 만드시는 분이 예수 그리스도이심을 선포하고 있는 것이다.

천사들은 이러한 풍성함 안에 속한 존재들일 뿐 아니라 이 풍성함을 목도한 존재들이다. 사람이 알 수 없는 영역을 보았고 찬송했고 선포했다. 그들은 이것이 모두 예수 그리스도께로부터 온 것임을 증거하고 있다.

셋째, 지혜(wisdom).

오직 부르심을 받은 자들에게는 유대인이나 헬라인이나 그리스도는 하나님의 능력이요 하나님의 지혜니라(고전 1:21).

바울은 하나님의 지혜가 예수 그리스도 안에 집약되어 있음을 선언한다. 예수님은 하나님의 가장 큰 책략이자 모략이다. 잠언 8장은 지혜를 마치 사람처럼 묘사하고 있는데 그 모양이 꼭 예수님에 관하여 이야기하는 것처럼 느껴진다.

여호와께서 태초에 일하시기 전부터 지혜를 가졌다는 것이나, 지혜가 창조자가 되어 날마다 하나님의 기뻐하신 바가 되었다는 것은 요한이 복음서에서 묘사하는 예수님의 모습과 매우 흡사하다.

잠언 뿐 아니라 성경의 모든 진리가 예수님이 하나님의 지혜 그 자체가 되시며 모든 종류의 창조, 구 세상과 새 세상의 창조, 구 언약과 새 언약의 창조의 주체이자 그것을 만들어낸 지혜임을 말하고 있다.

성경이 말하고자 하는 바가 결국 예수 그리스도이며 예수 그리스도는 곧 구원을 얻는 지혜로 연결된다(딤후 3:15). 천사들이 움직이는 때와 동선과 그들이 싸웠던 모든 전쟁의 모략은 모두 예수 그리스도께서 주신 지혜로부터 나왔음을 그들은 선포하고 있다.

넷째, 힘(power).

구원에 있어 힘의 요소가 빠질 수 없을 것이다. 계 5:2절에서 나온 '힘이 센 천사'를 이기신 합당하신 분은 예수 그리스도다. 정말 아이러니한 것은 그 천사에게 힘을 제공하신 분도 예수님이라는 사실이다.

율법은 입법자에게서 나오고 그 법은 힘이 있기에 죄를 다스릴 수 있기 때문이다. 만약 법에 아무런 힘이 없다면 사람은 그 법을 지키려 하지 않을 것이다. 하지만 그 법에 효력이 있고 힘이 있다면 법은 두려움의 대상이 된다.

예수님은 이 힘을 이길 수 있는 힘의 풍성함을 지니고 계신다. 그는 그의 힘으로 율법의 힘을 이기실 수 있고 그 때문에 사람을 구원하실 수 있는 문을 그의 힘으로 열어 놓으셨다.

이 힘은 영적인 것뿐 아니라 육적인 것도 포함한다. 삼손의 힘이나, 돌을 굴리는 천사의 힘과 같은 힘도 그분이 창조하신 것이다. 천사들은 그들이 가지고 있는 신비한 힘들이 구원이라는 목적을 위해 사용된 것을 알고 있으며 그것이 모두 예수님으로부터 나온 것임을 찬송하고 있다.

다섯째, 존귀(honor).

…죽음의 고난 받으심으로 말미암아 영광과 존귀로 관을 쓰신 예수를 보니…(히 2:9).

지극히 큰 영광중에서 이런 소리가 그에게 나기를 이는 내 사랑하는 아들이요 내 기뻐하는 자라 하실 때에 그가 하나님 아버지께 존귀와 영광을 받으셨느니라(벧후 1:17).

구원을 하시는 데 있어 하나님이 주시는 권위는 반드시 필요한 요소다. 천사들을 '부리는 데' 있어 하나님이 주시는 존귀가 없다면 천사들은 그의 명령을 받들지 않았을 것이다. 하나님이 인정하시지도 않고 그의 권위를 이양받지도 않은 자가 어떻게 천사들에게 명령할 수 있겠는가.

베드로가 변화산에서 본 예수님의 모습은 예수님이 십자가에 달려 돌아가시기 전에 일어났던 일이었다. 이는 하나님이 그에게 구원에 대한 권위를 임명하신 사건이었다고 여겨진다. 예수님이 아버지 하나님께 존귀와 영광을 받으셨다는 것은 그가 인류를 구원할 만한 하나님의 아들임을 인정받았다는 증거라고 할 수 있다.

아무리 힘과 능력과 지혜와 부함이 있어도 하나님이 인정하지 않으시면 무용지물이기 때문이다.

이는 여섯 번째 '영광'에도 적용되는 개념이다. 천사들이 그의 명령을 듣고 이행했다는 것은 하나님이 예수 그리스도를 전적으로 택하시고 그에게 하나님의 영광과 존귀를 허락하셨음을 알았다는 뜻이다.

천사들에게도 하나님의 영광이 있다. 그의 의도대로 창조된 피조물들에게는 각 피조물에게 합당한 영광이 비치게 되어 있다. 또한, 그들에게 허락된 존귀는 이 땅에 사는 자들로 하여금 두려움을 느끼게 만든다.

가브리엘의 명을 들었던 마리아나, 요한을 준다는 하나님의 명을 들었던 사가랴는 하나님의 자녀들이자 사람이었음에도 천사들을 '주'라고 칭했다. 이는 하나님이 그들에게 허락하셨던 존귀와 영광이 있기에 가능했다.

구원을 이루시기 위해 허락하셨던 이 영광과 존귀를 천사들은 다시 어린 양과 하나님께 드리며 찬송하고 있다. 그들이 가졌던 것은 결국 하나님께로부터 왔으며 그들은 다시 하나님께 그 영광과 존귀를 드리고 있음을 알 수 있다.

일곱째, 찬송(praise).

천사들은 예수님이 행하신 모든 구원의 과정을 본 존재들이다. 그들은 예수님의 구원을 위한 지혜와 모략에 따라 부르심을 받아 행했고 실제 그가 말씀하신 대로 이뤄지는 것을 보았다.

그들은 지금 그들이 목도한 것을 증거하고 있으며 그 일을 행하신 예수 그리스도에게 찬송하고 있다.

찬송은 누가 자신을 통치하고 있는지에 대한 영역의 표시다. 하나님을 섬기는 자는 하나님을 찬송할 것이고 사탄을 섬기는 자는 사탄을 찬송할 것이다. 천사들은 예수 그리스도께 그들의 찬송을 드림으로 그에게 통치를 받고 있음을 선언하고 자신들이 어디에 속해 있는지를 보여주고 있다.

이것이 구원을 확증하는 데 있어 가장 확실한 믿음의 선포다. 구원은 전적으로 예수님의 능력과 하나님의 택하심에서 일어나지만 이는 어디까지나 믿는 이들에게만 일어날 수 있는 일이다. 즉, 찬송은 하나님을 믿는 자들이 고백하는 최고의 신앙적 행위다. 구원의 영역을 구분 지어주는 중요한 경계다.

천사들은 그들이 그 경계 안에 있음을 선포하고 그 지경의 왕이 되시는 분이 예수 그리스도이심을 찬송으로서 표시하고 있다. 하나님의 자녀들이 구원을 받는 것은 모든 만물이 자유로워지는 것과 연결된다.

천사들도 하나님의 피조물 중 하나로서 인간의 자유와 그들의 자유가 밀접한 연관이 있다는 것을 알고 있다. 따라서 그들도 예수 그리스도를 통한 인류의 구원이 그들에게 얼마나 큰 의미인지를 인식하고 있는 것이 분명하다.

예수 그리스도는 그의 능력과 부하심과 지혜와 힘으로 우리를 구원하셨다. 또 그것이 합당할 수 있는 이유는 전적으로 하나님께 영광과 존귀로 택하심을 얻었기 때문이다.

그러나 구원은 어디까지나 그의 구원을 믿기로 한 자들에게만 일어나는 일이다. 하나님은 천사들의 찬송을 통하여 하나님의 나라는 예수님의 구원을 택한 사람에게만 허락된다는 것을 보여주고 있다.

모든 만물의 진술

성경은 계 5:13절을 통해 모든 만물에 대한 영역과 정의를 계시한다. 모든 만물의 경계는 하늘 위, 땅 위, 땅 아래, 바다 위, 또 그 가운데 있는 존재들이다. 이는 보이는 존재든 보이지 않는 존재든 하나님이 만드신 모든 살아 움직이는 존재라면 모두 포함된다.

여기서 눈여겨보아야 할 점은 그들은 찬송하고 있지만, 우리말로 번역된 '돌린다'의 주어는 찬송을 하고 있는 모든 만물들이 아니라는 점이다.

구절의 뒷부분에 해당하는 문장의 주체는 다름 아닌 영광, 존귀, 찬송, 능력이다. 이것은 이 말을 하는 모든 만물이 천사들이나 24장로들, 네 생물들과 같은 주체적인 존재가 아니라는 것을 보여준다.

여기에 기록된 헬라어를 자세히 살펴보면, 뒤에 나오는 네 주어-찬송, 영광, 존귀, 능력-는 동사가 없다. 다만 전치사인 εις(eis: ~안으로)라는 말이 영원(αιωνας των αιωνων)이라는 말 앞에 붙어 있을 뿐이다.

이는 영원이라는 공간으로 들어간다는 의미도 되지만 이는 영원이라는 시간으로 들어간다는 것을 의미하기도 한다. 하지만 그 어떤 것도 없는 영원으로 들어가는 것이 그들의 목적이 아니다.

주어 앞에 나오는 보좌에 앉으신 이와 어린 양이 그 목적이라고 할 수 있다. 그들 위에 찬송과 영광과 존귀와 능력이 영원토록 지속될 것이라는 점이 그들이 말하는 이유다.

즉, 찬송과 영광과 존귀와 능력이 영원히 보좌에 앉으신 이와 어린 양에게 돌아가는 모습을 모든 만물이 보고 서술적으로 말하는 것을 기록한 것이 계 5:13절인 셈이다.

이 구절은 모든 일을 이루신 예수님이 영원이라는 시공간을 어떻게 바꿔놓았는지에 대한 결과적 상황에 대한 진술이라고 할 수 있다.

이 때문인지는 몰라도 여기 13절에 기록된 '능력'에 해당하는 단어는 앞서 12절의 '능력'에 해당하는 단어 δυναμις(dunamis)가 아니라 κρατος(kratos)다.

이 단어는 하나님의 신성한 통치와 권위에 관한 능력을 뜻하며 다른 성경의 구절에서는 힘이나 통치 영역을 뜻하는 dominion으로 나타나기도 한다.

이는 단순히 무엇을 하기 위해 능력을 발휘한다는 개념보다는 권세를 나타내고 다스리는 자의 영역을 제어하는 힘의 개념에 가깝다. 따라서 모든 만물이 보고 말하고 있는(λεγοντας) 것은 그들이 고스란히 보고 있는 실제적인 상황인 동시에 엄청난 지각변동이 일어난 영원한 공간의 결과적인 상황이라고 할 수 있다.

지금 그들은 아주 중요하고도 놀라운 현장을 목도하고 있다. 그들이 이렇게 능동적으로 말하고 있는 이유는 그들도 소망을 가지고 있기 때문이라고 성경은 기록하고 있다(롬 8:19).

사실 피조물은 어린 양이 모든 죄를 소멸하시기 전 죄로 물든 땅에서 괴로움을 당하고 있었다. 그러나 그들은 굴복할 수밖에 없었다.

피조물들이 허무한 데 굴복하는 것은 자기 뜻이 아니요 오직 굴복하게 하시는 이로 말미암음이라(롬 8:20).

하나님은 세상을 사람에게 주셨고 사람으로 하여금 통치하게 하셨다. 그럼에도 불구하고 인간이 범죄 했을지라도 그 통치권을 빼앗지 않으셨다. 그로 인해 피조물들은 인간에게 굴복할 수밖에 없었고 괴로움을 당하고 있었다.

그러나 이제 어린 양의 출현으로 새로운 소망이 생겼다.

그 바라는 것은 피조물도 썩어짐의 종노릇 한 데서 해방되어 하나님의 자녀들의 영광의 자유에 이르는 것이니라(롬 8:21).

죽음의 권세, 썩어짐의 권세에서 해방 받을 수 있는 유일한 길은 오직 어린 양이신 예수 그리스도께서 주신 진정한 자유 안에 존재한다. 사람의 통치 영역에 있던 만물들이 자유에 이를 방법은 하나님의 자녀들이 영광에 이르는, 복음으로 인해 우리가 하나님의 자녀가 되고 그 영광을 성취하는 데 있다는 것이다.

지금 계5:13절은 이와 같은 일이 일어나고 있다는 것을 보여준다. 하나님의 영광을 높이는 찬송이, 하나님의 존귀가 그 자녀들 안에서 일어나고 있음을 증언하고 있다.

모든 만물은 예수 그리스도의 승리로 인해 하나님의 영원한 통치가 지속되는 것을 목도하며 소리를 높이고 있다. 모든 만물이 진정한 자유에 이르는 것을 온 우주가 다 들리도록 선포하고 있다.

에베소서에서 바울은 예수님의 영원한 통치를 이렇게 설명하고 있다.

모든 통치와 권세와 능력과 주권과 이 세상뿐 아니라 오는 세상에 일컫는 모든 이름 위에 뛰어나게 하시고 또 그 만물을 그의 발아래 복종하게 하시고 그를 만물 위에 교회의 머리로 삼으셨느니라 교회는 그의 몸이니 만물 안에서 만물을 충만하게 하시는 이의 충만함이니라(엡 1:21~23).

교회는 그리스도께 복종하고 만물은 그리스도와 교회에게 복종하는 시대, 곧 영원한 나라가 도래하는 그 세상에서 만물은 교회로 채워지고 교회는 예수 그리스도로 채워지는 역사가 일어나게 될 것이다.

예수 안에서 하나가 되고 그것이 그 어떤 시대도 상상할 수 없었던 놀라운 자유가 모든 만물 가운데 일어나는 일이 영원한 하나님의 나라에서 일어나게 될 것이다.

3장

요약

그가 찔림은 우리의 허물을 인함이요
그가 상함은 우리의 죄악을 인함이라
그가 징계를 받음으로 우리가 평화를 누리고
그가 채찍에 맞음으로 우리가 나음을 입었도다

사 53:5

4장과 5장은 하나님이 말씀 곧 언약으로 세상을 창조하셨다는 것을 보여주신다. 또 그 가운데 하나님이 자신의 사랑을 쏟으신 교회를 만드셨음을 영상을 보여주듯 요한에게 계시하신다.

이 영상들은 계시록 전체가 보여줄 '속히 될 일'에 대한 스토리의 서두라고 할 수 있다. 그는 밧모 섬에 있다가 성령에 감동되어 하늘의 열린 문을 통과한다. 그리고 천상의 세계로 들어가 하나님이 계시하신 것을 보게 된다.

이 관점의 전환은 16장까지 이어진다. 4장에서부터 16장에 이르기까지 기록된 모든 일들은 그가 '천상에서' 본 사건들이다. 이 점을 잘 기억해 두길 바란다.

4장과 5장의 사건들은 하늘의 뜻이 땅에서도 이뤄진다는 원칙에 입각한다. 하나님이 시작하셔야 비로소 땅에서 시작한다는 원칙에 대한 서두라고 할 수 있다. 하늘에서 시작이 되어야 땅에서도 시작되고 하늘에서 끝이 나야 땅에서도 끝이 난다는 이 원리는 우리가 알고 있지만,

확연히 보지 못했던 진리였다.

그러나 이제 하나님은 요한을 통해 드러내어 보여주고 계신다. 특별히 계시록은 마지막 때에 일어날 속히 될 일이 이 원칙에 의하여 일어나고 있음을 보여주고 있다.

이 때문에 땅에서 심판이 일어났다는 것은 하늘에서 충분히 검증된 증거들에 의해 심판의 때와 시기가 찼다는 것을 보여준다.

그러나 우리는 하늘에서 시작해야만 땅에서 시작된다는 원칙에 대해 오해하지 말아야 한다. 땅에서 맨 죄악이 결국 하늘의 일에 영향을 미치기 때문이다. 이 원칙은 땅에서 매면 하늘에서도 메이는 원칙과도 연결된다.

즉, 심판과 형벌은 땅에서 사람들이 맨 죄악 때문이다. 하나님은 인간의 결정을 최대한 존중하시며 그들의 악에 대해 더 이상 두고 볼 수 없을 때까지 인내하신다. 세상은 스스로 멸망을 향해 가고 있지만, 하나님은 최대한 그 멸망을 늦추셔서 되도록 많은 이들을 구원하시려는 의도가 먼저 있었음을 기억하자.

하나님의 심판은 반드시 죄의 때가 찼을때 일어난다.

이것이 열린 문이 의미하는 바다. 열린 문은 하나님이 계산하신 죄에 대한 분노가 세상에서 시작되었다는 것을 의미하고 그만큼 마지막 때가 가까워지고 있다는 것을 보여준다.

하나님 나라에 대한 이야기의 기본 바탕은 하나님과 교회라는 존재가 세상에 있다는 점이다. 만약 세상의 흐름이 전체 이야기라고 한다면 이 두 존재는 주인공들이고 세상은 그 배경이라고 할 수 있다. 스토리상, 그 두 존재는 서로를 사랑하고 원하게 되고 하나님 나라는 그 안에서 완전하게 세워지게 된다.

여기 계시록 4장과 5장은 그 스토리를 함축하여 보여주는 그림이자 영상이다. 4, 5장이 그러한 내용의 영상임을 보여주는 확실한 증거 중 하나는 보좌와 보좌에 앉으신 이를 설명하는 동사들의 형태다.

보좌와 보좌에 앉으신 이의 동사들은 모두 중간태들이다. 이는 보좌도 보좌에 앉으신 이도 한쪽이 완전히 수동적이거나 또 다른 한쪽이 완전히 능동적이지만은 않다는 것을 의미한다.

보좌는 의지적으로 보좌에 앉으실 하나님을 받아들인다. 하나님이 그 자리에 앉으시도록 허용하는 것이다. 동시에 보좌는 하나님에 의해 세워졌다는 수동적인 면도 가지고 있다.

또 보좌에 앉으신 이도 보좌에 앉지 않을 수도 있는 권리와 의지가 있지만, 그는 보좌에 앉기로 결정하신다. 그의 보위는 찬탈이 아니라 보좌의 전적인 지지에 의해 세워진다는 것을 동사의 형태를 통해 알 수 있다. 그럼에도 그의 보위는 보좌에 앉으신 하나님이 능동적으로 취하신 것이기도 하다.

하나님의 보좌는 성경에서 가리키는 것과 같이 영원히 하나님이 거하실 예루살렘이다. 이는 하나님의 신부(bribe)로 표현되기도 하고 하나님의 성(castle)으로 나타나기도 한다.

중간태라는 문법이 적용된 보좌와 보좌에 앉으신 이가 어우러지는 장면은 교회와 하나님이 어떻게 하나가 되었는가를 보여주는 '미리보기'라고 할 수 있다.

성경의 전체적인 맥락은 교회와 하나님의 연합에 대해 꾸준히 강조하고 있다. 사도 바울도 결혼 생활에 대한 메시지를 전하면서 엡 5:32절에 결혼에 대한 비밀이 곧 그리스도와 교회의 연합과 연관된다는 것을 말하고 있다.

계시록의 마지막 부분도 새 예루살렘 성이 그리스도의 신부로 나타나고 있다는 것을 계시한다.

쉽게 말해 하나님의 나라는 하나님과 교회가 서로 사랑해서 이뤄지는 나라다. 그 장면을 4장과 5장이 보여주고 있다. 서로가 서로를 원하는 아름다운 선택들이 하나님의 세계를 구축하고 있는 것이다.

이러한 그림은 언약 안에서 이뤄진다. 이에 대한 상징이 무지개다. 보좌 주위를 무지개가 둘러싸고 있는 모습은 마치 신랑과 신부가 결혼식장에서 맹세를 하는 장면이 연상되는 듯하다.

이에 더하여 요한이 사용하고 있는 '보석'(λιθος-돌, stone)이라는 단어는 하나님 나라의 기반이 무엇인가를 나타낸다. '산 돌이신 예수', '모퉁잇돌이신 예수'로서 하나님의 언약과 나라는 오직 예수 그리스도 즉, 하나님의 '산 돌'이라는 기반 위에 만들어졌음을 보여준다.

다니엘서에서 느부갓네살 왕이 보았던 꿈에서도 예수님은 돌로 비유되어 나타나셨다. 세상에 속하지 않은 뜨인 돌이 세상을 지배하던 제국들을 무너뜨리고 산을 이루어 영원한 나라를 이룬다는 꿈의 내용은 예수 그리스도의 나라가 영원한 하나님의 나라를 이룬다는 것을 의미한다.

나라의 기초는 뜨인 돌이신 예수님이시며 그로 말미암아 새롭고 견고한 세계가 창조될 것임을 보여주고 있다.

벽옥, 홍보석, 녹보석에 관한 의미도 나중에 이뤄질 영원한 나라의 의미와 연결된다. 이 보석들은 모두 계 21장에 나오는 기초석들과 동일하다.

앞서 설명한 바와 같이 '벽옥'은 '하나님의 영광'을 상징한다. '홍보석'은 '하늘에 속한 모든 이' 곧 '교회'를 상징한다. 또한 녹보석은 이 두 존재가 함께할 '보이는 세상'을 의미한다. 교회와 하나님은 하나가 될 것임을 보여주는 장면이다.

남녀가 만나 사랑해서 결혼하면 그때부턴 둘을 따로 떼어 생각할 수 없다. 그와 같이 하나님이 보여주시는 이 보석들에 대한 그림은 하나님의 나라 안에서 이뤄질 교회와 하나님의 완전체에 관한 것이다.

이에 벽옥과 홍보석과 녹보석은 '하나님과 교회가 예수 그리스도 안에서 하나가 된 보이는 세상'을 상징하는 것이 아닐까 한다. 또한, 이는 하나님의 아들들의 나타남으로 말미암아 자유롭게 되는 피조물들이 그 안에서 하나가 되는 것을 의미하는 것 같기도 하다. 이에 관하여는 21장에 가서 더 심도 있게 설명하기로 한다.

다시 요약해 보자면, 무지개에 둘러싸여 화려한 보석처럼 빛나는 보좌와 보좌에 앉으신 이의 모습은 하나님의 언약 안에서 이뤄질 교회와 하나님의 세상이라고 할 수 있을 것이다.

이것이 4장에서 말하고 있는 하나님의 세계관이자 계획이다. 5장은 그 나라를 이루시는 데 있어 어떠한 과정이 필요한지를 보여주는 영상이다. 그에 대한 정리를 간단히 해본다.

인류 사건의 개요

세상이 창조되었다. 세상은 하나님의 손으로 빚어지고 하나님의 생기를 받은 사람을 위해 만들어졌다. 하나님은 그 안에서 사람과 함께 하실 멋지고 아름다운, 완벽한 계획을 세우셨지만, 사람은 사단의 거짓말에 넘어간다. 하나님의 말씀을 어기고 선악과를 따먹게 되었다.

이 때문에 사람은 죽음을 면하지 못하게 된다. 그들은 하나님 대신에 심판을 택했다. 대가는 참혹했다. 죽음의 권세가 사람을, 우리들을 지배하게 되었다.

죄는 아담의 때로부터 지금까지 사람을 정죄하고 영원한 형벌인 죽음으로 몰아가고 있다. 이에 하나님은 사람을 위해 율법을 창조하셨다. 이 율법은 각 사람에게 어떠한 죄가 있는지를 나타내는 거울이자 진단 키트였다.

사람이 어렴풋이 느끼고만 있었던 죄라는 실체를 이제는 확연히 알 수 있는 도구가 생긴 것이다. 율법은 어떤 이는 도둑질을, 어떤 이는 간음을, 어떤 이는 살인을 저질렀다는 죄의 면모를 선명히 비춰주는 역할을 하게 되었다.

이 율법은 하나님이 모세를 통해 이스라엘 백성에게 전해진 것이다. 죄가 무엇인지 그 죄를 지으면 어떻게 되는지를 직접 글로 설명해 주신 것이다.

그러나 율법은 죄를 정의할 뿐 아니라 그 죄를 어떻게 해야 씻을 수 있는지도 알려주었다. 죄인이 어떻게 하면 의인이 되는지, 그 죄를 어떻게 하면 씻을 수 있는지 하나님은 율법을 통해 계시하셨다. 하나님은 율법이 말하는 바를 다 지키면 의인이 될 수 있다는 조건을 명시하셨다. 이것이 하나님이 창조하신 거룩한 모략이었다.

이에는 이, 눈에는 눈, 목숨은 목숨으로 갚아야 한다는 말씀은 단순히 복수의 차원으로 말씀하신 것이 아니었다. 이는 원칙을 두고 말씀하신 것이었다. 이 원칙으로 인해 인간이 하나님 앞에 온전한 의인이 될 수 있는 두 가지 옵션이 탄생했다.

하나는 사람인 내가 모든 율법을 완벽히 지키는 것이고 다른 하나는 죄를 지었을 때 나 대신 누군가가 죽어주는 것이다. 전에는 구원 얻을 길이 전혀 없었다가 이 원칙으로 인해 속죄의 길이 열려진 셈이다. 죄가 주는 죽음으로 끌려가지 않을 수 있는 길이 두 가지나 보이게 된 것이다.

죄의 힘이 세상을 삼켰을 때 사람들은 죄의 힘에 굴복하여 사망으로 갈 수밖에 없었다. 그 힘이 곧 법이었다. 이 때문에 사람들은 어떤 죄를 지었는지 판단도 받지 못하고 무지한 상태로 죽음에 넘겨졌다.

그러나 율법이 생기고 나서 상황이 달라졌다. 이제는 율법이 죄를 정의하게 되고 사람들은 최소한 심판대 앞에 설 수 있는 권리를 얻게 되었다.

또한, 그 법률에 따라 어떤 죄를 짓지 말아야 하는지 알게 되고 혹 죄를 짓더라도 어떻게 그 죄를 씻을 수 있는지 알게 되었다. 만약 사람이 율법에 명시된 그 어떤 죄도 짓지 않는다면 그는 율법의 정죄를 피할 수 있게 된다. 처음으로 죄보다 더 큰 힘을 가질 수 있는 길을 인류가 알게 된 사건이다.

그러나 불행하게도 역사상 단 한 사람도 율법이 말하는 바를 완벽히 지킬 수 없었다.

또한, 하나님이 주신 율법에 명시된 죄뿐 아니라 그 외의 죄도 죄이기에 율법이 비록 명시하지 않았어도 양심이 정죄하는 죄는 사람을 죽음으로 이르게 할 수밖에 없다.

율법은 우리가 죄를 범할 때마다 흠 없는 제물이 우리를 대신해 죽어주면 죄를 씻을 수 있다고 명시되어 있다. 그러나 이 제사에는 전제가 있다. 우리가 혹시 속죄의 양을 하나님 앞에 불살라 드릴지라도 우리의 마음이 부패하면 속죄 제물도 소용이 없다. 그 순간조차 거짓말하는 죄를 범하게 되는 것이기 때문이다.

하나님의 오른손에 있던 두루마리의 글들이 안팎으로 쓰여 있는 이유가 여기에 있다. 사람의 마음과 육체가 모두 깨끗해야만 하나님의 율법을 이길 수 있다는 것을 이곳에서 보여주고 있다.

이 때문에 힘센 천사가 그토록 자신 있게 합당한 자가 있으면 나와 보라고 소리쳤음을 알 수 있다.

요한은 통곡한다. 이 세상의 어느 누구도 일곱 인봉이 된 글을 풀거나 읽을 수 없게 되었다고 생각했기 때문이다. 율법이 명시하는 죄뿐 아니라 사람의 마음에 있는 죄라고 해도 명확히 드러내어 정죄할 수 있는 그 책의 힘을 그 누가 이길 수 있으랴 생각했을 것이다.

드디어 죄를 이길 수 있는 힘이 생겼는데 어떤 이도 그 힘을 가질 수 없었다. 이는 인류가 맞닥뜨린 엄청난 위기였다.

요한은 두려웠다. 4장에 기록했던 멋진 이상과 꿈과 약속들이 하나도 이뤄지지 않을까 두려웠다. 그는 무엇보다 자신의 죄 때문에 울었을 것이다.

죄의 힘을 이길 누군가가 없다면 구원도 없을 것이고 구원이 없다면 자신뿐 아니라 세상의 모든 이들이 영원한 형벌로 들어가게 될 것이기 때문이다.

이때 장로 중 한 명이 그에게 나아온다. 울지 말라고 위로한다. 그리고 장로는 유다 지파의 사자요 다윗의 뿌리인 그가 이겼다고 말해준다. 이때 요한은 일곱 뿔과 일곱 눈을 가지신 어린 양을 보게 된다.

하나님이 택하시고 선지자들을 통해 예언된 그는 유다 지파에서 나올 메시아였다. 우리는 이 때문에 이스라엘을 택하신 하나님의 의도를 이해해야 한다.

우리는 이 역사를 단순히 나와는 상관없는 다른 민족에 관한 하나님의 결정이었다고 생각해서는 안 된다. 율법은 모든 인류에게 적용될 법률이었으나 하나님은 반드시 사람을 통해 그 법률을 전해주셔야 했다.

하나님은 죄를 정죄할 율법을 창조하셨지만, 그것을 사람들이 알게 하기 위해서는 반드시 사람을 통해 알리셔야 했다. 사람이 선택하여 악을 행했으므로 사람들이 스스로의 의지로 선을 선택해야 했기 때문이다.

그렇다면 여기서 우리는 잠시 이런 의문을 가지게 된다. 왜 꼭 사람을 통해 알리셔야 하나? 하나님이 직접 그의 놀라운 기적과 표적을 통해 알리면 되지 않을까 하고 궁금해할지도 모른다.

그러나 하나님의 임재로 나타나 결정하라고 하는 것은 의지가 적용되지 않는다. 그것은 협박이나 다름없기 때문이다. 하나님의 임재는 우리가 생각하는 것보다 훨씬 무섭고 두렵다. 또한, 그가 보여주시는 기적과 놀라움은 사람의 믿음을 본질적으로 자라게 하지 못한다. 우리는 이미 이스라엘의 광야 생활에서 목격한 바 있다.

다시 원래의 논제로 돌아가면, 만약 사람이 선악과를 따 먹지 말라는 계명을 듣지 않았다면 자유의지는 아무런 힘을 발휘하지 못한다. 사람은 그들의 자유의지로 하나님이 아닌 악을 선택했다.

따라서 그들은 똑같은 방법으로 선을 택할 수 있는 계명을 '들어야만' 한다. 이 때문에 하나님은 사람을 택하시고 그 사람을 통해 율법의 창조가 들려지고 전파될 수 있게 하셨다.

그들이 바로 이스라엘 민족이었다. 그들은 하나님의 율법을 세상에 나타내기 위해 혹독한 훈련을 받게 된다. 율법이 무엇인지, 그 율법을 만드신 입법자가 누구인지, 세상을 창조하신 분이 누구인지, 또한 마지막에 이 율법의 힘을 이기고 승리하여 영원한 나라를 가져다줄 메시아가 누구인지를 하나님은 한 민족을 택하셔서 알려주신 것이다.

들어야 믿을 수 있기 때문이다. 하나님은 그들에게 들려주셨고 알게 하셨고 우리는 그들을 통해 하나님을 들었고 알게 되었다.

이스라엘은 세상이 하나님의 것임을 보여주는 프리즘과 같다. 입법자이신 하나님이 세상의 죄를 어떻게 심판하시는지 또 어떻게 끝내실 분이신지를 알려주는 중요한 도구였다. 철저히 구별하셔서 죄를 끝내실 영원한 제물이자 대제사장이신 예수 그리스도가 나실 수 있는 그릇이 될 수 있도록 하나님은 이스라엘을 오랜 시간 동안 빚으셨다.

따라서 하나님이 만드신 이스라엘은 단순히 그 민족만을 위한 부르심이 아니었다. 죄를 끝내게 하기 위한 오랜 프로젝트를 실현할 중요한 통로였다.

처음 아담 때에 세상 가운데 에덴동산이 있었듯, 두 번째 아담을 위한 거룩한 장소로 이스라엘이라는 동산을 택하신 것이다.

아브라함을 택하시고 이삭을 택하시며 야곱을 부르셨다. 그 열두 아들 중 유다를 택하시고 그 지파에서 난 다윗을 택하셨다. 그리고 그 후손의, 후손의 후손에서 나타난 거룩한 하나님의 아들, 예수님이 율법을 이기고 완성하고 그것으로 세상을 심판하며 그것으로 인류의 죄를 끝내러 오셨다.

유다 지파의 사자는 유다 지파만의 사자가 아니었다. 이스라엘만을 위하는 왕이 아니었다. 다만 이스라엘과 유다 지파를 통해서 오셨을 뿐이다.

그는 영원한 나라가 들어올 수 있게 된 작은 구멍과 같은 문이었지만 결과적으로 그는 모든 세상에 하나님의 영광이 닿을 수 있게 하는 모든 인류의 메시아였다.

온 인류 가운데 택함을 얻은 이스라엘, 그 이스라엘 중 유다, 유다 중 다윗, 다윗 중에 예수님이 나셨다. 모든 시대에 있던 모든 인류를 통틀어 단 하나의 사람이 하나님이 약속하신 메시아인 것이다.

그러나 문제가 있다. 율법에 따르면 오직 레위인들만이 제사장이 될 수 있었다. 이 때문에 유다 지파인 예수님은 유다지파의 사자 곧 왕은 되실 수 있어도 죄를 속하는 제사장으로서는 자격을 가질 수가 없게 된다.

인류의 모든 죄를 속하는 자가 제사장의 자격을 갖추지 않는다면 그가 제물이 된다한들 우리는 죄에서 자유롭게 된다는 선고를 받을 수가 없게 된다.

이를 위해 하나님은 멜기세덱이라는 제사장이자 왕을 미리 준비해 놓으셨다. 그는 아브라함에게 축복을 빌었던 자였다. 아브라함의 증손자였던 레위가 나기 훨씬 전에 아브라함이 멜기세덱이라는 제사장에게 복을 빌었다는 것은 큰 의미를 지닌다.

이스라엘 백성에게 가장 큰 믿음의 사람인 아브라함보다 위에 있는 사람이라는 것을 말해주기 때문이다.

따라서 멜기세덱이 가진 제사장의 권한은 레위인들이 가진 제사장의 권한을 뛰어넘는다. 시편에서는 앞으로 나실 메시아가 이러한 멜기세덱의 반차를 따라 나타날 것이라고 예언하면서 그가 율법이 제시하는 자격 요건을 뛰어넘는 대제사장의 직분을 가지게 될 것이라고 선포한다.

그러므로 율법이 예언하고 선지자들이 예언한 메시아는 율법이 가진 힘과 권위를 뛰어넘는 존재로서 나타난다. 이로 인해 우리들의 구원은 한 발짝 더 나아간다.

율법을 충족했으므로 그는 죄의 힘을 이기게 되었다. 또한, 그는 율법 이전과 이후에 나타난 모든 죄의 힘까지도 이기게 되었다.

율법이 명시하는 레위인의 권세보다 더 큰 권세로 율법이 명시하지 않았던 모든 죄까지 아우를 힘이 생긴 것이다. 이것이 다윗의 뿌리가 가지는 의미다.

이제 그의 선택만이 남아있다. 모든 죄의 권세를 뛰어넘고 율법이 명시하는 제사장의 권한을 뛰어넘는 권세를 가진 그가 인류를 위해 스스로 죄의 먹잇감이 되어주어야 한다.

이에는 이, 눈에는 눈이라고 했으니 죄를 지어 죽음으로 값을 치러야 하는 우리 대신에 그가 죽어줘야만 한다. 그가 싫다고 하면 할 수 없다.

만약 그가 거부한다면 우리는 다 죽을 수밖에 없다.

그러나 그는 어린 양처럼 순순히 끌려가 죽어주셨다. 율법도 이기고 우리의 죄도 이겨주셨다. 그리고 그는 다시 살아나셨다. 죽음을 이긴 것이다. 우리가 믿을 수 있는 완전한 의인으로 영원한 대제사장이 되어 하늘에 오르셨다.

이제 하나님에게 우리를 구원하실 수 있는 명분이 생겼다. 하나님을 믿은 아브라함이 그 구원을 믿고 의인이 되었듯, 우리도 믿으면 구원을 얻을 수 있게 되는 길이 열렸다.

예수님은 사람의 모습을 한 어린 양이자 영원한 하나님이었다. 일곱 인봉으로 채워진 두루마리가 풀리기 위해서는 이 세 가지의 모습이 다 필요했다. 하나님이 택하신 후손으로 난 '사람'이어야 했다. 다른 사람들처럼 유혹과 고난에 직면한 '사람'이어야 했다.

그 상황에서도 율법을 지켜야 했다. 그리고 결국엔 대속 제물로 깨끗한 자신을 어린 양처럼 내어줘야 했다. 그러나 또 한 가지. 모든 이들을 심판하기 위해서는 모든 사람들의 죄를 알아야 했다. 세상에서 일어났던 모든 사건과 정황들에 대해 파악할 수 있어야 했다.

결국, 그는 영원한 하나님이셔야 했다. 그는 부활하셨고 하나님의 오른편에 앉으셨다.

그는 완전한 대속 제물인 어린 양이자, 유다 지파의 사자이자, 다윗의 뿌리이며, 영원한 하나님이자 영원한 대제사장이시고 모든 것을 아시며 판단하실 수 있는 증거들을 가진 충성된 증인이시다.

창조가 되자마자 하나님을 떠나는 죄에서 허우적대는 인류를 건지신 하나님의 새로운 창조들은 언약을 통해 나타났다. 노아의 언약을 통해, 아브라함과의 언약을 통해, 모세와 이스라엘과의 언약을 통해, 선지자들에게 미리 예언하신 새로운 언약 곧 예수 그리스도라는 언약을 통해 하나님은 죄의 역사를 끝내셨다.

그리고 마침내 그의 영원하고 거룩하고 아름다운 나라를 당신의 교회와 함께 살아가실 것을 요한에게 보이시고 우리에게 보이신다.

교회의 몸과 머리

4장은 내용상 중요한 인물들을 우리에게 계시한다. 보좌에 앉으신 이를 비롯한 그 주위를 둘러싸고 있는 존재들을 소개하는 기록이 4장이라고 해도 과언이 아니다.

보좌가 하나님이 함께하실 예루살렘이라면 24장로들과 네 생물은 예루살렘 성안에서 살아갈 교회의 구성원들을 보여준다.

먼저 네 생물을 보면, 그들은 한 마디로 교회의 머리이신 예수 그리스도의 권세를 상징한다.

여섯 날개를 가지고 네 개의 얼굴을 가졌으며 온몸에 눈들이 가득한 네 생물들은 하나님의 보좌 주위를 어떠한 제재도 받지 않고 날아다니며 하나님을 찬송한다.

에스겔서와 이사야서에 나오는 네 생물과 스랍들의 모습과 비슷한 이들은 교회의 머리 곧 예수 그리스도의 권세, 하나님의 권세, 교회가 가지고 있는 권세를 상징한다.

에스겔이 본 생물들과 이사야가 본 스랍들이 가진 의미들을 상고하고 이곳에 나타난 생물들의 모습과 비교하여 퍼즐처럼 맞춰보면 아래와 같은 결론이 난다.

여섯 날개는 모든 시대의 모든 사람을 의미한다. 안식에 들어가기 전까지 '땅'에서 활동하는 모든 종류의 사람들(큰 자, 작은 자, 자유자, 종 된 자, 부한 자, 가난한 자)에 관한 권세를 가지고 활동하는 그들의 영역을 보여주고 있다.

몸에 가득한 눈들은 세상의 모든 것들을-보이는 것과 보이지 않는 것들-볼 수 있음을 의미한다. 특히 네 개의 얼굴은 예수 그리스도의 사역과 연관된다. 사자는 왕을, 독수리는 심판과 양육을, 소는 속죄하시는 예수님을, 사람은 사람으로 땅에서 나타나신 예수님을 의미한다.

이 네 가지 얼굴이 나타내는 예수님의 속성은 어디까지나 땅에서 구원을 얻을 기회를 가진 사람들의 구원과 교회를 양육하기 위한 모습이다.

교회를 끝까지 그의 나라로 이끄시기 위해 예수님은 왕이 되어주셔야 하고 때론 심판하시기도 한다. 양육하기도 하시며 특별히 우리들의 죄를 대속하기 위해 죽어주셔서 우리를 깨끗케 하신다. 그리고 그는 항상 사람의 모습으로 우리에게 나타나셔서 우리의 아픔과 연약함을 이해하신다.

우리는 네 생물이 하는 말을 통해 그들의 역할을 이해할 수 있다. 그들은 마치 신랑의 친구가 신랑을 소개하는 듯한 인상을 준다. 보좌에 앉으신 이는 모든 시대에 걸쳐 나타나신 주님이자, 하나님이자, 전능하신 그분이 거룩하신 분이심을 천명한다.

그들은 하나님께 '영광과 존귀와 감사'를 주체적으로 줄 수 있는 존재들이기도 하다. 그들이 이 세 가지를 줄 수 있는 것은 그들이 받았기 때문이다.

영광과 존귀와 감사는 결국 하나님이 교회에게 주셨던 것으로서 인류 속에 존재했던 교회가 하나님 앞에 드리는 '순수한' 보석과도 같다. 마치 신부가 신랑에게 줄 수 있는 최고의 선물과도 같은 결혼 예물이라고 할 수 있다.

또 그들의 지위는 상당하다. 그 어떤 피조물들 보다 그 위치가 높다는 것을 6장에서 확인할 수 있다. 그들이 땅의 존재에게 명령할 수 있다는 점도 그들의 높은 위치를 보여준다. 그들은 교회의 권세를 상징하는 존재들로서 예수님이 어떠한 모양으로 무엇을 통해 교회를 양육하시는지를 보여주는 상징적이자 실제적인 생물들이라고 할 수 있다.

교회의 몸이 되는 24장로들에 대해 요약해보자면 그들은 모든 인류 속에 있었던 예수님의 증인들이다. 24는 24절기, 24시간과 같이 장로들이 역사의 'full time line' 즉, 시간의 시작과 과정과 끝에 서 있었다는 것을 보여준다.

또한 이 숫자는 그들 스스로가 산 제물들이 됨으로써 그들의 인생이 하나님 앞에 드려졌다는 것을 상징하기도 한다. 그들이야말로 각 세대를 살아가며 다음 세대에게 바통을 넘겨 릴레이를 달렸던 선수들처럼 하나님을 증언하고 쓰임 받았던 믿음의 사람들이었다.

24장로들이 입은 흰 옷과 금 면류관은 그들의 믿음의 행위를 상징하고 있다. 계시록에서 흰 옷은 예수 그리스도의 보혈로 씻긴 행위를 의미한다. 따라서 그들이 입은 흰 옷은 단순히 자신의 의지로 행한 의로운 행위가 아닌 예수님의 이름으로 오신 성령의 도우심을 통해 이뤄진 행위를 의미한다.

금 면류관도 흰 옷이 가지는 의미와 다르지 않다. 금은 단련된 믿음을 의미한다.

하나님은 그들의 삶 속에서 그들을 단련하시고 그들의 행위를 깨끗게 하셨다. 그들의 행위가 완전할 수 있었던 것은 끊임없는 하나님의 간섭하심 때문이다. 언제나 동행하셨던 성령의 도우심으로 그들은 매 순간 다가오는 영적인 전쟁에서 승리할 수 있었다. 이 때문에 그들은 하나님 앞에 자신들의 면류관을 던져 엎드리고 경배할 수밖에 없었다.

진리의 터와 성령

보좌와 보좌에 앉으신 이, 24보좌와 보좌 위에 앉은 24장로들, 네 생물은 모두 유리바다라는 거대한 지반 위에 서 있다. 보좌 주위에서 나오는 번개를 반사시키고 무서운 네 생물의 존재들을 비추며, 하나님의 거룩하신 모습과 24장로들을 반사시켜 보여주는 거울과 같은 유리 바다는 무엇을 의미하는 걸까.

거짓이 없이 그대로 비치게 하는 이 유리 바다는 예수 그리스도라는 진리의 터를 상징한다. 모든 구원은 하나님의 진리의 말씀이 없이는 이뤄질 수 없다. 교회는 오직 예수 그리스도라는 터 위에 세워진다. 예수님의 말씀을 상고하고 연구한 사도와 선지자들을 통해 이 터가 잘 닦여졌고 예수 그리스도의 교회는 지금도 이 터 위에 세워지고 있다.

교회의 구성원들인 우리들은 교회의 건물들로서 서로가 연결된 그리스도의 지체들이다. 그 건물을 든든하게 세우는 반석이자 터가 바로 예수 그리스도라는 것을 4장의 유리바다를 통해 확고히 보여주고 있다.

그러나 이 터만 가지고는 교회의 실제적 건물을 지을 수 없다. 그 위에 교회를 지으시고 연결하시는 분은 성령이시다. 그분은 교회의 구성원 한 명 한 명을 땅에 있는 동안 도우시고 하나님의 나라에 합당한 재료로 만드신다. 이를 위해 성령님은 예수 그리스도의 이름으로 우리 안에 거하신다. 계시록에 나오는 모든 존재 중에 가장 가까이 알아야 하고 잘 알아야 하는 분이 바로 성령님이라고 할 수 있다.

이 때문에 계시록에서는 성령의 존재에 대해 밝히 기록하고 있다. 하나님 앞에 있는 일곱 등불, 어린 양의 일곱 눈들이 모두 하나님의 영들이라고 정확하게 표기한다. 이는 성도된 우리들이 영적인 싸움에서 이길 수 있게 하시는 분이 성령이시기 때문이라고 본다.

결국, 이 책의 목적은 보여주는데 있기도 하지만 그것을 통해 최종적으로 이기게 하는 데 있기 때문에 성령에 대해 밝히 기록하는 것이 매우 중요할 수밖에 없었을 것이다.

우리가 갈 수 있는 영원한 길은 딱 두 가지다. 하나는 심판이요 하나는 영원한 생명이다. 영원한 생명은 예수 그리스도의 승리로 인해 열렸다. 다만 우리는 그분의 승리를 믿고 행해야 한다. 매일 주어지는 현재라는 시간에서 이겨야만 한다. 믿어야 한다. 그리고 이 믿음과 행함은 오직 땅에서밖에 할 수 없는 것들이다.

땅에서 행하는 것이 우리들의 영원을 결정짓기에 우리는 성령님의 존재가 반드시 필요하다. 세상은 악하고 지혜롭다. 간교하며 사특할 뿐 아니라 세상이 가지고 있는 힘은 우리가 알고 있는 것보다 훨씬 세다. 성령이 우리에게 오시기 전까지는 우리는 이러한 세상을 상대할 수 없었다. 힘도 없고 지혜도 없었다.

그러나 이제는 얘기가 다르다. 성령은 그 모든 것을 이기실 수 있는 지혜와 능력과 힘을 가지신 분이다. 매 순간 그분과 함께하는 것만이 교회가 이길 수 있는 방법이다. 힘써 하나님을 아는 것이 곧 성령을 아는 것과 직결된다는 것을 잊지 말자.

그리스도인의 삶

어린 양의 출현 이후 천상은 변화를 맞이한다. 새로운 힘이 등장했다. 인류에게 놀라운 길이 열렸다. 그것은 어린 양의 죽음과 부활로 얻어진 생명의 길이었다. 이제 그로 인해 하나님의 오른손에서 인봉이 된 책은 열릴 수 있었다.

그분이 바로 예수 그리스도였다. 인류는 이제 예수님을 믿기만 하면 구원을 얻을 수 있게 되었고 영원한 나라에 참여할 수 있는 문이 어디 있는지 알게 되었다. 심지어 그 문의 열쇠를 가지고 열어 들어갈 수 있게 되었다.

이때 24장로들과 네 생물에게도 전에 없었던 물건들이 생겼다. 그것들은 바로 거문고와 금향로였다. 이것들은 각각 말씀과 기도를 상징한다.

이 물건들은 우리에게 그리스도인으로 살아가는 데 있어 매우 중요한 삶의 방식을 알려준다. 그리스도인이 된다는 것은 다만 하나님의 나라로 들어가기 위해 삶을 영위하는 것이 아니다.

우리는 왕과 같은 제사장이요 거룩한 하나님의 족속으로 온전해져야 한다. 하나님의 뜻은 우리가 완전해지는 데 있다. 이것이 우리가 다시 태어나는 이유이자 목적이다.

영원한 삶을 받은 이후 우리는 자라야 한다. 왜냐하면 거듭난 이후에도 영적인 싸움은 계속되기 때문이다. 이제 막 자란 새싹이나 막 태어난 아기를 죽이기는 너무나 쉽다.

그러나 오랜 시간 비바람을 견디며 버텨내온 거목이나 힘이 센 청년을 넘어뜨리긴 어렵다.

하나님의 성령을 받았다고 해도 그 이후 아무런 노력도 없이 그분과 소통하는 것은 불가능하다. 성령님과 소통하고 동행하기 위해서는 우리의 의지와 믿음이 필요하다. 훈련해야만 한다. 그 훈련의 과정에 있어 가장 요긴한 무기가 바로 기도와 말씀이라고 할 수 있다.

네 생물과 24장로들에게 거문고와 금향로가 주어진 것은 모든 교회가 이와 같은 무기로 싸워야 한다는 것을 보여준다. 그렇다면 거문고는 왜 말씀과 연결이 되는 것일까.

거문고는 악기다. 줄을 가진 악기로서 그 악기가 내는 음을 통해 100명이든 1,000명이든 그들의 소리를 하나의 음으로 노래하게 할 수 있다. 즉, 거문고는 음을 분별할 수 있게 만드는 도구인 것이다.

아무리 기도를 열심히 한다고 해도 분별하지 못하면 위험하다. 그것이 사단으로부터 온 것인지, 하나님께로부터 온 것인지 분별하지 못하다가 영적인 싸움에 패한 경우는 허다하다. 이 분별의 기준은 오직 하나다. 이 거문고의 줄은 하나님의 말씀이라고 할 수 있다. 노래의 멜로디가 7개의 음으로 정해져서 수많은 음률을 만들 수 있는 것과 같다.

만약 도, 레, 미, 파, 솔, 라, 시라는 음의 기준이 없다면 악기도 사람의 소리도 조화를 이룰 수가 없을 것이다. 마찬가지로 하나님 나라를 조화롭게 만들어 가기 위해서는 반드시 기준점이 되는 영적인 음률이 정해져야만 한다. 그것이 말씀이다.

하나님의 말씀으로 우리는 분별하는 이치를 깨닫는다. 하나님의 말씀은 우리에게 주어진 하나님의 뜻을 찾아가는 매뉴얼과 같다. 우리는 반드시 이 매뉴얼에 매우 익숙해져야만 한다.

악기를 다룰 때 수없이 연습해야만 익숙하게 연주할 수 있는 것처럼 말씀을 통해 영적인 분별을 연습하는 것도 수없이 훈련해야만 능숙해질 수 있다.

계속 읽고 주야로 묵상하고 상고하는 것이 우리들의 영적인 생활에 있어 얼마나 중요한지 아무리 강조해도 지나치지 않다.

그러나 말씀만으로는 부족하다. 말씀은 마치 우리가 차를 몰고 어디를 가야 할지 가르쳐주는 내비게이션과 같다. 기도는 차의 엔진에 동력을 가하는 엑셀과 같다.

목적지를 알았으면 이제 시동을 켜고 엑셀러레이터를 밟아야 하는 것과 같이 기도는 우리가 하늘로부터 힘을 공급받게 하는 통로와 같다.

또한, 말씀을 통해 하나님의 뜻임을 확답을 받는 통로도 기도를 통해 대게 이뤄지는 것을 볼 수 있다. 기도는 하늘과 나를 연결하는 핸드폰과 같으며 이 통로를 계속 열어두지 않는다면 이 핸드폰은 먹통이 되기 일쑤다.

사단은 언제나 아브라함이 파 놓았던 우물 입구에 흙을 덮어 놓는 존재들과 같다. 그들의 공격은 절대 멈추지 않는다. 이 때문에 우리는 쉼없는 기도를 하나님 앞에 올려드려야 한다.

계시록에서 거문고에 해당하는 헬라어는 단수이지만 금 대접들과 향들을 표현하는 단어는 복수인 이유다. 말씀은 하나일지라도 기도는 매일 드려야만 한다. 이 두 가지가 얼마나 성도들을 거룩하게 하며 하나님의 긍휼의 보좌 앞으로 나아가게 하는지 모른다.

24장로들이 하나님 앞에서 금 면류관과 흰 옷을 입고 보좌에 앉을 수 있었던 이유도 말씀과 기도를 통해 끊임없는 하늘의 능력을 공급받았기 때문이다.

그들은 하나님의 말씀을 들었고 상고했고 묵상했고 분별할 수 있었다. 동시에 기도를 통해 힘을 얻어 믿음으로 행했다. 그것이 그들의 삶을 거룩하게 만들었고 승리하게 했다.

하나님은 이 그림들을 통해 우리들도 이 두 가지를 영위해주길 촉구하신다. 말씀과 기도가 우리의 믿음을 지키며, 성령의 음성을 듣게 하며, 믿음으로 행하게 한다.

결국은 구원에 이르게 하고, 우리가 영원한 왕과 같은 제사장이며 하나님의 거룩한 백성으로 살 수 있게 만든다. 이 중요한 두 도구가 우리의 믿음의 삶을 완성한다는 것을 잊지 말았으면 한다.

5장은 죄에 빠진 인류가 어떻게 하나님의 구원에 이를 수 있게 되었는지를 아주 간단한 그림으로 보여주고 있다. 이 구원은 오직 어린 양이신 예수 그리스도를 통해서만 얻을 수 있음을 계시하고 있다. 이것이야말로 기독교의 정수이자 핵심적인 사항이다. 이것을 읽는 모든 이들이 이 진리를 마음에 깊이 새기길 기도한다.

하나님은 어린 양을 통해 그의 언약을 이루셨다. 그의 성도들, 그가 계산하시고 구원하시기로 작정하셨던 백성들의 수가 다 찼고 그의 나라가 완성되었다. 마침내 하나님의 자녀들이 그의 나라에 다 들어가는 일이 일어나게 된 것을 요한은 5장의 말미에 가서 미리 보고 있다.

이때 그들은 찬송한다. 네 생물과 24장로들이 찬송한다. 그리고 천사들이 찬송하고 모든 만물들이 찬송한다. 이것은 하나님의 자녀들이 주의 말씀을 어김으로 인해 피조물들이 고통스러워했던 날들을 청산한다는 것을 보여준다.

하나님을 믿는 삶은 다만 말씀과 기도에만 있지 않다. 성령 안에서 즐거워하며 하나님을 높이며 찬양하는 데 있다. 하나님이 세상을 만드신 이유는 하나님이 그의 교회와 또 교회를 위해 만드신 피조물과 함께 행복하며 즐거운 나날들을 보내기 위함이다.

하나님의 자녀가 자유로워져야 피조물들이, 세상이 비로소 진정한 자유를 맛보게 된다. 그들이 하나님과 함께 행복해야 피조물들 또한 행복을 누린다. 5장의 말미는 이러한 그림을 보여주는 것이 아닌가 한다.

결국, 하나님의 목적은 모든 곳에, 모든 것에 사랑이 깃들어있게 만드는 것이기 때문이다.

네 생물과 24장로들은 새 노래를 부른다. 옛 언약이 가고 새 언약으로 인해 모든 언약이 성취된 것을 보여주는 장면이다. 새 언약의 주인이신 예수님을 통해 이제 그들은 하나님의 나라가 되었고 제사장들이 되었고 왕들이 되었다.

자연스럽게 하나님의 피조물들도 탄식하는 데서 벗어나 진정한 자유에 이를 수 있게 되었다. 이처럼 어린 양의 출현은 땅과 천상의 지각변동을 이뤘다.

그러나 이 이야기는 앞으로 이뤄질 일이고 우리가 이기게 된다면 볼 수 있는 장면들이다. 이것을 미리 보여주시는 이유는 우리로 하여금 소망을 가지게 함이리라 믿는다.

이 소망을 향한 닻을 펴서 하나님의 나라로 가는 힘을 얻고 이 과정에서 어떻게 힘을 얻어야 하는지 알려주는 책이 계시록이라고 생각한다. 부디 한낱 책을 읽는 것에서 한 단계 더 나아가 우리의 모든 순간순간에 이 진리가 성령의 감동으로 말미암아 적용되길 기대해 보는 바다.